Informatiker in der Wirtschaft

Michael Hartmann

Informatiker in der Wirtschaft

Perspektiven eines Berufs

Springer

Dr. Michael Hartmann
Universität-Gesamthochschule Paderborn
Fachbereich 1
Postfach 1621
D-33046 Paderborn

ISBN-13: 978-3-540-58557-2   e-ISBN-13: 978-3 -642-85189-6
DOI: 10.1007/978-3-642-85189-6

Die Deutsche Bibliothek – CIP-Einheitsaufnahme
Hartmann, Michael: Informatiker in der Wirtschaft: Perspektiven eines Berufs /
Michael Hartmann. – Berlin; Heidelberg; New York; London; Paris; Tokyo;
Hong Kong; Budapest: Springer, 1995
ISBN 3-540-58557-5

Umschlaggestaltung: MetaDesign plus GmbH, Berlin
Satz: Datenkonvertierung Springer-Verlag
Belichtung: Text & Grafik, Heidelberg
SPIN 10485210   45/3142 – 5 4 3 2 1 0 – Gedruckt auf säurefreiem Papier

Vorwort

Die Informatiker stellen in den letzten 20 Jahren die akademische Berufsgruppe mit den höchsten Zuwachsraten dar. Sie gelten als die Protagonisten der von vielen Wissenschaftlern prognostizierten Informationsgesellschaft.

Erstmals liegt nun eine umfassende empirische Untersuchung über diese noch relativ junge Berufsgruppe vor. Auf der Basis von Erhebungen bei den führenden Hardware- und Software-Herstellern sowie bei Anwendern aus den Reihen der größten deutschen Industriekonzerne, Großbanken und Versicherungsgesellschaften werden die Haupttätigkeitsgebiete der Informatiker in der Wirtschaft, ihre Erfolgsaussichten in der Konkurrenz mit anderen Berufsgruppen und ihre Aufstiegschancen im Management solcher Großunternehmen dargestellt. Auf Grundlage der erzielten Forschungsergebnisse wird dann anschließend eine Antwort auf die Frage gegeben, welche Stellung die Informatiker wie auch die akademischen Berufsgruppen insgesamt in dieser Gesellschaft heute haben und in Zukunft haben werden.

Das Buch richtet sich vor allem an drei Leserschichten: Erstens an Studenten oder im Berufsleben stehende Praktiker, die sich vorrangig für aussagefähige praxisnahe Informationen über die Perspektiven ihres Studienfachs und ihrer Berufsgruppe interessieren; zweitens an jene, die sich in der ein oder anderen Weise mit Problemen des Personalmanagements befassen; drittens schließlich, last not least, an all die, die sich mit der Frage beschäftigen, wie sich unsere heutige Gesellschaft in Zukunft weiterentwickeln wird.

Seine Entstehung verdankt dieses Buch der großen Bereitschaft aller Interviewpartner, sowohl in inhaltlicher als auch in zeitlicher Hinsicht den Wünschen des Verfassers entgegenzukommen. Ihnen sei hier gedankt. Darüber hinaus möchte ich den in die Untersuchung einbezogenen Unternehmen für ihre Kooperation und ihr zeitliches und organisatorisches Engagement danken, mit dem sie das Forschungsprojekt unterstützt haben. Schließlich möchte ich mich bei der der DFG bedanken, die die dem Buch zugrunde liegende Untersuchung durch die finanzielle Förderung im Rahmen eines Forschungsstipendiums der DFG erst ermöglicht hat.

Paderborn, Dezember 1994   Michael Hartmann

Inhaltsverzeichnis

Einleitung

Es gibt wohl keine Berufsgruppe, die so sehr mit der technologischen Umwälzung in den entwickelten Industrieländern identifiziert wird wie die Informatiker. Sie gelten in der Öffentlichkeit als die Wegbereiter für die informationstechnische Durchdringung aller Lebensbereiche und die Protagonisten der zukünftigen „Informationsgesellschaft". Entsprechend positiv werden auch ihre Berufschancen eingeschätzt. Manche Autoren gehen angesichts eines von der Bundesanstalt für Arbeit auf 30.000 veranschlagten Fehlbestandes an Informatikern von einem jährlichen Bedarf aus, der bis zum Jahre 2000 in der Größenordnung von ca. 10.000 liegen soll (Krüger 1988). Andere Betrachter wie der Sprecher des Fachausschusses „Ausbildung und Beruf" der Gesellschaft für Informatik, Prof. Siegel, sind da vorsichtiger und rechnen nur mit einer Nachfrage nach 4.000–5.000 Informatikern pro Jahr (Siegel 1992). Trotz dieser erheblichen Differenz sind sich jedoch alle Beobachter einig, daß der Bedarf mehr oder minder deutlich über dem Angebot von derzeit ca. 3.500 Absolventen der Informatikstudiengänge an Hochschulen und Fachhochschulen liegen wird.

Die Informatiker stellen damit unter den akademischen Berufen eine absolute Ausnahme dar. Von drohender Arbeitslosigkeit, Absolventenschwemme oder Proletarisierung – Begriffe, die bei vielen anderen Hochschuldisziplinen inzwischen durchaus gängig sind – ist in bezug auf sie niemals die Rede. Üblich sind vielmehr Überschriften wie: „Im Softwareland wird Sonne sein", „Der Bedarf an Informatikern ist hoch" oder „Gesucht: der Hauptfach-Informatiker". Angesichts solch optimistischer bis euphorischer Prognosen ist es nicht überraschend, daß das Studienfach unter allen Fächern die höchsten Zuwachsraten aufweist. Seit der erstmaligen Etablierung einer eigenständigen Studiendisziplin Informatik Anfang der 70er Jahre hat sich die Zahl der Studenten wie auch der Absolventen mehr als verzwanzigfacht, von 2.301 bzw. 167 im Jahre 1972/73 auf 54.776 bzw. 3.693 im Jahre 1990 (BMBW 1991; Statistisches Bundesamt 1973, 1991). Selbst in den letzten Jahren, also über ein Jahrzehnt nach der Gründungsphase, gab es immer noch Steigerungsraten von über 10%. In der Anzahl der Studenten rangiert die Informatik inzwischen schon auf dem 7. Platz, hinter den Wirtschaftswissenschaften, den Ingenieurwissenschaften (Maschinenbau und Elektrotechnik), den Rechtswissenschaften, der Humanmedizin und der Germanistik.

1.1   Die „Informationsgesellschaft" und ihre Protagonisten

Seit Anfang der 70er Jahre, als binnen zweier Jahre ein quasi-offizieller Bericht für das japanische Ministery of International Trade and Industry (MITI) unter dem Titel „Plan for an Information Society"[1] und das bis heute vielbeachtete und -diskutierte Buch von Bell über „The Coming of Post-Industrial Society" (1973)[2] erschienen, hat sich der Begriff der „Informationsgesellschaft" etabliert. Obwohl er von den verschiedensten Autoren in sehr unterschiedlicher Art und Weise inhaltlich gefüllt wird und dementsprechend in vielen Farben schillert, lassen sich doch drei wesentliche Charakteristika ausmachen, die so gut wie allen Darstellungen gemein sind. Es sind dies: Erstens die entscheidende Bedeutung, die der Informationstechnik in allen Bereichen der Gesellschaft zukommt, zweitens die rapide Zunahme jener Berufe, die mehr mit Informationen arbeiten als mit realen Gegenständen, und drittens die zentrale Rolle, die Hochschulabsolventen und Wissenschaftler in der „Informationsgesellschaft" innehaben (Bell 1973; Cawkell 1987; Otto/Sonntag 1985; Parker/Porat 1975).

Die ersten beiden Merkmale der „Informationsgesellschaft" sind weitgehend unumstritten, diskutiert werden allenfalls Tempo und bisheriger Stand der Entwicklung. Die Stellung der „Intelligenz" in dem neuen Gesellschaftstypus ist dagegen Gegenstand einer breiten und heftig geführten Debatte geworden. Bells Feststellung, daß im Zentrum der „post-industriellen Gesellschaft" die „professional class" als wichtigste Klasse („major class") stehe (Bell 1973, 374), löste vor allem in den USA (und z.T. auch in Großbritannien) eine heftige Diskussion aus. Diese reicht von Positionen, die die Intelligenz als neue dominierende oder herrschende Klasse (Gouldner 1979; Konrad/Szelényi 1979; Parkin 1979; Perkin 1989) ansehen, über solche, die von erfolgreichen Professionalisierungsstrategien der akademischen Berufsgruppen ausgehen (Freidson 1970, 1986; Johnson 1972; Larson 1977; Rüschemeyer 1986), bis hin zu denjenigen reicht, die eine Proletarisierung großer Teile der akademischen Intelligenz prognostizieren (Derber 1982; Haug 1973; Mc Kinlay 1973, 1986; Mc Kinlay/Arches 1985; Oppenheimer 1973; Rothman 1984).

Die Intensität, mit der die jeweiligen Einschätzungen zur Stellung der Intelligenz in der heutigen Gesellschaft vertreten worden sind und zu einem

---

1 Dieser Plan stellt eine von fünf wichtigen Veröffentlichungen dar, die zwischen 1969 und 1983 in Japan zum Thema „Informationsgesellschaft" erschienen sind und die Grundlage einer umfassenden Diskussion bildeten. Er selbst wurde der Öffentlichkeit 1971 vom „Japan Computer Usage Development Institute" vorgestellt (Morris Susuki 1988,7).

2 Bell selbst spricht in seinem Buch davon, daß so, wie die „Industriegesellschaft eine güterproduzierende" war, „die nachindustrielle Gesellschaft eine Informationsgesellschaft" sein werde (Bell 1985, 353).

erheblichen Teil auch noch vertreten werden, hätte eigentlich erwarten lassen, daß sich eine große Anzahl von Sozialwissenschaftlern jener Berufsgruppe zuwenden würde, die wie keine andere die prognostizierte „Informationsgesellschaft" zu symbolisieren vermag, den Informatikern bzw. Computer Scientists, wie sie in den USA genannt werden. Das aber ist nicht geschehen. Trotz ihres Images, der „Schlüsselberuf der informatisierten Wirtschaft und Gesellschaft der Zukunft" (Krüger 1988, 253) zu sein, erfreut sich die Gruppe der Informatiker nur eines relativ geringen Interesses unter den Soziologen. Ihre Tätigkeit und gesellschaftliche Position stellt im Grunde eine terra incognita dar. Soweit es überhaupt diesbezügliche Untersuchungen und Analysen gibt, kommen sie durchweg aus den USA, wo die Debatte um die Intelligenz als neue „major class", die Professionalisierung akademischer Berufe oder deren Proletarisierung den Blick zumindest am Rande auch auf die Computer Scientists gelenkt hat.

Die wenigen hierzu veröffentlichten Arbeiten weisen, abgesehen von ihrer geringen Anzahl, allerdings zwei entscheidende Einschränkungen auf. Zum einen handelt es sich bis auf zwei Ausnahmen (Greenbaum 1979; Kraft 1977) nur um mehr oder minder umfangreiche Aufsätze, die zudem entweder reine Literaturstudien darstellen (z. B. Orlikowski/Baroudi 1989; Orlikowski 1988) oder aber auf sehr begrenzten eigenen empirischen Erhebungen beruhen (Fidel/Garner 1990; Loseke/Sonquist 1979; Stinchcombe/Heimer 1988)[3]. Zum anderen richten alle Autoren ihr Augenmerk nicht speziell auf die Informatiker bzw. Computer Scientists, sondern auf die weit größeren und diffuseren Gruppen der „Computer Workers" (Fidel/Garner 1990; Kuhn 1989; Loseke/Sonquist 1979; Sullivan/Cornfield 1979), „Data Processing Workers" (Orlikowski 1988), „Information System Workers" (Orlikowski/Baroudi 1989), „Programmers" (Greenbaum 1976, 1979; Kraft 1977, 1979) oder „Software Workers" (Kraft/Dubnoff 1982, 1986).

In der Bundesrepublik sieht die Lage noch trostloser aus. Denn hierzulande fehlt nicht nur, wie in den USA auch, eine theoretisch fundierte sozialwissenschaftliche Untersuchung, die sich ausschließlich mit den Informatikern befaßt. Im Unterschied zur Situation dort mangelt es vielmehr auch – quantitativ wie qualitativ – an soziologischen Arbeiten über die weniger klar umgrenzte Gruppe der Datenverarbeitungs- oder Software-Berufe. Es gibt nur eine Handvoll an Veröffentlichungen (Bäßler u. a. 1986; Friedrich 1988; Roth/Boß 1990; Trautwein-Kalms 1988, 1991), die sich überhaupt mit dieser Thematik beschäftigen, und diesen zumeist eher kurzen Aufsätzen fehlt durchweg eine ausgewiesene theoretische Position. Das gilt leider ganz besonders für jene beiden, die sich im Unterschied zu den anderen auf relativ

---

3   So beruht der Aufsatz von Stinchcombe/Heimer (1988) über Karriereverläufe und Arbeitsmechanismen im Software-Bereich fast ausschließlich auf Interviews in einer einzigen kleinen Software-Firma, die zudem noch auf sozialwissenschaftliche Programme spezialisiert war und dementsprechend viele Absolventen sozialwissenschaftlicher Studienfächer beschäftigte.

umfangreiche eigene Erhebungen stützen können (Bäßler u.a. 1986; Roth/
Boß 1990)[4].

Die auf seiten der Soziologie ausgesprochen dürftige oder gar gänzlich
fehlende Auseinandersetzung mit den Informatikern ist außerordentlich be-
dauerlich, weil hier bislang eine gute Möglichkeit verschenkt worden ist.
Denn diese Berufsgruppe bietet sich nicht nur bei oberflächlicher Betrachtung aufgrund ihrer engen Namensverwandtschaft zur prognostizierten
„Informationsgesellschaft" und des Images als zukünftiger Schlüsselberuf als
Untersuchungsobjekt an. Auch bei genauerem Hinsehen zeigt sich, daß eine
Analyse ihrer Arbeit und gesellschaftlichen Stellung wichtige Erkenntnisse
über die Entwicklung der sog. „nachindustriellen" oder „Informationsgesell-
schaft" verspricht.

Das trifft in erster Linie auf jenes Merkmal des (je nach Autor künftigen
oder schon dominierenden) neuen Gesellschaftstypus zu, das in der soziologischen Diskussion am heftigsten umstritten ist: die Rolle der „Intelligenz".
Sie präziser zu analysieren und einzuschätzen, dazu eignen sich die Informatiker aus drei Gründen ganz besonders:

Erstens besitzen sie (zumindest dem Anspruch nach) die zentrale fachliche
Kompetenz für jene Tätigkeit, die alle Bereiche unserer Gesellschaft mehr
und mehr durchdringt und dadurch so gut wie unverzichtbar für ihr Funktionieren wird, die Herstellung von Software.

Zweitens repräsentieren sie eine Wissenschaft (und eine Studiendisziplin),
die ihre Entstehung erst der technologischen Umwälzung durch die elektro-
nische Datenverarbeitung verdankt und die deshalb von den traditionellen
Strukturen des Bildungswesens und den damit verknüpften Statuszuweisungen so wenig geprägt sein dürfte wie keine andere.

Drittens schließlich waren sie im Unterschied zu den klassischen akademischen Berufsgruppen der Ärzte und Juristen, die traditionell zu einem hohen
Prozentsatz selbständig tätig waren und es auch immer noch sind, von
Anfang an zu über 90 % bei Privatunternehmen oder öffentlichen Institutionen angestellt.

Diese drei Punkte sind deshalb so wesentlich, weil sie die Grundlage für
eine angemessene Beurteilung der unterschiedlichen Prognosen über die
Zukunft der „Intelligenz" bieten. So müßten jene Autoren, die der Vorstellung von der Intelligenz als neuer dominierender Klasse anhängen, gerade
am Beispiel der Informatiker zeigen können, daß in der „nachindustriellen

---

4 Bei Bäßler u.a. handelt es sich ausschließlich um die Zusammenfassung einer Umfrage
   unter den Mitgliedern der Gesellschaft für Informatik (GI) zur beruflichen Position,
   dem Einkommen, der Verteilung etc., also eine reine Faktensammlung ohne jeden
   weitergehenden Anspruch. Bei Roth/Boß ist es das Resultat einer standardisierten
   Befragung unter 296 DV-Fachkräften, deren Ziel in einer Verbesserung der Berufs-
   statistik liegt. Von allen Autoren bezieht sich einzig Trautwein-Kalms (1991) auf
   Theorien gesellschaftlicher Entwicklung. Sie tut dies allerdings auch nur in sehr knapper
   Form und ohne nennenswerte Verknüpfung mit ihren sonstigen Ausführungen.

Gesellschaft" die überlegene Fachkompetenz der entscheidende Faktor für die Besetzung aller einflußreichen gesellschaftlichen Positionen ist. Denn die Informatiker können dieses Prinzip, so es sich denn tatsächlich als das Charakteristikum der „neuen" Gesellschaft erweist, in einer Art und Weise verkörpern wie keine andere Berufsgruppe. Sie sind in jeder Hinsicht die „Kinder ihrer Zeit". Im Gegensatz zu anderen wichtigen Akademikergruppen (wie den von der angelsächsischen Diskussion mit besonders großer Aufmerksamkeit bedachten Juristen und Ärzten) dürften bei ihnen traditionelle Privilegierungen durch soziale Herkunft und die damit verbundenen Beziehungen, historisch gewachsene Bildungsstrukturen sowie Statuszuweisungen und letztlich auch ererbtes Vermögen keine nennenswerte Rolle spielen, da ihre Fachdisziplin wie ihr Betätigungsfeld ihre Entstehung ja erst der „nachindustriellen" oder „Informationsgesellschaft" verdanken, also unter den Bedingungen dieser „Leistungs-" oder „meritokratischen Gesellschaft" und nicht (wie bei vielen anderen akademischen Berufen) unter denen vergangener Gesellschaftsformen „geboren und aufgewachsen" sind.

Für die Verfechter von Professionalisierungstheorien müßten die Informatiker wegen derselben Merkmale von höchstem Interesse sein. Denn wenn es ihnen gelänge, den Beweis zu führen, daß eine von traditionellen Strukturen und Prägungen weitgehend freie und zudem zu über 90 % abhängig beschäftigte Berufsgruppe eine Strategie der Professionalisierung verfolgt und in ihren Bemühungen schließlich auch erfolgreich ist, dann wäre das ein außerordentlich gewichtiges Argument für ihre Ansicht. Es würde zeigen, daß erfolgreiche Professionalisierung kein Überbleibsel vergangener Zeiten ist, das im Kern an überlieferte Traditionen (Statuszuweisung, Ehrenkodex etc.) und berufliche Selbständigkeit gebunden ist, sondern ein wesentliches Grundelement unserer heutigen Gesellschaft.

Zu guter Letzt müßten die Informatiker auch den Vertretern jener theoretischen Ansätze, die im Gegensatz zu den Protagonisten der „Informationsgesellschaft" auch weiterhin von der zentralen Bedeutung des Klassengegensatzes von Kapital und Arbeit und einer drohenden Proletarisierung der Intelligenz ausgehen, als besonders geeignet erscheinen, ihre Argumentation zu stützen. Denn könnten sie zum einen zeigen, daß die Rekrutierungsmechanismen für Führungspositionen auch im Falle der Informatiker als des „Schlüsselberufs" der „Informationsgesellschaft" die traditionellen Klassenstrukturen perpetuieren, und zum anderen nachweisen, daß die Informatiker in ihrer großen Mehrzahl ein Opfer ihrer eigenen beruflichen Bemühungen werden, indem sie durch von ihnen verbesserte Software zumindest zu einem erheblichen Teil der kreativen und qualifizierten Elemente ihrer Tätigkeit beraubt werden, so spräche doch einiges dafür, daß den akademischen Berufen im Kern dasselbe Schicksal bevorsteht wie vielen qualifizierten Arbeiterberufen in der Vergangenheit. Die technologische Revolution fräße ihre eignen Kinder, statt sie zur neuen dominierenden gesellschaftlichen Klasse oder zumindest zu einer erfolgreich auf Professionalisierung drängenden Berufsgruppe zu machen.

Hinsichtlich all dieser Fragen und theoretischen Ansätze etwas mehr Licht ins Dunkel zu bringen, das war die Absicht des diesem Buch zugrundeliegenden Forschungsprojektes.

Der Autor konnte dabei an ein in den Jahren 1988/89 von ihm durchgeführtes Forschungsvorhaben über Wirtschaftsjuristen anknüpfen. Denn dieser früheren Untersuchung lag eine vergleichbare Fragestellung zugrunde. Am Beispiel der Juristen als der (vor allem in Deutschland) einflußreichsten und mächtigsten Akademikergruppe wichtige Veränderungen in der Stellung der „akademischen Intelligenz" aufzuspüren und zu analysieren, war damals das Ziel. Beide Studien sind daher insofern komplementär, als in der einen die Juristen als der Prototyp des klassischen deutschen Akademikertums bzw. eine der drei klassischen angelsächsischen „elite professions" im Mittelpunkt stehen, in der anderen die Informatiker als die Protagonisten der technischen Intelligenz der heutigen Zeit untersucht werden und auf diese Art und Weise der veränderten Rolle der akademischen Berufe oder der „Intelligenz" anhand des Schicksals ihrer Hauptexponenten nachgegangen wird.

Was die in Wirtschaftsunternehmen tätigen Juristen betrifft, so führte die damalige Untersuchung zu drei wesentlichen Feststellungen:

1. Im Gefolge der Bildungsexpansion haben die Wirtschaftsjuristen ihren einheitlichen Status als Elite eingebüßt. Ein immer größer werdender Teil von ihnen (in manchen Branchen wie der Versicherungswirtschaft sogar die große Masse) muß mit Positionen vorliebnehmen, die den traditionell großen Einfluß auf die Politik der Unternehmen ganz oder doch weitgehend vermissen lassen. Sie sitzen nicht mehr wie früher an den „Schalthebeln der Macht", sondern werden als Spezialisten oder normale qualifizierte Sachbearbeiter eingesetzt (Hartmann 1988, 1989, 1990).
2. Nicht nur der akademische Abschluß als solcher verliert für die Juristen die Eigenschaft, eine leitende Stellung (inkl. Macht und Status) in Wirtschaftsunternehmen zu garantieren. Auch eine gehobene soziale Herkunft ist in Verbindung mit dem Universitätsexamen keine hinreichende Bedingung für die Besetzung solcher Positionen mehr. Sie ist nur noch eine unerläßliche Voraussetzung. Aufgrund der weit über dem Durchschnitt der akademischen Disziplinen liegenden sozialen Herkunft der Jurastudenten und -absolventen hat auch diese Kriterium deutlich an positiver Selektionskraft (aus Sicht der Juristen) eingebüßt (Hartmann 1990 a, b).
3. Akademische Berufsabschlüsse verlieren wegen der zunehmenden Vergesellschaftung von Arbeit und beruflicher Qualifikation als „stabiles Abgrenzungskriterium für ‚Teilhabe an Macht' und damit auch gehobene Schichtangehörigkeit" stetig an Wert. In dieser Hinsicht verläuft die Trennlinie „mehr denn je zwischen Eigentum an Kapital und Nichteigentum an eben demselben" (Hartmann 1990 a, 162 f).

Diese drei Feststellungen beinhalten eine mehr oder minder deutliche Kritik an den theoretischen Ansätzen, die hinsichtlich der Frage, welche Rolle die

„Intelligenz" in der „Informationsgesellschaft" spielt, oben kurz skizziert worden sind. Denn die Entwicklung bei den Wirtschaftsjuristen spricht erstens nicht für, sondern gegen das Vordringen der „Intelligenz" zur neuen herrschenden Klasse, weil die akademische Elitegruppe der Wirtschaftsjuristen eindeutig an Macht verloren und nicht dazugewonnen hat.

Zweitens kann auch von erfolgreicher Professionalisierung keine Rede sein. Es kommt vielmehr zu klaren Deprofessionalisierungserscheinungen in dem Sinne, daß eine zuvor recht homogene Berufsgruppe mehr und mehr in drei Teile (Manager, Spezialisten und Sachbearbeiter) zerfällt und zumindest zwei dieser Teile in ihrer objektiven Interessenlage vielfach gegeneinander stehen.

Drittens schließlich behalten auch die Verfechter der Proletarisierungsthese nur teilweise recht. Denn sie können auf der einen Seite zwar auf das zunehmende Gewicht verweisen, das normaler Sachbearbeitertätigkeit unterhalb des professionellen Niveaus und damit auch dem Interessengegensatz zwischen Kapital und Arbeit zukommt, auf der anderen Seite erweist sich ihre Prognose, daß es tendenziell zu einer der Fließbandarbeit vergleichbaren inhaltlichen Entleerung der Arbeit komme, aber nicht als zutreffend[5].

Trotz der herausragenden Rolle, die die Wirtschaftsjuristen als die neben den Verwaltungsjuristen wohl einflußreichste Gruppe innerhalb der deutschen Akademiker traditionell innehatten und verglichen mit anderen akademischen Berufsgruppen z.T. auch immer noch haben, ist hinsichtlich einer Verallgemeinerung der aus der Analyse ihrer Lage gewonnenen Ergebnisse eine Kritik nicht völlig von der Hand zu weisen. Es ist nicht auszuschließen, daß die Wirtschaftsjuristen nur den Niedergang einer klassischen Elite verkörpern, die durch eine neue, der heutigen Zeit entsprechende ersetzt wird, Verallgemeinerungen also insofern unzulässig sind – zumindest soweit sie den Bereich der traditionellen akademischen Disziplinen überschreiten[6].

Um eine Antwort auf diese Frage zu finden, bietet sich aus den schon erwähnten Gründen eine Untersuchung über die Informatiker an. Denn wer, wenn nicht sie, die in Management-Zeitschriften schon als die „Speerspitze der Informationsgesellschaft", als die Führungskräfte, „die künftig die Fäden in der Hand halten werden" (Stelzer 1991, 86), bezeichnet werden, sollte diese neue Elite repräsentieren. Im Hinblick auf die verschiedenen Theorien

---

5 Die notwendigerweise stark verkürzte und auch vergröberte Charakterisierung der genannten theoretischen Ansätze bedeutet nicht, daß die vielfältigen Differenzierungen und Weiterentwicklungen der ursprünglichen Positionen nicht zur Kenntnis genommen werden – wie noch zu sehen sein wird. Sie reduziert die Ansätze nur in idealtypischer Manier auf ihren Kerngehalt, um ihre Grenzen deutlich aufzeigen zu können. Veröffentlichungen wie beispielsweise die von Larson (1980), die die richtigen Elemente aller drei Ansätze in stärkerem Maße verknüpfen, bleiben deshalb hier noch unberücksichtigt.

6 Zu den Gründen, die trotz dieser Einschränkung aus Sicht des Autors für eine Verallgemeinerung der anhand des Schicksals der Wirtschaftsjuristen gewonnenen Ergebnisse spricht, vgl. Hartmann 1990.

zur Rolle der „Intelligenz" in der „modernen" Gesellschaft müssen deshalb
vier Fragestellungen im Mittelpunkt des Forschungsinteresses stehen:

1. In welchem Umfang ist es den Informatikern bisher gelungen, sich in der
   ursprünglich von sog. „Praktikern" dominierten Software-Herstellung
   eine stabile professionelle Zuständigkeit zu erobern?
2. Gibt es Tendenzen hin zu einer Qualifikationspolarisierung unter den
   Informatikern?
3. Welche Positionen in den Führungshierarchien der Unternehmen haben
   die Informatiker inzwischen erreicht, und welchen Einfluß auf die Unter-
   nehmenspolitik besitzen sie?
4. Entscheiden über den Aufstieg von Informatikern in Führungspositionen
   ausschließlich fachliche Kriterien, oder gibt es auch hier eine soziale
   Selektion, die nur dem Nachwuchs der oberen sozialen Schichten den
   Zugang zu diesen Positionen eröffnet?

1.2 Untersuchungsfeld und -methode

Die empirische Untersuchung, gefördert durch ein zweijähriges Forschungs-
stipendium der DFG, erfolgte im Zeitraum zwischen Mitte 1992 und Mitte
1993. Sie erstreckte sich auf insgesamt 15 Unternehmen in der Bundesrepublik Deutschland. Für die Auswahl der Unternehmen gab es vier entscheidende Kriterien. Zunächst sollten sie sowohl den Bereich der Software-
Herstellung als auch den der wichtigsten Anwenderbranchen (ohne staatliche
oder sonstige öffentliche Einrichtungen) abdecken. Sodann sollte es sich um
Großunternehmen mit mehr als 10.000 Beschäftigten oder, falls solche wie
bei den Software-Häusern und Unternehmensberatungsfirmen nicht existieren, zumindest um führende Unternehmen der Branche handeln, weil nur
hier gewährleistet schien, daß Informatiker in einem größeren Ausmaß
beschäftigt und in verschiedenen Arbeitsgebieten wie auf unterschiedlichen
Hierarchiebenen angesiedelt sind. Außerdem lassen solche „Branchenführer"
zukünftige Entwicklungstendenzen in der Regel weit eher und deutlicher
erkennen als normale Durchschnittsfirmen. Drittens schließlich sollte es sich,
soweit möglich, um die gleichen Unternehmen handeln wie beim
Forschungsprojekt über die Wirtschaftsjuristen, um so eine möglichst direkte
Vergleichbarkeit zwischen diesen beiden exemplarischen Berufsgruppen
gewährleisten zu können.

Anhand dieser Kriterien wurden 15 Unternehmen ausgewählt. Für den
Bereich der Software-Erstellung waren das zwei der drei größten Hardware-
Hersteller, zwei der drei größten Software-Häuser[7], die mit der Konzentration auf Standardsoftware-Produktion in dem einen sowie Software-
Beratung und Individualsoftware-Erstellung in dem anderen Fall die zwei
wesentlichen Typen von Software-Häusern repräsentieren[8], und eine der drei
größten in der Software-Produktion und -Beratung tätigen Unternehmens-

beratungsfirmen. Bei den EDV-Anwendern handelt es sich in der Industrie jeweils um einen der drei Branchenführer aus den Sparten Automobilbau, Chemie, Maschinenbau, Medien und Stahl, im Dienstleistungsbereich um eine der drei führenden Großbanken, zwei Versicherungsgesellschaften, die inzwischen fusioniert sind und als Gesamtkonzern zu den drei größten der Branche zählen, und zwei zu den zehn größten Handelsfirmen zählende Handelshäuser. Abgesehen von den letztgenannten und der Maschinenbaufirma waren alle anderen Anwenderunternehmen auch in der Untersuchung über die Wirtschaftsjuristen vertreten[9]. Dasselbe gilt auch für einen der beiden EDV-Hersteller, während die übrigen Software-Produzenten wegen ihrer fehlenden Bedeutung für den juristischen Arbeitsmarkt damals keine Berücksichtigung fanden. Mit Ausnahme von vier in der früheren Studie nicht vertretenen Firmen kann daher bei allen Großunternehmen mit mehr als 10.000 Beschäftigten[10] ein unmittelbarer Vergleich zwischen Juristen und Informatikern gezogen werden.

Die Auswahl der Untersuchungsfirmen konnte glücklicherweise fast vollständig nach forschungsinternen Maßstäben erfolgen. Eine spürbare Änderung oder Einengung des geplanten Forschungsdesigns aufgrund größerer Widerstände seitens der Unternehmensleitungen oder der betroffenen Abteilungen war nicht nötig, weil die angesprochenen Firmen fast ausnahmslos[11] zur Zusammenarbeit bereit waren und dafür einen z.T. erheblichen zeit-

---

7 Bei der Definition von Software-Häusern wird der sog. „Lünendonk-Liste" gefolgt, die jährlich die 25 führenden DV-Beratungs- und Software-Unternehmen in Deutschland ermittelt und dabei nur solche Firmen berücksichtigt, die mindestens zwei Drittel ihres Umsatzes aus Software-Beratung und -Vertrieb erzielen, damit also die EDV-Hersteller und Rechenzentren ausschließt. Für das Forschungsprojekt wurden außerdem noch jene Software-Firmen aus der Betrachtung herausgenommen, die wie die in der Lünendonk-Liste auf Platz drei liegende Microsoft GmbH hierzulande weitgehend nur auf den Vertrieb ihrer in anderen Ländern (vor allem in den USA) hergestellten Software ausgerichtet sind und dementsprechend wenige Mitarbeiter aufweisen. Microsoft macht beispielsweise mit nur 6% der Beschäftigten, die das größte deutsche Software-Haus hat, 50% des Umsatzes dieser Firma (Computerwoche vom 19.06.1992).

8 Das eine Unternehmen erzielt 60% des Umsatzes mit Standardsoftware und liegt damit zusammen mit dem anderen „Branchenriesen" in dieser Hinsicht eindeutig an der Spitze, das andere 83% des Umsatzes mit Software-Beratung und Individualsoftware, was unter den Software-Häusern den höchsten Prozentsatz bedeutet.

9 Die Handelsfirmen sind damals nicht berücksichtigt worden, weil der Handel für die Beschäftigung von Juristen keine große Bedeutung besitzt (Hartmann 1990a, 60.).

10 Die Firmengröße bewegt sich zumeist weit oberhalb der 10000er Marke. Einzig die Versicherungsgesellschaft liegt knapp unterhalb dieser Grenze.

11 Die zwei einzigen Ausnahmen waren die in der Untersuchung über die Wirtschaftsjuristen vertretenen Firmen aus dem Energie- und dem Bausektor. Sie verweigerten die Mitarbeit, so daß ein großes Maschinenbauunternehmen als „Ersatz" mit einbezogen werden mußte. Diese Änderung ist aber im Unterschied zu dem früheren Projekt nicht weiter bedeutsam, weil die damaligen Kriterien für die Verteilung auf die verschiedenen Industriebranchen (Hartmann 1990a, 7) angesichts des großen Gewichts der Software-Produzenten in diesem Projekt von weit geringerer Bedeutung sind.

lichen wie organisatorischen Aufwand in Kauf nahmen. Als besonders zeitaufwendig erwies sich dabei die Lösung des folgenden Problems: Nur wenige Unternehmen verfügten in ihren Personalabteilungen über eine spezielle Kennziffer, mit deren Hilfe die Informatiker ähnlich leicht zu ermitteln gewesen wären wie die schon länger auf diese Art und Weise identifizierbaren Juristen. So mußten in allen Firmen bis auf die aus dem Automobilbau, der chemischen und der Stahlindustrie sowie einen der zwei EDV-Hersteller mehr oder minder umfangreiche Recherchen durchgeführt werden, um die in den Unternehmen tätigen Informatiker aus den Personalunterlagen herauszufiltern. Dies gelang leider nicht in allen Fällen vollständig, so daß hinsichtlich der genauen Anzahl der Informatiker, die im Maschinenbau- und im Medienkonzern sowie bei einem der Hardware-Hersteller und den Software-Häusern beschäftigt sind, ein kleines Fragezeichen verbleiben muß. Die Auswahl der Interviewpartner blieb davon allerdings unberührt, weil die Verteilung der Informatiker auf die verschiedenen Unternehmensbereiche auch in diesen Fällen (zumindest in ihren Relationen) bekannt war.

Die methodische Vorgehensweise bei der Felderforschung war weitgehend identisch mit der in dem Projekt über Wirtschaftsjuristen[12]. Die Studie war qualitativ angelegt, wurde in Form qualitativer Interviews und einer intensiven Analyse firmeninterner Unterlagen durchgeführt. Bezüglich der Probleme, die eine solche Verfahrensweise trotz aller Vorzüge mit sich bringt, soll hier angesichts der reichhaltigen Literatur (Atteslander 1975; Friedrichs 1973; Gordon 1977; Hopf 1978; Roth 1984; Schuman/Converse 1979) nur auf zwei Punkte näher eingegangen werden. Es sind dies die Gefahr der „Leitfadenbürokratie" (Hopf 1978) und die Schwierigkeit, eine gemeinsame Kommunikationsebene mit fachlich völlig anders sozialisierten Gesprächspartnern (Gordon 1977) zu finden.

Was die „Leitfadenbürokratie" angeht, so konnte den mit diesem Begriff charakterisierten Risiken des qualitativen Interviews in dreierlei Hinsicht begegnet werden. Zunächst wurde das Problem, daß die zeitliche Begrenzung des Interviews eine spontane Gesprächsführung zugunsten einer rigider am Leitfaden orientierten und damit zügigeren einschränkt, durch das große Entgegenkommen der Unternehmen wie vor allem der Interviewpartner ganz entscheidend entschärft. Trotz vorgegebener Zeitpläne für die Interviews war es in jedem Einzelfall möglich, den Zeitablauf, wenn erforderlich, kurzfristig zu verändern und einzelne Interviews um bis zu 50 % zu verlängern. Die Gefahr, spontane Gesprächsentwicklungen aus Gründen der leichteren Vergleich- und Auswertbarkeit der Interviews zu unterdrücken, konnte dadurch weitgehend ausgeschaltet werden, daß es sich um „Ein-Mann-Projekt" handelte. Zum einen war eine Abstimmung mit anderen Interviewern nicht erforderlich. Zum anderen erhöhte die Tatsache, daß bei einem solchen Vorgehen alle Facetten des Forschungsgegenstandes dem

---

12 Die Vorgehensweise hat sich auch in zwei weiteren empirischen Forschungsprojekten
  bewährt (Hartmann 1984; Hartmann/ Wegge 1993).

Interviewer Stück für Stück zugänglich werden, er sich das Ganze wie ein Puzzle zusammensetzen kann, die Bereitschaft, Nebenpfaden zu folgen und auf den ersten Blick unwichtigen Argumentationen des Interviewpartners nicht gleich einen Riegel vorzuschieben (Hartmann 1990 a, 5 f.). Denn neue, überraschende Aspekte konnten ja nicht nur problemlos integriert werden, sie machten auch das eigentlich Spannende an den Interviews aus, weil sie sowohl zur Abrundung des Gesamtbildes entscheidend beitrugen als auch auf Fehleinschätzungen aufmerksam machten.

Im Unterschied zu den beiden bisher angesprochenen Punkten war der dritten mit dem Schlagwort der „Leitfadenbürokratie" gemeinten Schwierigkeit nicht so leicht beizukommen. Der Widerspruch, den Interviewpartner „ausfragen" zu müssen, ohne die für diesen Zweck besonders vorteilhafte Form der normalen zwischenmenschlichen Kommunikation zu verlassen, ist nicht völlig lösbar. Er ist aber erheblich zu mildern, wenn der Interviewer von seinem Gesprächspartner hinsichtlich des zu erörternden Sachverhalts als fachlich kompetent eingestuft wird. Dies gilt ganz besonders bei der Kommunikation zwischen fachlich völlig unterschiedlich sozialisierten Berufsangehörigen. Gerade Mitglieder stark technisch orientierter Berufsgruppen weisen ein hohes Maß an Reserviertheit und z.T. auch Geringschätzung gegenüber der für sie nicht „exakt wissenschaftlichen" Soziologie und deren für sie oft „geschwätzigen" Vertretern auf. Um das dritte mit der „Leitfadenbürokratie" angesprochene Problem zumindest spürbar zu verringern, muß deshalb in solchen Fällen das erreicht werden, was oben als „gemeinsame Kommunikationsebene" angeführt worden ist.

Das bedeutete konkret auf das Informatiker-Projekt bezogen zweierlei. Einmal war es für den Interviewer unumgänglich, sich anhand umfangreicher Fachliteratur über den neuesten Stand der Informatik ebenso wie über die unendliche Vielzahl von wissenschaftlichen wie auch produktspezifischen Abkürzungen zu informieren. Eine normale Gesprächsführung wäre andernfalls nicht möglich gewesen, weil die Interviewpartner unentwegt mit Fachkürzeln und Produktbezeichnungen operierten und vielfach mit Begriffen, die auch in der Informatik erst in den letzten Jahren aufgekommen sind. Zum anderen mußte der Interviewer in vielen Fällen auch etwas „bieten" können, um interessante und ausführliche Auskünfte zu bekommen. Dies galt vor allem in den Bereichen, in denen das Informationsbedürfnis der Befragten ebenfalls sehr groß war, bei der Diskussion um zukünftige Entwicklungen und Umstrukturierungen beispielsweise oder der Frage nach Aufstiegsperspektiven und Verdienstmöglichkeiten. Hier gab es oft so etwas wie ein stillschweigend gültiges „do ut des". Wollte man eine Information haben, mußte man selbst eine anbieten. Gerade bei der ersten Thematik, den Zukunftserwartungen, erforderte das eine ausreichende Kenntnis der technologischen und auch wirtschaftlichen Gegebenheiten. Bei den ersten Interviews, wo die eigenen Kenntnisse nur auf Literaturrecherchen und Gesprächen mit befreundeten Informatikern beruhten, war das nicht immer so einfach, am Schluß dagegen relativ leicht, weil auf die Erkenntnisse aus vielen

Interviews zurückgegriffen werden konnte. Diese m.E. unumgängliche Vorgehensweise beinhaltet allerdings ein gewisses Risiko. Man kann, wenn man nicht sehr genau aufpaßt, durch eigene „Vorleistungen" die Aussagen des Interviewten ein Stück weit in eine bestimmte, vorgegebene Richtung lenken. Dieses Risiko muß man meiner Meinung nach aber in Kauf nehmen, will man möglichst umfangreiche und tiefgreifende Aussagen erhalten und dabei eine normale Gesprächsatmosphäre ohne permanentes, teilweise mehrfaches Nachfragen bewahren.

Quantitativ betrachtet wurden im Rahmen der Feldforschung insgesamt 99 Interviews mit 91 Informatikern auf den verschiedensten Ebenen (knapp 60 % Sachbearbeiter und jeweils ca. 20 % Gruppenleiter sowie Abteilungsleiter, Hauptabteilungsleiter, Bereichsleiter oder Geschäftsführer), drei Betriebswirten, zwei Mathematikern und drei Angehörigen sonstiger Berufe durchgeführt, wobei die Nichtinformatiker durchweg Managementpositionen im EDV-Bereich oder der Personalabteilung besetzten. Die Interviews entfielen zu knapp 45 % auf die Software-Hersteller und zu etwas über 55 % auf die Anwender. Bei den Herstellern wiederum verteilten sich gut 70 % zu gleichen Teilen auf einen der Hardware-Hersteller und die zwei Software-Häuser, knapp 30 % ebenfalls zu gleichen Teilen auf den anderen Hardware-Hersteller und die Unternehmensberatungsfirma. Bei den Anwendern war die Aufteilung ungleichmäßiger, weil die Anzahl der in den einzelnen Unternehmen tätigen Informatiker hier sehr stark differierte und von ganzen zwei bis zu 82 reichte[13]. Daher entfielen auf die beiden Handelshäuser und die Maschinenbaufirma nur knapp 6 % der Interviews, auf den Automobilkonzern dagegen über 20 %, was den realen Beschäftigungsquoten ziemlich genau entspricht. Die anderen Unternehmen machten jeweils 10–15 % aus, was dem Anteil der bei den einzelnen Unternehmen jeweils beschäftigten Informatiker ebenfalls nahekommt.

---

13 Nähere Angaben zu den Beschäftigungszahlen in Kap. 4.1.

Zwischen neuer Klasse und akademischem Proletariat – Hochqualifizierte Berufe in der sozialwissenschaftlichen Diskussion

2

In der Debatte über die zukünftige Stellung der „Intelligenz" in der Gesellschaft bestimmen zwei Problemkomplexe (direkt oder indirekt) die Argumentation der meisten an der Diskussion beteiligten Autoren. Es sind dies die widersprüchliche Rolle, die die Standardisierung komplexen beruflichen Wissens für die Entwicklung einzelner hochqualifizierter Berufe oder die „Intelligenz" in ihrer Gesamtheit spielt, und die soziale Zusammensetzung wie auch Rekrutierung der „neuen" gesellschaftlichen Elite. Die Standardisierung komplexen beruflichen Wissens besitzt für die Vertreter aller drei relevanten Positionen (die der „Intelligenz" als neuer dominierender Klasse, die der Professionalisierung der akademischen Berufsgruppen und die der Proletarisierung eben dieser Gruppen) einen zentralen Stellenwert, weil sie für die einen die entscheidende Voraussetzung dafür darstellt, daß die Vereinheitlichung und die Formierung zur „new class" oder Profession gelingt (Freidson 1979, 1986; Gouldner 1979; Larson 1977; Perkin 1989), während sie für die anderen die Basis für die Dequalifizierung und Automatisierung hochqualifizierter Tätigkeiten schafft (Derber 1982; Haug 1973, 1977; Mc Kinlay 1973, 1986; Mc Kinlay/Arches 1985; Oppenheimer 1973; Rothman 1984).

Die soziale Zusammensetzung und die Mechanismen der sozialen Rekrutierung der gesellschaftlichen Machtelite bzw. der herrschenden Klasse („ruling class") sind für die an der Debatte beteiligten Autoren aus einem anderen Grunde entscheidend. Sie bestimmen in einem hohen Maße ihre Einschätzung der Klassenstruktur in der heutigen und der zukünftigen Gesellschaft. Während die einen die Position vertreten, daß die „Intelligenz" die alten herrschenden Klassen („landlords and capitalists") entmachtet und diese durch eine aus unterschiedlichen sozialen Kreisen stammende, rein nach Leistungskriterien ausgewählte „Wissenselite" ersetzt werden (Bell 1973; Gouldner 1979; Konrad/Szelényi 1978; Perkin 1989), sehen die anderen in der Akademisierung gesellschaftlicher Machtpositionen nichts anderes als den erfolgreichen Versuch der traditionell dominierenden Gesellschaftsgruppen, ihre Macht und ihren Einfluß auf diese Art und Weise zu sichern (Boltanski 1990; Bourdieu 1983, Bourdieu/Boltanski/de Saint Martin 1981; Bourdieu/Maldidier 1981; Larson 1977). Die Analyse der sozialen Zusammensetzung und Rekrutierung der akademisch gebildeten Machtelite ist für eine Einschätzung der künftigen gesellschaftlichen Stellung der „Intelligenz" deshalb genauso entscheidend wie die Antwort auf die Frage, welche Konsequenzen die Standardisierung komplexen beruflichen Wissens mit sich bringt.

2.1   Standardisierung zwischen Professionalisierung und Proletarisierung

Daß wissenschaftliche Erkenntnisse, Theorien und Denkweisen in der heutigen wie der zukünftigen Gesellschaft eine zentrale Rolle spielen, ist wohl unumstritten. Für Autoren wie Bell (1973), Gouldner (1979) oder Konrad/Szelényi (1978) bilden sie sogar die Basis für den Aufstieg der „Intelligenz" zur „wichtigsten" oder zur „dominierenden" Klasse der neuen „nachindustriellen" Gesellschaft, für Perkin das neue Grundprinzip der „professional society". Andere wie Abbott (1986, 1988, 1989), Baer (1986), Freidson (1979, 1983, 1986), Johnson (1972), Larson (1977) oder Ritzer (1977) gehen nicht ganz so weit, betrachten das Expertenwissen aber immerhin als Grundlage erfolgreicher Professionalisierung.

Besonders Abbott, Baer, Freidson und Larson widmen der Bedeutung wie der Struktur dieses Wissens eine intensive Betrachtung, während es die meisten anderen Autoren doch bei eher allgemein gehaltenen Ausführungen belassen. Freidson (1970, 1986), Larson (1977) und Abbott (1988, 1989) konzentrieren sich dabei auf die Funktion, die „abstract knowledge", „formal knowledge", oder „professional knowledge" für die Herausbildung und Etablierung einer Profession besitzen. Sie sehen sie darin, daß jeglicher Anspruch auf professionelle Kompetenz und Zuständigkeit nur dann erfolgversprechend anzumelden und durchzusetzen ist, wenn er durch wissenschaftliche Erkenntnisse und Methoden untermauert werden kann.

Wie sie anhand von Beispielen demonstrieren, stellt die Erringung professioneller Zuständigkeit einen komplexen Prozeß dar, der vor allem aus zwei Elementen besteht. Zum einen muß eine Berufsgruppe durch die Gewinnung wissenschaftlicher Einsichten und deren praktische Umsetzung ihre Fähigkeit unter Beweis stellen, bestimmte gesellschaftliche Aufgaben oder Probleme lösen zu können. Zum anderen muß sie ihre Vorgehensweise in der Konkurrenz mit anderen Berufen als die beste oder auch einzig richtige Lösungsmethode reklamieren und in den Augen der Öffentlichkeit bzw. der potentiellen Klienten auch durchsetzen und behaupten. Denn ob ein Todkranker eher eines Arztes oder eines Priesters bedarf, jemand, der ein nervliches Leiden hat, einen Neurologen oder einen Psychologen aufsucht oder jemand mit seiner Steuererklärung zum Steuerberater oder zum Anwalt geht, das ist zu einem erheblichen Prozentsatz immer das Resultat kultureller Traditionen und historisch gewachsener gesellschaftlicher Problemdefinitionen, also nicht einfach quasi automatisch aus der „objektiven" Struktur des jeweiligen Problems abzuleiten. Die verglichen mit der Bundesrepublik ungleich größeren Tätigkeitsfelder der US-amerikanischen Psychiater und

Anwälte sind dafür ein ebenso gutes Beispiel wie der Konflikt zwischen Ärzten und Naturheilkundlern oder Ärzten und Psychologen hierzulande. Immer steht die Frage im Vordergrund, wer seine Kompetenz erfolgreich reklamiert, wenn der Sachverhalt nicht völlig eindeutig ist. Diese Auseinandersetzung stellt einen permanenten Prozeß dar, in dem aufgrund neuer wissenschaftlicher Ergebnisse, des Aufkommens neuartiger Probleme oder veränderter gesellschaftlicher Einstellungen um die Behauptung oder Veränderung von professionellen Zuständigkeiten gerungen wird. Das große Gewicht, das die „ökologische Frage" binnen eines Jahrzehnts gewonnen hat, oder der mit der Entwicklung der Gentechnologie einhergehende Wandel im Verhältnis der Biologen und Chemiker zueinander zeigen das deutlich.

Bei den Konflikten um die professionelle Zuständigkeit zwischen Berufsgruppen mit höheren, zumeist universitären Bildungsabschlüssen stellt das wissenschaftlich fundierte Expertenwissen, das „professional" oder „abstract knowledge" das entscheidende Fundament wie Mittel der Auseinandersetzung dar oder, wie Abbott es formuliert, „the general currency of the division of labor" (Abbott 1988, 279). Es schafft nicht nur die wissenschaftlichen Voraussetzungen für die Reklamierung von Zuständigkeiten, es repräsentiert auch das wirksamste Mittel, wenn es um die Erringung öffentlicher Akzeptanz und Zustimmung geht. Denn nichts ist bei der Masse der Laien heute durchschlagskräftiger als der Verweis auf wissenschaftliche Erkenntnisse.

Eine auf wissenschaftliche Begründbarkeit des eigenen Handelns abzielende Argumentation bedingt allerdings, daß der jeweiligen Berufsgruppe die Standardisierung oder Kodifizierung, d.h. letztlich Verwissenschaftlichung der wesentlichen Grundlagen ihrer beruflichen Kenntnisse und Fertigkeiten gelungen ist. Denn Vertrauen in ihre fachliche Kompetenz kann eine Profession nur dann gewinnen, wenn ihr die Objektivierung beruflichen Wissens, die Loslösung von dem besonderen Talent, Charisma oder außergewöhnlichen, in früheren Zeiten häufig mystisch verklärten Fähigkeiten einzelner Individuen gelingt. Der Berufsgruppe als ganzer soll ja die professionelle Zuständigkeit zugesprochen werden und nicht nur dem einzelnen „begnadeten" Arzt, Anwalt oder Architekten. Daher muß die einzelne Profession durch die Schaffung von für alle Mitglieder verbindlichen Standards dafür sorgen, daß jeder Berufsangehörige unabhängig von seinen individuellen Stärken und Schwächen die Einhaltung bestimmter Mindestanforderungen garantiert, die dem potentiellen Klienten und der gesamten Öffentlichkeit als ausreichende Gewähr für die Zubilligung von Zuständigkeiten erscheinen. Es muß eine erkennbare und von der Öffentlichkeit als berechtigt akzeptierte Trennlinie geschaffen werden, die „die Profession als Ganze von den Laien trennt" (Larson 1977, 45). Das ist Sinn und Zweck der Standardisierung des beruflichen Wissens.

Der Prozeß der Standardisierung ist dabei als ein zweifacher zu begreifen, wie Freidson (1970, 1986) und Baer (1986) erläutern. Er betrifft zum einen die Schaffung einer wissenschaftlich-theoretischen Basis, zum anderen die Entwicklung praktischer Handlungsanweisungen, die die Umsetzung des theoretischen Fachwissens in die berufliche Alltagspraxis ermöglichen. Denn das Gewinnen wissenschaftlicher Erkenntnis ist nur der erste Schritt. Wenn es nicht gelingt, sie für das einzelne Mitglied einer Profession handhabbar zu machen, um so der Öffentlichkeit auch den praktischen Nutzen des Erkenntnisfortschritts zu demonstrieren, bleibt der positive Effekt für die Reklamierung und Behauptung professioneller Zuständigkeiten weitgehend aus.

Diese Funktion erfüllen für Baer (1986) die professionellen Standards, die er vom wissenschaftlichen Teil des Fachwissens, vom „abstracted body of expertise" (Baer 1986, 541), unterscheidet und mit Rezepten oder Kochbuch-Wissen („cook-book knowledge") vergleicht. Sie ermöglichen die praktische Umsetzung von wissenschaftlichen Erkenntnissen in professionelle Alltagspraxis, indem sie in standardisierter Form Anleitungen und Regeln für die „fachgerechte" Bearbeitung bestimmter Probleme liefern. Damit reduzieren sie nicht nur die Unsicherheit des einzelnen „practitioners", wie das gewonnene theoretische Wissen in der konkreten Situation anzuwenden ist, sie bilden auch den Kern jener Garantie für eine sachgerechte Problembearbeitung, die für die öffentliche Anerkennung professioneller Kompetenz unverzichtbar ist (Baer 1986, 544 f.).

Durch die praktische Ausrichtung professioneller Standards unterliegen diese allerdings in entscheidend größerem Maße als das theoretische Grundlagenwissen der Beeinflussung durch ökonomische Interessen. Die Nähe zur alltäglichen Arbeit und damit auch zur finanziellen Seite des Berufs veranlaßt die Professions, bei der Formulierung von Standards nicht allein auf die technische Machbarkeit und die moralisch-ethische Vertretbarkeit, sondern in starkem Maße auch auf die Profitabilität zu achten. Dies gilt, wie Freidson (1986, 220 ff.) ausführt, ganz besonders für jene akademischen Berufe, deren Mitglieder (wie die von ihm als Beispiel herangezogenen Ingenieure) in ihrer Masse in nicht-professionell dominierten Organisationen wie Unternehmen als Angestellte tätig sind. Denn in diesen Fällen spielen die wirtschaftlichen Interessen der Firmen nicht nur eine erhebliche Rolle bei der technischen Umsetzung und auch Weiterentwicklung wissenschaftlicher Kenntnisse[1], sie dominieren in Person ihrer leitenden Angestellten vielfach auch jene professionellen Gremien, die für die Formulierung der Standards zuständig sind. Dort setzen sie sich dann oft erfolgreich, dafür ein, die Standards nicht „unpraktisch und perfektionistisch" (Freidson 1986, 221) zu gestalten, sondern sie auch unter ökonomischen Aspekten praktikabel erscheinen zu lassen. Besonders in den Branchen, in denen wenige Großkonzerne marktbeherrschend sind, ist deren Einfluß auf die Standards unübersehbar. So beruhen viele DIN-Normen im Bereich der Elektrotechnik auf internen Siemens-Normen. Siemens hat von jeher großen Wert darauf gelegt, daß seine

---

1 Man braucht hier nur an die große Bedeutung der Forschungslabors von Firmen wie AT&T („Bell Laboratories"), IBM, Siemens oder der großen Chemie-Konzerne zu denken.

internen Normen auch zu DIN-Normen und seine eigenen Produkte damit vielfach zugleich auch zu Branchenstandards erklärt wurden, und diesen Wunsch in der Regel auch realisieren können, weil die Firma eine so dominante Stellung in Deutschland besaß und noch heute besitzt[2]. Ähnliches gilt auch in anderen großen Industrieländern wie etwa in den USA für Firmen wie General Electric oder Westinghouse. In Branchen wie dem Maschinenbau, in denen es keine vergleichbare Dominanz einzelner Konzerne gibt, sind die Standards weniger von einzelnen Unternehmen geprägt, sondern eher der Ausdruck gemeinsamer Brancheninteressen. Diese starke ökonomische Prägung vieler Standards beeinträchtigt das Vertrauen der breiten Öffentlichkeit in die Richtigkeit der Standards aber nur selten in nennenswertem Umfang. Von der Masse der Laien werden die ökonomischen Einflüsse entweder gar nicht wahrgenommen oder aber als unvermeidlich akzeptiert[3].

Die Standardisierung oder Kodifizierung beruflichen Wissens in seinen wissenschaftlichen wie praktischen Aspekten bleibt daher in zweifacher Hinsicht die Voraussetzung für das, was nach Ansicht vieler Professionalisierungstheoretiker (Abel 1985, 1988 a, b; Johnson 1972, 1977; Larson 1977, Perkin 1989; Spangler 1986; Szelényi/Martin 1989) der Hauptzweck jeglicher Professionalisierung ist: die Monopolisierung von Teilmärkten zur Erringung und Stabilisierung hoher Einkommen und eines hohen gesellschaftlichen Status. Sie stellt die wichtigste Möglichkeit nicht nur für die Etablierung professioneller Zuständigkeiten im Sinne der Sicherung einer „production by producers" dar, sondern mittels normierter Ausbildungsgänge, in denen das standardisierte Wissen Grundlage aller Prüfungen ist, auch für die Kontrolle des Berufszugangs, der „production of producers" (Abel 1988 a, 18 f.).

Berufsgruppen, die den Standardisierungsprozeß vorantreiben, laufen allerdings immer auch Gefahr, Opfer ihres eigenen Handelns zu werden. Denn eine erfolgreiche Standardisierung beruflichen Wissens ist ein zweischneidiges Schwert. Auf der einen Seite ist sie unerläßliche Voraussetzung, will eine Berufsgruppe den Status einer Profession erringen, auf der anderen Seite erleichtert sie die Aneignung wie z.T. auch Automatisierung beruflicher Kenntnisse und Fähigkeiten. Sie gefährdet damit genau das, was sie gleichzei-

---

2 Der starke Einfluß der Unternehmen auf die Standards läßt sich z.B. daran ablesen, daß viele Standards in Deutschland in ihrer Bezeichnung noch auf ihre Siemens-Herkunft verweisen, ohne daß das weiter bekannt ist. So bedeutete der heute allgemein gebräuchliche Standard SPS ursprünglich nichts anderes als Siemens-Programmierbare-Steuerungen.

3 Dies gilt auch heute noch trotz der vor allem infolge der Kernenergie-Kontroverse in Teilen der Bevölkerung stark zunehmenden „Expertenkritik" (Hartmann/Hartmann 1982). Denn trotz der skeptischer werdenden Haltung wird das Verhalten letztlich doch vom Glauben an Wissenschaft und Technik sowie der Alternativlosigkeit einer solchen Einstellung geprägt. Was soll man schließlich machen, wollte man den Ärzten oder Ingenieuren nicht mehr trauen.

tig erst möglich macht, die Kontrolle der „production of" und „by producers"(Abel 1985).

Was die Kontrolle des Berufszugangs, d.h. der Anzahl der Berufsangehörigen betrifft, so besteht die aus Professionssicht negative Seite der Standardisierung oder Kodifizierung beruflichen Wissens darin, daß sie beim heutigen Stand der allgemeinen Bildung und des öffentlichen Bildungssystems einer recht großen Anzahl von Kandidaten das Erlernen der notwendigen Kenntnisse ermöglicht. Denn die Standardisierung des Wissens gestattet die Loslösung der Wissensvermittlung von der praktischen Berufserfahrung. Solange die Lehre bei einem „Meister", der seine „Berufsgeheimnisse" weitergab, die einzige Möglichkeit war, sich das erforderliche Berufswissen anzueignen, blieb die Zahl des Berufsnachwuchses durch die Anzahl der „Meister" beschränkt. Diese Form der Ausbildung, die für das handwerkliche Zunftwesen, aber auch für viele Professions im angelsächsischen Bereich (Abel 1988 a; Chroust 1965; Hurst 1950; Warren 1911) lange Zeit typisch war, wurde durch die Verwissenschaftlichung der erforderlichen Kenntnisse erst ausgehöhlt[4] und dann beiseite geschoben. Die Universität wurde zur entscheidenden Städte der Wissensvermittlung und vor allem zu jener Institution, die mit ihren Abschlußzeugnissen ausschlaggebend für den Zugang zu den akademischen Berufen ist. Angesichts der öffentlichen Finanzierung der meisten Bereiche des Bildungssystems[5] und der damit verbundenen Anhebung des allgemeinen Bildungsniveaus hieß das für die Professions bzw. akademischen Berufsgruppen, daß sie seit den 70er Jahren eine zunehmende Überschwemmung ihrer Teilmärkte mit Hochschulabsolventen hinnehmen mußten. Trotz vielfältiger Bemühungen wurde die professionelle Kontrolle des Berufszugangs zumindest stark aufgeweicht (Abel/Lewis 1988 a, b, 1989; Curran 1985; Krais 1980; Sanders/Williams 1989; Wirzbach 1985). Diese negativen Auswirkungen waren aber nicht zu vermeiden, weil eine Beibehaltung des alten Systems der fast ausschließlich auf beruflicher Erfahrung basierenden Lehre den sicheren Verlust professioneller Zuständigkeit in einer von Wissenschaft und Technik bestimmten Gesellschaft bedeutet hätte. Berufsgruppen, die sich der Verwissenschaftlichung ihrer Ausbildungswege verweigert hätten, wären von ihren akademisch gebildeten Konkurrenten über kurz oder lang entweder völlig aus dem Markt geworfen oder aber in Nischen abgedrängt worden. Ungeachtet ihrer wesentlichen Mängel gibt es deshalb keine wirkliche Alternative zur

---

4 Dieser Prozeß wurde von heftigen innerprofessionellen Auseinandersetzungen zwischen den Vertretern der „neuen" wissenschaftlichen Methoden und den sog. „Praktikern" begleitet, wie Jamous/Peloille (1970) am Beispiel der französischen Ärzteschaft anschaulich schildern.

5 Der Anteil der öffentlichen Finanzierung des Bildungssystems in seiner Gesamtheit und der Universitäten im Speziellen ist von Land zu Land unterschiedlich und in Westeuropa insgesamt deutlich höher als in den USA. Trotz solcher Differenzen ist die öffentliche Finanzierung aber überall so hoch, daß sie zu einem massiven Anwachsen der Zahl der Studenten wie Hochschulabsolventen geführt hat.

standardisierten universitären Ausbildung, will eine Profession die Kontrolle über den Berufszugang nicht völlig aus den Händen geben.

Die Zwiespältigkeit des Standardisierungsprozesses zeigt sich auch bei der Markierung und Sicherung professioneller Zuständigkeiten. Standardisierung stellt ihre unverzichtbare Grundlage dar, bedroht sie aber gleichzeitig auch. Dies gilt in zweifacher Hinsicht. Zum einen macht die Normierung beruflichen Wissens Teile desselben auch für Laien, d. h. der jeweils zuständigen Profession nicht zugehörige Beschäftigte oder Privatleute zugänglich. Die weite Verbreitung von Ratgebern in Miet- oder Arbeitsrecht, Lohnsteuerfragen oder Gesundheitsangelegenheiten ist dafür ein untrügliches Indiz. Ein interessierter und halbwegs gut ausgebildeter Laie kann sich einzelne Wissensbereiche durchaus erschließen. Wenn er beruflich ständig mit Fragen zu tun hat, die in den Zuständigkeitsbereich einer bestimmten Profession fallen, kann er sogar zu einer ernsthaften Konkurrenz auf einzelnen Gebieten werden. Ein Beispiel dafür liefern die Versicherungskaufleute, die in den meisten anfallenden Fragen ein fast gleichwertiges Know-how aufweisen können wie die Versicherungsjuristen (Hartmann 1988, 1990 a).

Zum anderen bereitet die Standardisierung beruflichen Wissens den Boden für die Umsetzung dieses Wissens in EDV-Programme. Die Programme können dann sowohl die völlige Automatisierung von Arbeitsabläufen bewirken als auch in Form von Datenbanken den oben angesprochenen Effekt des leichteren Wissenszugangs für Laien verstärken. Auf beide Aspekte wird von Vertretern der Proletarisierungs- oder Deprofessionalisierungs-These immer wieder verwiesen. So betont Mc Kinlay (1982, 52 ff.), daß die computerisierte Biotechnologie oft zuverlässiger und effektiver als die Ärzte arbeitet, wenn es um die Erstellung der Krankheitsgeschichte, die körperliche Untersuchung des Patienten, die Anforderung von Hilfsuntersuchungen, die Krankheitsdiagnose, die Festlegung der Behandlung und die Krankheitsprognose geht. Haug (1975, 1977, 1988) führt an, daß in einer Zeit, wo Schemata für Computerdiagnosen ebenso erhältlich sind wie von Computern ausgewertete Entscheidungsbäume für erfolgversprechende Behandlungsmethoden, es möglicherweise auch im medizinischen Bereich bald wichtiger sein wird, die Technik der Datenabfrage am Computer zu beherrschen als das Wissen selbst im Kopf zu haben. Damit aber wäre die Zuständigkeit der Ärzte gefährdet. Obwohl Aussagen wie diese sehr umstritten sind, weisen sie doch auf ein erhebliches Bedrohungspotential in Form von EDV-Software hin. Denn daß Datenbanken (zumindest außerhalb der Kernsektoren professionellen Wissens) durchaus zu spürbaren Kompetenzeinbußen auf seiten der Professionals führen können, hat eine eigene Untersuchung über die Auswirkung einer juristischen Datenbank in der Versicherungswirtschaft (Hartmann 1993; Hartmann/Wegge 1993) deutlich gezeigt.

Ausschlaggebend für den Effekt, den die leichtere Verfügbarkeit relevanten Wissens (mit oder ohne EDV-Unterstützung) auf die Reklamierung professioneller Zuständigkeiten hat, sind dabei zwei Punkte. Auf der einen Seite ist entscheidend, ob es auf diesem Wege zu einer starken Reduzierung des

„knowledge gap" zwischen Professionals und Laien kommt, wie Proletarisierungs- bzw. Deprofessionalisierungs-Vertreter (Derber 1982; Haug 1973, 1975, 1988; McKinlay 1982; Mc Kinlay/Arches 1985; Oppenheimer 1973; Rothman 1984) vermuten, oder ob der Wissensvorsprung der Professionals aufgrund der Nichtstandardisierbarkeit wesentlicher Wissenselemente und/oder durch die stetige Erweiterung des Wissens im Kern bestehen bleibt (Child/Fulk 1982; Freidson 1973, 1984, 1986). Auf der anderen Seite ist es von großer Bedeutung, inwieweit die routinisierten und z.T. von der EDV erfaßbaren Bestandteile an untergeordnete Paraprofessionals abgetreten werden können, damit im unmittelbaren Zugriffsbereich der Professionals verbleiben, oder aber von Konkurrenten und Unternehmen zur Aufweichung und/oder Einengung der professionellen Zuständigkeit genutzt werden können.

Der Standardisierungsprozeß steht damit in einem sehr engen Zusammenhang mit einem für die Argumentation der Proletarisierungs-Theoretiker ganz zentralen Sachverhalt: der Aufspaltung professioneller Arbeit in gering und hoch qualifizierte Tätigkeiten. Denn deren Umfang wie auch Form wird zum einen davon bestimmt, welches Ausmaß und welche Intensität die mit der Standardisierung einhergehende Routinisierung des beruflichen Wissens annimmt, zum anderen vom Verhältnis der Professionals zu den im selben Arbeitsbereich tätigen anderen Berufsgruppen sowie zu den sie beschäftigenden Unternehmen.

Ausmaß und Intensität der Routinisierung sind wichtig, weil Spaltungsprozesse in der Regel an der Nahtstelle zwischen routinisierten und nichtroutinisierten Elementen des Arbeitsprozesses ansetzen. Nur wenn die Trennung zwischen beiden intensiv, d.h. deutlich genug ist, kann eine Verlagerung der weniger anspruchsvollen Tätigkeitsbestandteile auf in der fachlichen Hierarchie tiefer angesiedelte Angehörige der jeweiligen Profession oder anderer Berufsgruppen erfolgen, und nur wenn der Umfang der Routineaufgaben groß genug ist, lohnt der Versuch, sie abzuspalten und entweder geringer qualifizierten Tätigkeiten anzugliedern oder zu einer neuen Tätigkeit auf niedrigerem qualifikatorischen Niveau zusammenzufassen.

Die Stellung der Professionals zu anderen Berufsgruppen und zu den beschäftigenden Unternehmen ist von nicht unerheblicher Bedeutung. Denn sie bestimmt die Form, in der die Aufteilung zwischen den von der Routinisierung des beruflichen Wissens stärker erfaßten und den von ihr nur relativ wenig berührten Arbeitsfunktionen verläuft. Dort, wo es eine traditionell gewachsene Zuordnung von Paraprofessionals zu den Professionals gibt, wie etwa bei den Krankenpflegeberufen, wird die Bereitschaft der Professionals, Routinefunktionen abzugeben, immer erheblich größer sein als dort, wo eine Abgabe dieser Funktionen an andere Professionals oder große Organisationen nichtprofessioneller Natur erfolgen würde. Denn im ersten Fall bleibt die Position der Professionals ungefährdet und wird durch die Konzentration auf die anspruchsvollen Teile der Arbeit sogar noch verstärkt. Im zweiten Fall dagegen droht der allmähliche Verlust von Zuständigkeiten.

Denn, wie Abbott (1986, 219 f.) am Beispiel von auf Treuhänderschaft und Besitzüberschreibung spezialisierten Firmen anschaulich schildert, kann die zunächst auf die routinisierten und nicht zum juristischen Kernbereich gehörenden Aufgaben beschränkte Preisgabe von Funktionen auf Dauer auch die Zuständigkeit der Juristen für den gesamten Arbeitsprozeß in Frage stellen. In solchen Fällen neigen die Professionals daher dazu, die Routinefunktionen innerhalb der eignen Berufsgruppe zu halten, was dann häufiger gleichbedeutend ist mit der Aufspaltung der Profession in mehr mit Routineaufgaben befaßte und mehr mit anspruchsvollen Funktionen betraute Mitglieder (Larson 1980).

Ob eine solche „interne Lösung" stets gelingt, ist im Hinblick auf die bedrohten Berufsgruppen in besonders starkem Maße dort fraglich, wo die Masse der Berufsangehörigen abhängig beschäftigt und in nichtprofessionellen Organisationen an der Herstellung von Produkten beteiligt ist. Denn aus dieser Konstellation resultiert eine entscheidende Konsequenz. Die jeweils betroffene akademische Berufsgruppe muß nicht nur, wie oben erläutert, die wirtschaftlichen Interessen der jeweiligen Arbeitgeber bei der Formulierung der beruflichen Standards berücksichtigen, sie unterliegt vielmehr auch, was noch wichtiger ist, in einem großen Maß den Entscheidungen der jeweiligen Organisation, wenn es um Maßnahmen der Arbeitsaufteilung wie auch den Einsatz von EDV-Programmen geht. Während in Bereichen, die von Professionals eindeutig dominiert werden, derartige Veränderungen durch professionsinterne Auseinandersetzungen oft beträchtlich behindert und verzögert werden[6], werden solche Hindernisse von Unternehmen, die Professionals bei der Herstellung von Produkten einsetzen, relativ schnell überwunden.

Denn zum einen besitzen sie die ausschließliche Entscheidungsbefugnis, können also Maßnahmen, deren Realisierung ihnen notwendig erscheint und keinen aus Unternehmenssicht unvertretbar großen Unwillen oder gar Widerstand seitens der betroffenen Hochschulabsolventen erwarten läßt, auch gegen den Willen der Betroffenen durchsetzen. Zum anderen können sie eventuellen Widerstand gegen ihre Pläne dadurch reduzieren oder unterlaufen, daß sie, wenn es technisch möglich ist, die Zuständigkeit der jeweils dort tätigen Berufsgruppe in Frage stellen. Anders als bei vielen hochqualifizierten Dienstleistungstätigkeiten wie z.B. bei Ärzten und Anwälten bieten staatliche Regelungen oder öffentliche Kompetenzzuweisungen nämlich keinen oder nur einen geringen Schutz, wenn die Tätigkeit im Produkt aufgeht, das an den Kunden verkauft wird (Hartmann 1988, 1990 a; Larson 1977). Widerstand gegen unternehmerische Entscheidungen bleibt in diesen Fällen auf die unabweisbare fachliche Zuständigkeit im unmittelbaren Arbeits-

---

6 Ein Beispiel dafür ist das geringe Tempo, in dem die bundesdeutsche Justiz mit EDV-Geräten ausgestattet wird. Es erklärt sich zu einem ganz großen Teil aus dem erfolgreichen passiven Widerstand der meisten Richter gegen die von den Verwaltungsjuristen in den Justizministerien erdachten Planungen.

prozeß (Abbott 1986) angewiesen, ist folglich weniger stark als dort, wo er auch auf staatliche oder öffentliche Zuständigkeitsregelungen zurückgreifen kann.

Unabhängig davon, in welchem Umfang die Unternehmen bei der Aufspaltung professioneller Arbeit in höher und geringer qualifizierte Tätigkeiten Rücksicht auf die Interessen der betroffenen Professions nehmen, bleiben derartige Spaltungsprozesse eine entscheidende negative Folge der Standardisierung beruflichen Wissens. Die Professions schaffen mit ihren Standardisierungsbemühungen in der Regel erst die Voraussetzung dafür, daß auch ein professionsfremdes Management Maßnahmen zur Aufspaltung oder gar Automatisierung durchsetzen kann. Denn im Unterschied zu Arbeitsabläufen mit einem normalen Schwierigkeitsgrad, die vielfach auch von „außenstehenden" Managern oder Unternehmensberatern zu analysieren und zu standardisieren sind, ist das Management bei den sog. „high level tasks", die für die Tätigkeit von Professionals charakteristisch sind, auf die Mitarbeit von Professionsmitgliedern, erfolge sie nun bewußt oder unbewußt, unbedingt angewiesen (Larson 1980, 164). Standardisierung bedeutet hier immer auch Verwissenschaftlichung, so daß der Prozeß in der Regel nur von Angehörigen der jeweiligen Profession erfolgreich angegangen und realisiert werden kann, die Resultate dagegen auch von „Außenstehenden" zur arbeitsorganisatorischen und/oder technischen Veränderung von Arbeitsabläufen genutzt werden können.

Welche gravierenden Konsequenzen eine solche Nutzung für die in Unternehmen beschäftigten Professionals beinhalten kann, schildert Larson (1980, 169) u. a. am Beispiel der Bauingenieure, bei denen ein Trend erkennbar sei, die außergewöhnlichen und schwer zu analysierenden Fälle wenigen hoch qualifizierten Spezialisten zu übergeben, dem durchschnittlichen Ingenieur dagegen nur noch die Anwendung von Standardlösungen zu überlassen. Hier, wie auch in manch anderen Bereichen, droht Larsons Meinung nach eine allmähliche Ausgliederung der anspruchsvolleren Funktionen aus der Arbeit des normalen Professionals und ihre Konzentration in „relatively fever hands oder minds" (Larson 1980, 169).

Trotz nicht übersehbarer Anklänge an das tayloristische Prinzip der Trennung von Hand- und Kopfarbeit hält Larson eine direkte Vergleichbarkeit nicht für gegeben, weil auch die von der Arbeitsaufspaltung negativ betroffenen Professionals immer noch qualifizierte Tätigkeiten ausübten. Die entscheidende Gefahr, die derartige arbeitsorganisatorische Veränderungen mit sich bringen, sieht sie vielmehr in einer generellen Entwicklung hin zu Spezialisierung. Wenn die von Unternehmen angestellten Hochschulabsolventen in ihrer Masse nur noch mit einem engen Aufgabenspektrum betraut würden, dann bedrohe das sowohl diejenigen unter ihnen, die Routinefunktionen zu übernehmen hätten, als auch diejenigen, die die komplexeren und fachlich anspruchsvolleren Tätigkeiten zugewiesen bekämen. Denn beide seien dem Risiko der unternehmensbezogenen Einengung ihrer Qualifikationen ausgesetzt. Zwar sei dieses Risiko für die Professionals, die in den tieferen Etagen der betrieblichen wie professionellen Hierarchie angesiedelt sind, erheblich höher, weil sie von der ständigen Erneuerung des beruflichen Wissens weitgehend abgeschnitten würden und in ihren Routinefunktionen schneller als andere von der technologischen Weiterentwicklung überrollt werden könnten, es existiere aber auch für die hochqualifizierten wie -bezahlten Spezialisten. Denn auch sie liefen Gefahr, durch ihre starke Spezialisierung von einigen wenigen oder gar einem einzigen Unternehmen abhängig zu werden und ihren Wert für den allgemeinen Arbeitsmarkt zu verlieren. Hochgradige Spezialisierung gehe z.T. Hand in Hand mit der Entwertung fachlicher Qualifikationen und führe in eine berufliche „Sackgasse" (Larson 1980, 165). Die entscheidende Bedrohung, der sich die Berufsgruppen mit hohen Bildungsabschlüssen in Zukunft ausgesetzt sehen würden, bestehe deshalb nicht in ihrer „Proletarisierung",[7] sondern in der durch Arbeitsteilung und -Aufspaltung forcierten Spezialisierung. Sie beinhalte die Gefahr, daß zum einen in Arbeitsgebieten mit einer schnellen technologischen Entwicklung mit dem spezialisierten Wissen auch die Qualifikation der jeweiligen Professionals veralte, sie nicht mehr „verwendbar" seien, daß zum anderen der Masse der Professionals der Zugang zur „Akkumulation symbolischen Kapitals" (Larson 1980, 170) versperrt bleibe, weil ihre Arbeit auf Routineaufgaben beschränkt sei.

---

7 Mit dieser Einschätzung grenzt sich Larson, deren Aufsatz sich explizit mit der Proletarisierung („Proletarianization and Educated Labor") befaßt, von den meisten Vertretern der Proletarisierungs-These ab. Für diese ist mit der Fremdbestimmung von Arbeitszielen und -organisation durch die Unternehmen die für den professionellen Status unverzichtbare Autonomie grundsätzlich in Frage gestellt (Derber 1982; Haug 1973, 1977, 1988; McKinlay 1973, 1982; McKinlay/Arches 1985; McKinlay/Stoeckle 1988; Oppenheimer 1973, 1985; Rothman 1984). Sie beziehen diese Feststellung dabei auf alle Fälle, in denen Angehörige akademischer Berufe in ihrer Masse als Angestellte von großen Organisationen tätig sind, also auch auf Krankenhäuser oder „Mega Law Firms", deren Management aus den Reihen der jeweiligen Profession stammt. „Professionalisierungs"-Theoretiker wie Freidson und Larson sehen dagegen gerade bei solchen Organisationen nur einen begrenzten Autonomieverlust. Während Larson (1980) aber immerhin noch von einer Schwächung der professionellen Autonomie als Ganzes ausgeht, weil letztlich Unternehmens- und nicht vorrangig professionelle Interessen das Handeln des Managements bestimmten, bleibt nach Freidsons (1985) Ansicht die Autonomie der Profession gewahrt. Denn wenn die wesentlichen Entscheidungen von Mitgliedern der Profession, seien sie auch im Management, getroffen würden, könne nicht von einem Autonomieverlust für die Profession als Ganzes gesprochen werden, sondern nur von Einbußen auf seiten einzelner Mitglieder. Es komme also nur zu einer Veränderung der internen Struktur der Profession, nicht ihrer gesellschaftlichen Stellung.

2.2 Die soziale Rekrutierung des Managements – Leistungsprinzip oder Klassenherkunft

Das Verhältnis zwischen Professionals und Management hat die Diskussion um die Stellung der „Intelligenz" in der heutigen wie zukünftigen Gesellschaft von Anfang an mit geprägt. Trotz teilweise erheblicher Meinungsunterschiede[8] sind sich fast alle Autoren in einem Punkt einig: Die zentrale Bedeutung des Managements wird darin gesehen, daß seine Entscheidungen den Rahmen abstecken, in dem sich die Masse der in den verschiedenen Organisationen tätigen Professionals bewegt, und dies unabhängig davon, ob man dem Management die Kraft und Fähigkeit zutraut, diesen Professionals ihr Fachwissen nach tayloristischem Muster zu entziehen (wozu die Mehrzahl der „Proletarisierungs"-theoretiker mehr oder minder stark neigt), oder seinen Einfluß darauf beschränkt, daß es durch die Vergabe der finanziellen Ressourcen die Handlungsspielräume der in den einzelnen Organisationsbereichen tätigen Professionals abgrenzt, ohne direkt in den Arbeitsablauf einzugreifen (Freidson 1986; Spangler 1986).

Für die berufliche Orientierung der Professionals hat das nach Ansicht der meisten Sozialwissenschaftler wichtige Konsequenzen. Besonders in den großen Wirtschaftsunternehmen (aber auch in anderen Organisationen) strebe die Mehrheit von ihnen einen Aufstieg ins Management an. Der berufliche Erfolg werde vorrangig am Fortkommen auf der üblichen Karriereleiter gemessen. Fachliche Orientierungen hätten dagegen, anders als in der älteren funktionalistisch geprägten Professions-Forschung angenommen (Kornhauser 1963; Stone 1959), eine relativ geringe Bedeutung. Betriebliche Bemühungen, neben der normalen Management- auch eine fachliche Karriere anzubieten, stießen deshalb auf ein eher verhaltenes Interesse. Für die Mehrzahl der Professionals bleibe der Aufstieg ins Management bzw. der innerhalb des Managements das wichtigste Berufsziel. Das Ausweichen auf alternative Pfade wie Fachkarrieren oder professionelle Anerkennung werde von ihnen eher als Versagen betrachtet. Folgerichtig sei für den Wechsel von einem Unternehmen in ein anderes der Wunsch nach einem beruflichem Aufstieg das für die meisten ausschlaggebende Motiv (Downey u.a. 1989; Gouldner/Ritti 1967; Zussmann 1985).

Die Orientierung der meisten Professionals an traditionellen Karrieremustern[9] wirft in jüngster Zeit allerdings ein ganz gravierendes Problem auf. Denn gerade im Bereich der unteren und mittleren Führungspositionen wollen viele große Unternehmen drastisch einsparen. So plant Daimler-Benz die ersatzlose Streichung von zwei der bislang sieben Führungsebenen. BMW will gar 100 der 300 Stellen in den Führungsetagen mittelfristig einsparen.

---

8 Vgl. Anm. 7

9 Eine Ausnahme bilden jene Professionals, die wie ein Teil der Ärzte und Juristen nicht den Aufstieg im Management von Unternehmen anstreben, sondern die berufliche Selbständigkeit.

Ähnliche Vorhaben existieren bei fast allen großen Konzernen in Deutschland, aber auch in anderen europäischen Ländern und den USA (Wirtschaftswoche 13/92 und 26/92). Sie sind die Folge zweier Entwicklungen. Zum einen macht der umfassende Einsatz der EDV eine ganze Reihe von Vorgesetztenpositionen überflüssig, indem Kontroll- wie auch Auswertungsfunktionen automatisiert werden, zum anderen wird unter dem Stichwort „lean production" eine Verlagerung von Überwachungsaufgaben in die Arbeitsgruppen vorangetrieben. Unter dem Schlagwort „Hierarchieabflachung" wird ein Teil des bisherigen Managements abgebaut (Baethge/ Oberbeck 1986; Hartmann 1989 a, b; Reed 1989; Womack u.a. 1992). Derartige Maßnahmen verschärfen die Konkurrenz unter den potentiellen Kandidaten ganz enorm. Die Frage, nach welchen Kriterien die Auswahl der Führungskräfte erfolgt, erhält dadurch eine immer größere Bedeutung.

Das bedeutet zugleich, daß sich hier auf einer ganz konkreten Ebene das Problem der Elitenrekrutierung und damit auch der Klassenstruktur in der heutigen Gesellschaft stellt. Denn das Gewicht, das der sozialen Herkunft der potentiellen Führungskräfte bei der Besetzung von Managementpositionen zukommt, ist von zentraler Bedeutung, will man zu einer Antwort auf die oben gestellte Frage gelangen. Die Antworten der an der Diskussion beteiligten Autoren fallen dementsprechend unterschiedlich aus. Für Bell, Gouldner und auch Perkin[10] ist die soziale Herkunft in der „post-industrial" (Bell 1973), der „technocratic" (Gouldner 1979) oder der „professional society" (Perkin 1989) als Selektionsmechanismus (zumindest auf Dauer) ohne größere Bedeutung. Sie gehen alle drei trotz erheblicher Differenzen in der sonstigen Analyse davon aus, daß die „neue" Gesellschaft im Grundsatz nach dem Leistungsprinzip organisiert ist, jedermann also letztlich „ohne Ansehen von Stand und Rasse" die Führungspositionen einzig aufgrund seiner Leistung erreichen kann. Ausschlaggebendes Auswahlkriterium sei dabei die fachliche Qualifikation, die vor allem durch die erreichten Bildungsabschlüsse dokumentiert werde.

In Bells Darstellung der „nachindustriellen Gesellschaft" wird diese dadurch charakterisiert, daß Wissen, d.h. Bildungs- statt materiellem „Kapital" die entscheidende gesellschaftliche Ressource und Können die entscheidende gesellschaftliche Machtbasis darstellt (Bell 1975, 258 ff). Bildung sei in dieser Gesellschaft das wichtigste Zugangskriterium zur Macht (auf allen Ebenen). Sie löse den Besitz von materiellem Reichtum in dieser Funktion ab. Für Bell ist die „post-industrial society" mit der „Intelligenz" als wichtigster Klasse durch die Verdrängung des alten, auf Besitz beruhenden Schichtungsprinzips und das Aufkommen eines neuen, auf Leistung

---

10 Konrad/Szelenyi werden hier nicht berücksichtigt, weil sie sich in ihrer Analyse nur auf Gesellschaften des „real existierenden Sozialismus" beziehen, zur Frage der Führungskräfteauslese in kapitalistisch organisierten Unternehmen daher (trotz ihrer exponierten Stellung in der Gesamtdiskussion über die gesellschaftliche Stellung der Intelligenz) allenfalls indirekt etwas beitragen können.

basierenden bestimmt, „so daß man die nachindustrielle Gesellschaft in der Status- und Machtdimension gewissermaßen als logische Ausweitung der Meritokratie ansehen darf, als systematische Verwirklichung einer im Prinzip auf der Priorität des geschulten Talents beruhenden neuen Sozialordnung" (Bell 1975, 315).

Gouldner, der im Grundsatz mit Bell übereinstimmt, soweit es die Bedeutung von Wissen und Bildung in der zukünftigen Gesellschaft betrifft, setzt in seiner Analyse (Gouldner 1979) einen anderen Schwerpunkt. Er schildert vor allem, wie sich seiner Meinung nach die Intelligenz als „neue Klasse" gegen die alte herrschende Klasse durchsetzt. Als ganz entscheidend sieht er dabei an, daß durch die Expansion des öffentlichen Bildungssystems die früher sehr enge Bindung zwischen „Geldkapital" und „kulturellem Kapital" Stück für Stück gelöst wird, das „kulturelle Kapital" aus seiner Abhängigkeit befreit wird. Mit der Ausweitung öffentlicher Bildung bekomme die von ihm auch als „Kulturbourgeoisie" bezeichnete „new class" die Möglichkeit, die Kontrolle über den Mechanismus der eigenen Reproduktion zu gewinnen. Das sei die Voraussetzung, um die Auseinandersetzung mit der alten „Bourgeoisie" erfolgversprechend zu führen. Wie er den Ausgang dieser Auseinandersetzung sieht, deutet Gouldner an, wenn er schreibt: „Heute kontrolliert in der Tat das kulturelle Kapital zunehmend die Ressourcen, die für die Reproduktion des Geldkapitals erforderlich sind; letzteres hingegen kontrolliert immer weniger die Ressourcen für die Reproduktion des kulturellen Kapitals" (Gouldner 1980, 84). Die Herkunft aus den traditionell herrschenden gesellschaftlichen Kreisen ist für ihn dementsprechend ein Faktor, der in bezug auf die Erringung oder Behauptung gesellschaftlicher Macht direkt wie indirekt stetig an Bedeutung verliert – direkt, weil die Vererbung von „Geldkapital" ins Hintertreffen gerät gegenüber der Weitergabe oder dem Erwerb von „Bildungskapital", indirekt, weil der Erwerb von „Bildungskapital" immer weniger, in der Tendenz sogar überhaupt nicht mehr vom Besitz an „Geldkapital" abhängig ist.

Perkin (1989) geht noch einen Schritt weiter als Bell und Gouldner. Seiner Ansicht nach hat sich die „Intelligenz" bereits durchgesetzt. Die von ihm als „professional society" bezeichnete heutige Gesellschaft sei nicht mehr durch die traditionellen Klassen- und Schichtstrukturen bestimmt, sie sei vielmehr „constructed on a different principle", das in der Konkurrenz zwischen verschiedenen Professions und deren unterschiedlich erfolgreichen „career hierachies" (Perkin 1989, XIII) bestehe. Basis dieser Konkurrenz sei der Erwerb von und die Verfügung über „Bildungskapital" in seinen verschiedenen Ausprägungen. So wie die Grundlage des alten Ägypten der alles umfassende Eigentumsanspruch des Pharaos gewesen sei, die der mittelalterlichen Gesellschaft der feudale Grundbesitz und die der industriellen Gesellschaft das Eigentum an industriellem Kapital, so beruhe die „professional-society" auf „human capital". Eigentum bestimme in jeder Gesellschaft die Beziehungen unter ihren Mitgliedern und deren jeweilige Stellung. Die Grundbesitzer hätten aufgrund ihrer Verfügungsgewalt über die Ressource

Boden, die industriellen Kapitaleigentümer aufgrund ihrer Verfügungsgewalt über die Ressource Kapital dominiert, die Professions, weil sie das Angebot an Expertenwissen kontrollierten. Denn der Besitz von „human capital" werfe nicht, wie die meisten mit diesem Begriff operierenden Theoretiker annähmen, automatisch einen Ertrag ab, der der Höhe der Bildungsinvestitionen entspreche. Man müsse die Ressource Wissen vielmehr, um ein die Investitionen zunichte machendes Überangebot zu verhindern, knapp halten. Dies sei der Zweck professioneller Organisierung, so Perkin in Anlehnung an die Professionalisierungstheoretiker wie Abel, Larson und andere (Perkin 1989, 377 ff.). Daher sei die heutige Gesellschaft, wolle man sie angemessen charakterisieren, auch nur als „Professional Society" zu bezeichnen, in der der Hauptgegensatz zwischen den in der Privatwirtschaft und den im öffentlichen Dienst tätigen Professionals verlaufe (Perkin 1989, 443, 516 ff.). Gegensätze wie der zwischen Kapital und Arbeit hätten ihre ehemals zentrale Stellung verloren.

Der entscheidende Unterschied zwischen Bell, Gouldner und Perkin auf der einen sowie Bourdieu und seinen Mitarbeitern auf der anderen Seite wird exakt durch diesen Punkt markiert. Bourdieu, Boltanski, de Saint Martin und Maldidier halten (ebenso wie Larson übrigens auch) an der zentralen Bedeutung des Gegensatzes zwischen Kapital und Arbeit fest. Für sie stellt der Erwerb von Bildungstiteln deshalb vorrangig immer auch eine Form dar, in der dieser Klassengegensatz ausgetragen wird. Am deutlichsten wird diese Position in jenen Arbeiten, die sich mit dem Verhältnis von Managementfunktionen und Bildungsabschlüssen befassen (Bourdieu/ de Saint Martin 1978; Bourdieu/Boltanski/de Saint Martin 1981; Bourdieu/ Boltanski 1981). Sie belegen am sichtbarsten die Hauptthese von Bourdieu, daß erstens das ökonomische Kapital „allen anderen Kapitalarten zugrundeliegt" und zweitens die Umwandlung von ökonomischem in „kulturelles Kapital" einen zentralen Mechanismus darstellt, mit dessen Hilfe die alten „herrschenden Klassen" ihre Macht unter den veränderten Bedingungen der heutigen Gesellschaft aufrechterhalten und auf eine dieser Zeit angemessene Basis stellen können (Bourdieu 1983; Bourdieu/Boltanski/de Saint Martin 1981).

In ihren Analysen verweisen Bourdieu, Boltanski und de Saint Martin auf zwei wesentliche Entwicklungen, die ihrer Ansicht nach zu einem veränderten Auswahlmodus bei der Besetzung von Managementpositionen geführt haben. Es seien dies die Expansion des Bildungswesens und eine grundlegende Wandlung der Unternehmenstrukturen. Letztere sei dabei ausschlaggebend. Denn die zunehmende Ablösung der traditionellen Familienbetriebe durch große Aktiengesellschaften und die damit verbundene Bürokratisierung der firmeninternen wie firmenexternen Beziehungen zwinge vor allem die Teile der führenden Klasse, die früher unmittelbar durch Besitzanspruch in die Unternehmensleitungen gekommen seien, zu einer durchgreifenden Umstrukturierung ihrer Reproduktionsstrategien. Sei die Bewahrung der eigenen gesellschaftlichen Stellung traditionell einfach durch die Vererbung „ökonomischen Kapitals" gewährleistet worden, die nicht nur die Weitergabe materiellen Reichtums, sondern auch die der betrieblichen Führungspositionen beinhaltet habe, müsse nun zunehmend auf andere Mechanismen der Herrschaftssicherung ausgewichen werden. Der Erwerb von hochbewerteten Bildungstiteln habe sich dabei als geeignetes Mittel erwiesen, die Reproduktion der „herrschenden Klassen" auf eine neue, der heutigen Zeit angemessene Basis zu stellen. Die Auswahl der für die leitenden Stellungen in den Unternehmen vorgesehenen Personen anhand der vom Bildungsystem verliehenen Bildungstitel erlaube es ihnen nämlich, durch die Umwandlung von „ökonomischem" in „kulturelles Kapital" diese entscheidenden Positionen auch weiterhin erfolgreich für sich zu reklamieren und somit für die Kontinuität der eigenen Dominanz zu sorgen.

Dieser Umwandlungsprozeß verdankt seinen Erfolg nach Bourdieus Meinung in erster Linie der Tatsache, daß die Aneignung „kulturellen Kapitals" Zeit erfordert. Sie sorge für die aus Sicht der „herrschenden Klasse" erforderliche soziale Selektivität des Bildungssystems. Das gelte vor allem in zweierlei Hinsicht. Zum einen könnten jene Familien, die über genügend Zeit verfügten – sei es eigene oder die bezahlter Gouvernanten, Hauslehrer, Kindermädchen etc. – um ihren Kindern sowohl vor der Schulzeit als auch zusätzlich zum Schulbesuch bestimmte Ausdrucksfähigkeiten, Kenntnisse oder Verhaltensformen zu vermitteln bzw. vermitteln zu lassen, den Erwerb „kulturellen Kapitals" enorm beschleunigen und ihren Kindern damit einen großen, fast uneinholbaren Vorsprung vor dem Nachwuchs anderer sozialer Klassen und Schichten verschaffen. Die „Primärerziehung in der Familie" wirke nämlich entweder, wie in diesen Fällen, „als positiver Wert, als gewonnene Zeit und Vorsprung, oder als negativer Faktor, als doppelt verlorene Zeit, weil zur Korrektur der negativen Folgen nochmals Zeit eingesetzt werden" (Bourdieu 1983, 186 f.) müsse. Zum anderen erlaube die Verfügung über ausreichendes „ökonomisches Kapital" neben der frühen und intensiven Weitergabe von Bildung auch die zeitliche Ausdehnung des Bildungsprozesses, da nicht nur genügend materielle Ressourcen vorhanden seien, um Familienangehörigen oder Bediensteten den für eine qualifizierte Erziehung und Betreuung der Kinder notwendigen Aufwand zu gestatten, sondern auch hinreichend Mittel, um den Eintritt der erwachsen gewordenen Kinder ins Arbeitsleben zugunsten einer verlängerten Bildungszeit (Studium, Auslandsaufenthalte etc.) hinauszuschieben (Bourdieu 1983, 196 f.). Die sich dergestalt vollziehende Umwandlung von „ökonomischem" in „kulturelles Kapital" sei dabei um so effektiver, je länger dieser Prozeß schon andauere. Denn wenn er sich wie bei den „alten Familien" Frankreichs schon über Generationen erstrecke, werde das in früheren Zeiten angeeignete „Kulturkapital" in Form von Insiderwissen, spezifischen „elitären" Verhaltensweisen und einem besonderen Sprachduktus noch zusätzlich zu den oben schon erwähnten Kenntnissen und Fähigkeiten weitergegeben. Hier sei der Vorsprung dann nicht nur überwiegend zeitlicher Natur, sondern auch unmittelbar inhaltlicher, weil etwas vermittelt würde, das von „nicht dazugehörigen"

Personen auch mit größtem zeitlichen Aufwand kaum oder gar nicht erworben werden könne.

Für die „Modernisierung" des Reproduktionsmodus sei entscheidend, daß die Vorteile, die aus der gehobenen sozialen Herkunft resultieren, durch die Vergabe öffentlich anerkannter Bildungstitel zu einem hohen Prozentsatz institutionalisiert und das in der einzelnen Person „inkorporierte Kulturkapital" objektiviert würde. Denn auf diese Weise könnten die Kinder aus den sog, „besseren Kreisen" die Besetzung der führenden Positionen in der Wirtschaft unter Verweis auf die in Form von Bildungstiteln öffentlich anerkannte und dokumentierte Überlegenheit der eigenen Kenntnisse und Fähigkeiten erfolgreich für sich beanspruchen. Die Bewahrung der Macht, über die die „herrschenden Klassen" in wirtschaftlicher (aber auch anderer) Hinsicht verfügten, könne so mit Hilfe scheinbar objektiver, rein fachlicher Auswahlkriterien begründet werden.

Bourdieu, Boltanski und de Saint Martin führen zum Beleg für ihre Feststellungen in erster Linie die Analyse der sozialen Herkunft wie der Bildungsabschlüsse an, die die „Chefs" der 300 größten Privatfirmen und die Generaldirektoren der 100 bedeutendsten Großunternehmen in Frankreich aufweisen. Danach kam Anfang der 70er Jahre die Mehrzahl dieser Direktoren und Unternehmer aus Familien von Unternehmern, Managern, Ingenieuren oder Professoren, mit einem Übergewicht der Unternehmerkinder (über 50 %) bei den Privatfirmen und der anderen Gruppen bei den großen Aktiengesellschaften. Auf einen Hochschulabschluß hätten über 90 % der Generaldirektoren und über 80 % der „Chefs" verweisen können. Der Bildungstitel sei dabei um so wichtiger, je größer das Unternehmen sei (Bourdieu/Boltanski/de Saint Martin 1981, 28 ff.). Gehobene soziale Herkunft und darauf basierende hohe Bildungstitel seien also in zunehmendem Maße zwingende Voraussetzung für die Besetzung wirtschaftlicher Führungspositionen.

Boltanski untermauert diese Schlußfolgerung in seiner Untersuchung über die „Cadres", die weitaus größere Gruppe der Führungskräfte in Frankreich (Boltanski 1990). Er führt dort u.a. an, daß von den Hochschulabsolventen des Jahres 1970, die eine „Stelle mit Direktions- oder höheren Leitungsaufgaben in Industrie, Handel oder Finanzen bekamen", 63 % einen Industriellen, Großkaufmann, Freiberufler oder höheren Cadre zum Vater hatten (Boltanski 1990, 223), die Verknüpfung der beiden oben genannten Bedingungen also von sehr großer Wirksamkeit sei. Boltanski erweitert die Betrachtungsweise aber auch noch um zwei sehr wichtige Punkte. Einmal schildert er, wie das französische Hochschulwesen mit seiner außerordentlich starken Differenzierung zwischen gesellschaftlich sehr unterschiedlich bewerteten Abschlüssen wie Einrichtungen die Folgen der Bildungsexpansion und „Titelflut" für die erwähnten Selektionsprozesse weitgehend abgefangen habe. Die Masse der neu in die Hochschulen strömenden Kinder aus mittleren bis unteren sozialen Schichten sei nur in die normalen Universitäten gelangt, deren zuvor schon vergleichsweise niedriges Ansehen dadurch noch weiter gesunken sei, während der Nachwuchs der herrschenden Schichten die Exklusivität seines Bildungstitels durch den Besuch renommierterer Bildungseinrichtungen wie vor allem der „Grandes écoles", aber auch der Wirtschafts- und Ingenieurhochschulen zu einem erheblichen Teil habe bewahren können. Zum anderen weist er darauf hin, daß die Unternehmen bei der Besetzung führender Stellungen in zunehmendem Maße auf eigene Auswahltests zurückgriffen. Mit deren Hilfe sollte der aus der Hochschulexpansion trotz allem resultierenden Ungewißheit, ob die Hochschulabschlüsse noch genügend Aussagekraft besäßen, begegnet werden. Diese Tests besäßen „vor allem die Funktion, die durch das Bildungssystem getroffene Vorauswahl zu kontrollieren" (Boltanski 1990, 221), um die Gewähr nicht nur für die durch die Zeugnisse dokumentierte fachliche Eignung, sondern auch für die politisch-soziale zu bieten. Sie ersetzten damit zumindest teilweise die traditionelle Kontrolle, die durch familiäre oder andere soziale Beziehungen eine Auslese derjenigen Kandidaten ermöglicht habe, die durch ihre soziale Herkunft auch die für eine Unternehmensführung wichtigen Werteinstellungen verinnerlicht hätten. Die Institutionalisierung der Bildungsabschlüsse verursachte nämlich folgendes Dilemma: Einerseits benötigten die „herrschenden Klassen" die Institutionalisierung für die Erneuerung ihres Reproduktionsmodus. Andererseits sei damit die Gefahr verbunden, daß das Bildungssystem und seine Titel unabhängig würden von ihren unmittelbaren, auf eine (in ihrem Sinne wirkende) soziale Selektion gerichteten Interessen. Dieses Dilemma solle und könne durch diese Auswahltests erheblich reduziert werden.

Wichtig ist für Boltanski dabei die Verbindung von elitären Institutionen wie den Grandes Ecoles und den Auswahltests der Unternehmen. Durch den Besuch derartiger Bildungseinrichtungen würden die schon in der familiären Sozialisation entwickelten sozialen Kompetenzen erweitert und verfeinert. Das dadurch gewonnene „soziale Kapital"[11] könne dann bei den unternehmensinternen Einstellungs- oder Karrieretests als wichtiges soziales Selektionsinstrument genutzt werden. Denn da mit der Höhe der hierarchischen Position die Bedeutung fachlicher Kenntnisse abnehme, die sozialer Fähigkeiten (Mobilisierung von Mitarbeitern, Durchsetzungsfähigkeit etc.) aber stark anwachse, seien all die enorm begünstigt, die zu Beginn der Berufslaufbahn schon über „soziales Kapital" verfügten und sich auf seine Akkumulation während des Berufslebens überdurchschnittlich gut verstünden. Dies seien in erster Linie die Hochschulabsolventen, die aus den besseren

---

11 Der Begriff des „sozialen Kapitals", so wie ihn Boltanski verwendet, differiert etwas von dem Bourdieuschen Begriff des „sozialen Kapitals". Während Bourdieu (1983) darunter im wesentlichen nur das Geflecht der persönlichen und familiären Beziehungen faßt, integriert Boltanski auch die Elemente des Verhaltens, die für die soziale Handlungskompetenz ausschlaggebend sind, also Teile des von Bourdieu als „kulturell" bezeichneten „Kapitals". Trotz dieser Differenz sind die Aussagen der Autoren aber im Kern deckungsgleich (Bourdieu/Boltanski/de Saint Martin 1981; Bourdieu/Boltanski 1981; Boltanski 1990).

Kreisen stammten. Zu ihren Gunsten wirke sich die auf soziale Kompetenz ausgerichtete psychologische Konzipierung von Tests aus, während die Kinder niedriger oder mittlerer Herkunft dadurch von den wirklichen Herrschaftspositionen ausgeschlossen würden (Boltanski 1990, 274 ff).

Boltanski weist auch noch auf einen weiteren wesentlichen Aspekt hin, der von ihm wie auch Bourdieu und de Saint Martin an anderer Stelle (Bourdieu/de Saint Martin 1978; Bourdieu/Boltanski 1981) ebenfalls benannt wird. Die selektive Wirkung des Erwerbs von „Kulturkapital" werde von seiten der „herrschenden Klassen" bei Bedarf stets durch den Einsatz „ökonomischen" und „sozialen Kapitals" im engeren Bourdieuschen Sinne korrigiert. So diene die Ausbildung an den Grandes Ecoles nicht allein der Vermittlung eines besonders hochwertigen Wissens, sondern in gleichem Maße auch der Knüpfung sozialer Bindungen, die oft ein Leben lang erhalten blieben und die Beziehungen der „Herrschenden" untereinander stabilisierten sowie in Einzelfällen die Kooptation von sozialen Aufsteigern ermöglichten.

Ergänzt würde die Wirksamkeit derartiger Mechanismen dann gegebenenfalls auch noch durch den direkten Einsatz „ökonomischen Kapitals". Dieser sorge zum einen dafür, daß die Kinder von Unternehmern in größerem Maße auf den Hochschulabschluß verzichten könnten, wenn sie führende Positionen bekleiden wollten. So wiesen 29,5 % der aus Unternehmerfamilien stammenden „Firmenchefs" kein Hochschulexamen auf, aber nur knapp 10 % der Kinder von Freiberuflern, hohen Beamten, leitenden Angestellten etc. (Bourdieu/Boltanski/de Saint Martin 1981, 31). Der Mangel an Bildungstiteln werde hier durch die Verfügung über „ökonomisches Kapital" zumindest teilweise wettgemacht. Zum anderen seien die Einkommen derer, die mehr als nur „kulturelles Kapital" besäßen, bei gleichen Bildungsabschlüssen deutlich höher, weil es sich hier um eine „verschleierte Form der Profitabschöpfung" (Bourdieu/Boltanski/de Saint Martin 1981, 49 f.) handele, die relativ unabhängig von der Höhe des Bildungstitels sei. Unter den leitenden Angestellten verdienten die Söhne von Industriellen und Großkaufleuten deshalb auch 63,5 % mehr als die Söhne von Angestellten und unter den Ingenieuren 59 % mehr als die Söhne von Bauern (Bourdieu/Boltanski/de Saint Martin 1981, 80). Die Verfügung über eine größere Menge „ökonomischen Kapitals" bilde also sowohl einen korrigierenden, als auch einen die finanzielle Entgeltung von Titeln verstärkenden Faktor. Ihre entscheidende Bedeutung aber bleibe nach wie vor, daß sie eine notwendige, wenn auch in der Regel nicht ausreichende Voraussetzung für die Besetzung führender Positionen in der Wirtschaft darstelle. Denn wie Bourdieu in seiner Untersuchung über die Unternehmer (Bourdieu/de Saint Martin 1978) schildert, müssen selbst die Kinder der Pariser Großbourgeoisie, die den „alten" Familien Frankreichs entstammen, zusätzlich zum ererbten Reichtum einen Abschluß an einer der Elitehochschulen nachweisen, wollen sie in großen Unternehmen zum Generaldirektor avancieren.

Die von Bourdieu, Boltanski und de Saint Martin getroffenen Feststellungen werden in ihren wesentlichen Teilen durch Studien von Groux

(1983) und Barsoux/Lawrence (1990, 1991) über die französischen Cadres und von Marceau (1977, 1981, 1989) über die französische Business-Elite bestätigt. Groux belegt anhand von statistischen Erhebungen und Umfragen französischer Institute, in welchem Umfang sich die von Bourdieu et. al. analysierten Zusammenhänge zwischen sozialer Herkunft, Bildungsabschluß und gehobener beruflicher Position in den 70er Jahren weiterentwickelt haben. So sei der Anteil der Cadres, deren Väter ebenfalls schon Cadres gewesen seien, bis 1977 auf 71 % gestiegen (Groux 1983, 22). Entscheidend für das hohe Maß an beruflicher Kontinuität sei dabei die soziale Selektion, für die das Abschlußzertifikat einer Universität und einer der Grandes Ecoles sorge. Vor allem die Grandes Ecoles seien in dieser Hinsicht außerordentlich erfolgreich. Dies werde besonders deutlich, wenn man die Cadres superieurs, die mit einem Anteil von 5,2 % an den Erwerbstätigen in etwa den leitenden Angestellten und den höheren Beamten in der Bundesrepublik gleichzusetzen sind, mit den Cadres moyens vergleiche, die es auf 9,4 % bringen (Groux 1983, 6). Die Kinder, d.h. in der Regel die Söhne der Cadres superieurs hätten es in den letzten Jahrzehnten nämlich verstanden, die Studienplätze an den renommierten Grandes Ecoles in einem stetig wachsenden Maße für sich zu reklamieren. So sei ihr Anteil an der Studentenschaft der in Rang A eingestuften acht angesehensten „Ecoles d' ingenieurs" (von insgesamt 154 dieses Typs) zwischen 1962 und 1975 von 40,9 % auf 57 % gestiegen, während der der Söhne von Cadres moyens in demselben Zeitraum von 18 % auf 14 % gesunken sei (Groux 1983, 31). Angesichts der Tatsache, daß nur gut 9 % aller französischen Studierenden auf die Grandes Ecoles entfallen und auf die Grandes Ecoles vom Typ A noch weit weniger, wird deutlich, wie wichtig diese Institution für die soziale Auslese der Cadres ist.

Barsoux/Lawrence (1990, 1991) kommen zu dem Ergebnis, daß die französischen Manager sich mehr als in jedem anderen Land als eigenständige Berufsgruppe etabliert hätten. Wesentlichen Anteil daran habe die enge Verzahnung von Bildungssystem und Rekrutierungspolitik der Unternehmen. Da die höheren Managementpositionen bevorzugt an die Absolventen der Grandes Ecoles als der Elite-Ausbildungsinstitutionen des Landes vergeben würden, werde der Titel eines Cadre in den Augen der Öffentlichkeit wie denen der Manager selbst vielfach automatisch mit den dort vermittelten intellektuellen Fähigkeiten verknüpft und der Cadre damit statusmäßig angesehenen Professions wie Anwälten oder Ärzten gleichgestellt. Die äußerst elitäre Auswahl für die Grandes Ecoles sorge zudem sowohl für ein ausgeprägtes Selbstbewußtsein, da man sich als Teil der gesellschaftlichen Elite sehe, als auch für einen starken Corpsgeist unter den Absolventen. Beides lasse ein dichtes Geflecht sozialer Beziehungen unter ihnen entstehen, das sich bei der Besetzung leitender Stellungen in Wirtschaft wie staatlicher Verwaltung deutlich bemerkbar mache. Dies gelte für den jeweiligen Jahrgang wie auch für die Absolventen in ihrer Gesamtheit, also über die Generationsgrenzen hinweg. Man teile mit der Ausbildung auch die Einschätzung, der gesellschaftlichen Elite anzugehören und dementsprechend auch besonders geeignet für Führungspositionen in allen Bereichen zu sein. Absolventen der Grandes Ecoles würden deshalb im Unterschied zu Universitätsabsolventen in der Regel auch sofort als Cadre eingestellt. Das bei den anderen Cadres übliche Bewähren und Hochdienen entfalle bei ihnen. Es sei angesichts der genannten Vorteile dann auch nicht überraschend, wenn unter den 100 führenden Topmanagern Frankreichs allein 28 von der renommiertesten Grande Ecole, der Ecole Polytechnique kämen, und noch einmal 8 von der ebenfalls sehr renommierten Ecole Nationale d'Administration (ENA), also 36 % von nur zwei der Grandes Ecoles.

Marceau stützt die Aussagen von Bourdieu et.al. durch die Ergebnisse einer Studie über die Studenten und Absolventen der renommierten Managerschule INSEAD in Fontainebleau (Marceau 1989). In Anknüpfung an eine ältere Untersuchung über die französische Elite (Marceau 1977) kommt sie dabei auf der Basis zweier in den Jahren 1973 und 1980 durchgeführter Befragungen von 2110 „Inseadiens" zu einem eindeutigen Ergebnis. Über 50 % der Befragten hätten einen Unternehmer oder Manager zum Vater und weitere ca. 30 % einen freiberuflich tätigen Akademiker oder höheren Beamten. Die starke familiäre Prägung der am INSEAD ausgebildeten Managerelite wird noch deutlicher, wenn man auch die Großväter (väterlicher- wie mütterlicherseits) der Absolventen mit einbezieht. Sie seien nämlich ebenfalls zu über einem Drittel Unternehmer oder Manager („Senior Business") und zu einem knappen Drittel akademische Freiberufler und höhere Beamte. Bei den nicht aus Frankreich stammenden Inseadiens lägen die Prozentsätze des „Senior Business" mit 42,5 % (Großväter väterlicherseits) und 34 % (Großväter mütterlicherseits) sogar noch höher (Marceau 1989, 126; s. auch Marceau 1977, 82ff.). Das Bild rundet sich ab, berücksichtigt man zusätzlich noch die Ehefrauen, deren Familien (inkl. Verwandtschaft) und die eigenen Verwandten der Studenten und Absolventen. Die Angaben sind auch hier ganz eindeutig. Die Ehefrauen stammten zu einem fast identischen Prozentsatz aus denselben sozialen Schichten wie ihre Männer. Sowohl bei ihren Vätern als auch bei ihren Großvätern dominierten Unternehmer, Manager, höhere Beamte und Angehörige der Professions (Marceau 1989, 129). In etwas abgeschwächter Form gelte das auch für die näheren Verwandten der befragten Männer und ihrer Ehefrauen (Brüder, Schwäger, Onkel und Vettern). Mit fast 60 % überwögen auch bei ihnen die schon genannten höheren sozialen Schichten (Marceau 1989, 132ff.).

Die äußerst selektive soziale Rekrutierung von Führungskräften wird auch von meiner Erhebung über Wirtschaftsjuristen bestätigt. Sie zeigt, daß die in Führungspositionen der Industrie, des Bankgewerbes oder der Versicherungswirtschaft sitzenden Juristen ausnahmslos aus den Familien von Unternehmern, Managern, freiberuflich tätigen Akademikern etc. stammen und ihre „Auslese" vor allem anhand sog. extrafunktionaler Eigenschaften wie Selbstsicherheit, Verhandlungsgeschick, Sprachgewandtheit etc. erfolgt, die den Nachwuchs aus den höheren Gesellschaftsschichten eindeutig begünstigen und den mit gleich guten Examina versehenen „Rest" aus den anderen Schichten aus dem Rennen werfen. Die Untersuchung zeigt jedoch auch, daß die Analyse von Bourdieu, Boltanski und de Saint Martin in einem wesentlichen Punkt erweitert werden muß. Die Entwicklung in der Versicherungswirtschaft demonstriert nämlich, daß selbst die Verbindung von gehobener sozialer Herkunft und akademischen Titeln immer weniger in der Lage ist, die Besetzung von leitenden Stellungen in der Wirtschaft zu garantieren, sondern (ähnlich wie das „ökonomische Kapital" oder das „Kulturkapital" allein)[12] zur nur noch notwendigen, aber nicht mehr hinreichenden Bedingung für diese Position wird. Denn in der Versicherungswirtschaft werden nicht nur die führenden Stellungen, soweit es die hier zahlreich vertretenen Juristen betrifft, zu 100 % mit Hochschulabsolventen aus den „besseren Kreisen" besetzt, sondern zu 80 % auch die Sachbearbeiterpositionen, auf denen Juristen sitzen. Die Führungsstellungen in den großen Unternehmen bleiben so zwar für die Kinder aus den gehobenen gesellschaftlichen Kreisen reserviert, diese müssen untereinander aber hart darum konkurrieren.

---

12 Die Terminologie des „sozialen" und „kulturellen Kapitals" halte ich allerdings für nicht sehr glücklich, da sie die besonderen Charakteristika des Kapitalbegriffs doch außer Acht läßt und durch die Übertragung auf andere Bereiche ihrer analytischen Schärfe beraubt. Ich teile hier die Kritik von Krais (1983, 1989).

Informatiker bei den Hardware-Herstellern und in den Software-Unternehmen   3

Die Kostenstruktur im Bereich der elektronischen Datenverarbeitung hat sich in den letzten 15–20 Jahren grundlegend verändert. Während die Verteilung zwischen den für die Hardware notwendigen und den für die Software erforderlichen Aufwendungen bis Anfang der 70er Jahre noch auf 70:30 veranschlagt wurden, galt 10 Jahre später schon das umgekehrte Verhältnis als realistisch (Neugebauer 1986, 51). Inzwischen gehen Schätzungen davon aus, daß der Hardware-Anteil auf gut 10% zurückgegangen ist (Wieken 1990, 119).

Obwohl solche Schätzungen eine nicht unbeträchtliche Unsicherheit in sich bergen, geben sie den Trend doch sehr gut wieder. So ist der Umsatz an EDV-Hardware in der Bundesrepublik Deutschland zwischen 1986 und 1990 praktisch unverändert geblieben, der für Software-Produkte und -Dienstleistungen dagegen enorm angestiegen, nachdem er sich von 1975 bis 1984 schon verzehnfacht hatte (s. Tabelle 3.1).

Tabelle 3.1 Umsatz an Hard- und Software in der Bundesrepublik Deutschland (in Mrd. DM)

Jahr		Hardware	Software
1984		13,21	6,00
1986		16,63	
1988	(1987)	16,58	12,00
1990		16,65	20,00[1]

Quellen: Buschmann et.al. 1989, 20, Bosch 1992; VDMA 1985, 208; 1988, 206; 1991, 206

Bei einem weiter stagnierenden Hardware-Geschäft, was angesichts des Preisverfalls aufgrund der rasanten technologischen Weiterentwicklung und der in vielen Sektoren erreichten Marktsättigung wahrscheinlich ist, wird der Marktanteil der Software bei Steigerungsraten, die durchweg auf ca. 20% veranschlagt werden, schon Mitte der 90er Jahre fast 75% des EDV-Marktes erreicht haben.

---

1 Die Schätzungen reichen von 16–20 Mrd. DM (Redaktionsbüro Lünendonk) bis 24 Mrd. DM (Pierre Audoin Consul).

Bei diesen Schätzungen ist noch nicht berücksichtigt, daß der größte Teil der Aufwendungen für Software nicht auf die (von den Zahlenangaben oben erfaßte) Fremd-Software, d. h. von externen Firmen eingekaufte Software entfällt, sondern auf die von den Anwendern in ihren EDV-Abteilungen selbst erstellten Programme und Dienstleistungen. So machten die Kosten für eingekaufte Software (inkl. Wartung, Beratung etc.) 1988 nur 12 Mrd. von insgesamt 32,2 Mrd. DM Gesamtaufwendungen aus. Der Rest, also knapp zwei Drittel, bestand aus internen Leistungen der DV-Anwender (Buschmann 1989,19). Obwohl bei den Anwendern auch auf der Hardware-Seite zusätzlich interne Kosten (Betrieb des Rechenzentrums etc.) anfallen, machen diese Zahlen doch deutlich, daß der obengenannte Hardware-Anteil von 10% der Realität recht nahe kommen dürfte.

Tabelle 3.2 Absolventen der Studiengangs Informatik an bundesdeutschen Hoch- und Fachhochschulen seit Einführung dieses Studiengangs

Jahr	Diplomprüfungen bestanden an Universitäten und ähnlichen Einrichtungen		Diplomprüfungen bestanden an Fachhochschulen	
	insgesamt	weiblich	insgesamt	weiblich
1973	45	1	122	8
1974	87	3	28	1
1975	206	15	239	18
1976	316	20	161	12
1977	385	41	138	20
1978	502	65	175	27
1979	431	64	428	53
1980	470	55	435	53
1981	537	102	405	62
1982	633	130	422	83
1983	676	122	581	124
1984	788	148	735	116
1985	957	157	898	147
1986	1210	198	1080	170
1987	1322	245	1219	202
1988	1493	270	1339	250
1989	1745	291	1459	212
1990	1951	288	1742	274
insg.	13754	2215	11626	1832

Quelle: BMBW 1991, 41

Diese Veränderungen haben einen enormen Einfluß auf die Arbeit von Informatikern. Die Software-Entwicklung (inkl. Änderung und Ergänzung existierender Programme) ist schließlich ihr Hauptbetätigungsfeld. So gaben in der Umfrage der Gesellschaft für Informatik aus dem Jahre 1985 über 75% aller in der DV-Industrie und bei den Anwendern tätigen hochqualifizierten

Datenverarbeitungsfachkräfte, unter ihnen 46 % Informatiker, dieses Gebiet als ihr Haupttätigkeitsfeld an (Bäßler u.a. 1986). Das rapide Wachstum der Software-Produktion kommt den Informatikern also außerordentlich zugute. Trotz ständig und auch stark zunehmender Absolventenzahlen (s. Tabelle 3.2) bleibt immer noch ein erheblicher Nachfrageüberhang bestehen.

Was die Gesamtzahl der zur Zeit in der Bundesrepublik berufstätigen Informatiker sowie deren Verteilung auf Software-Hersteller und Software-Nutzer betrifft, so dürften von den mittlerweile ca. 30.000 Informatikern ungefähr 50 % bei den Anwenderfirmen aus der Wirtschaft beschäftigt sein, weitere 35 % bei Hardware-Herstellern, Software-Häusern und DV-Beratungsunternehmen tätig sein und die restlichen 15 % sich auf Forschung und Lehre (10 %) sowie den sonstigen öffentlichen Dienst verteilen[2]. Diese Relationen werden sich in den nächsten Jahren aber wohl insofern ein Stück weit verändern, als der Personalabbau und/oder die restriktive Einstellungspolitik bei vielen Anwendern (vor allem aus der Industrie und dem Verkehrsgewerbe)[3] und im öffentlichen Dienst, die Krise bei fast allen Hardware-

---

2 Diese Schätzung beruht erstens auf einer Sonderauswertung der Volkszählung von 1987 (Krais 1992), nach der 1987 insgesamt 22930 Erwerbstätige einen Hochschul- oder Fachhochschulabschluß im Bereich Datenverarbeitung aufweisen konnten, von diesen dann im Sektor Rechts-, Steuerberatung u.ä. 5280, im Sektor Wissenschaft, Forschung, Unterricht 2200 und im Sektor Gebietskörperschaften etc. 1270 tätig waren (s. Tabelle 4.1), zweitens auf den Zahlen der an Hochschulen und Fachhochschulen abgelegten Prüfungen, den Angaben der in die Untersuchung einbezogenen Hardware-Hersteller sowie Angaben von Buschmann et. al. (1989) zu Personalstruktur der Software-Häuser. Die Angaben aus der Volkszählung sind dabei in einigen Punkten ergänzt oder korrigiert worden. So erschienen sie mir in bezug auf die Informatiker eher die heutige Situation als die des Jahres 1987 zu treffen. Denn angesichts von nur 13110 im Fach Informatikern abgelegten Prüfungen bis Ende 1986 dürfte die Zahl von 22930 Erwerbstätigen mit einem Studienabschluß im Bereich der Datenverarbeitung für das Jahr 1987 entweder auf falschen Angaben der Befragten oder auf einer unklaren Kategorisierung beruhen. Besonders bei den Fachhochschulabsolventen klaffen die Angeben für die Erwerbstätigen (12470) und die abgelegten Prüfungen (5867) außerordentlich weit auseinander. Die Verteilung auf die verschiedenen Wirtschaftssektoren und Einrichtungen des öffentlichen Dienstes dürfte aber trotz der Überhöhung der Gesamtzahl der heutigen Realität nahekommen. Denn die Zahl von 5280 im Bereich Rechts-, Steuerberatung u.a. deckt sich ziemlich genau mit der Angabe von Buschmann et.al., derzufolge ungefähr 8 % der in Software-Unternehmen beschäftigten Mitarbeiter Informatiker sind (Buschmann et.al. 1989, 113). Außerdem dürfte das starke Personalwachstum bei den Software-Häusern (bei den untersuchten Firmen um mehr als 100 % in diesem Zeitraum) durch den Einstellungsstop und z.T. auch deutlichen Personalabbau bei den wesentlich größeren Hardware-Herstellern ausgeglichen worden sein. Auf diese Art und Weise errechnen sich die Prozentzahlen von 50 %, 35 % und 15 %.

3 Angesichts der Krise der Weltwirtschaft haben die meisten großen Unternehmen in der Bundesrepublik in den letzten Jahren eine drastische Personalreduzierung vollzogen. Es ist klar, daß der EDV-Bereich in den Unternehmen dabei nicht ungeschoren davonkommen kann.

Produzenten[4] und die Auslagerung von DV-Kapazitäten großer Anwender in eigene Software-Firmen[5] den Anteil der Software-Häuser und DV-Beratungsunternehmen deutlich nach oben treiben werden. Eine Verteilung von jeweils gut 40 % für Software-Anwender und -Anbieter sowie gut 10 % für die Einrichtungen des öffentlichen Dienstes dürfte daher ab Mitte der 90er Jahre den Arbeitsmarkt für die Informatiker bestimmen.

3.1   Einsatzbereiche in den Unternehmen

Die großen Hardware-Hersteller und Software-Häuser gehören seit jeher zu den bevorzugten Arbeitgebern, zu den „Top-Adressen" für Informatiker, seien es Absolventen auf der Suche nach ihrem ersten Arbeitsplatz, seien es berufserfahrene Informatiker, die sich beruflich verbessern wollen. Sie konnten Informatiker, soweit es welche gab, immer schon relativ problemlos rekrutieren, weil sie den Ruf genossen und genießen, inhaltlich anspruchsvollere und auch abwechslungsreichere Tätigkeiten als die Anwender bieten zu können. Deshalb ist es nicht weiter verwunderlich, daß sie ein gutes Drittel der insgesamt ca. 30.000 Informatiker in der Bundesrepublik beschäftigen. Die Verteilung auf die beiden Gruppen Hardware-Produzenten und Software-Unternehmen entspricht dabei fast genau ihrem jeweiligen Anteil am Software-Markt[6]. Die Software-Häuser und -Beratungsfirmen halten 65 % des Marktes und beschäftigen auch 60–65 % der in der DV-Branche insgesamt tätigen Informatiker, die Hardware-Hersteller mit einem Marktanteil von 35 % ca. 35–40 % der Informatiker (Buschmann et.al. 1989, 25 und eigene Berechnungen). Da die Hardware-Hersteller ihr Geschäft aber immer noch zum allergrößten Teil mit dem Hardware-Verkauf machen, liegt der Anteil der Informatiker an den Gesamtbelegschaften erheblich niedriger als bei den Software-Häusern. Während er dort auf durchschnittlich 8 % geschätzt wird

---

4 Die Überkapazitäten auf dem Weltmarkt zwingen alle großen Hardware-Hersteller, darunter erstmals auch den Branchenführer IBM, zu drastischen Einschnitten bei den Beschäftigten. IBM hat, nachdem das Unternehmen schon 1992 weltweit 50000 Arbeitsplätze gestrichen hat, 1993 noch einmal Personal in fünfstelliger Höhe abgebaut. Weniger „gesunde" Unternehmen wie Siemens-Nixdorf haben in noch größerem Maße reduziert. So arbeiten von den in den 80er Jahren am ehemaligen Nixdorf-Hauptstandort Paderborn beschäftigten über 10000 Mitarbeitern nicht einmal mehr die Hälfte dort. Der Standort Köln wurde sogar ganz geschlossen. Die Personalreduzierung betrifft zwar überall vorrangig die Hardware-Produktion, die damit verbundene Erstellung der System-Software wird aber auch spürbar in Mitleidenschaft gezogen.

5 So gehören die Daimler-Benz-Tochter debis Systemhaus GmbH und die General-Motors-Tochter EDS GmbH als Produkt solcher Auslagerungen inzwischen zu den größten Software-Anbietern hierzulande. Den weitaus größten Prozentsatz ihres Umsatzes machen sie allerdings immer noch mit den Muttergesellschaften.

6 Beim Software-Markt werden nur die für den Verkauf nach außen bestimmten Software-Produkte gerechnet, nicht die für den internen Gebrauch.

(Buschmann et. al. 1989, 113) dürfte er bei den Hardware-Produzenten selbst im Extremfall allenfalls halb so hoch liegen. Der Hersteller, der für diese Untersuchung exakte Zahlen liefern konnte, kommt z. B. nicht einmal auf 3 %.

Diese Durchschnittswerte dürfen allerdings nicht darüber hinwegtäuschen, daß vor allem bei den Software-Häusern und Beratungsfirmen ganz enorme Unterschiede zwischen den einzelnen Unternehmen existieren. Anzahl wie prozentualer Anteil der Informatiker hängen dabei vor allem von drei Faktoren ab. Zunächst haben große Firmen in der Regel deutlich mehr Informatiker unter ihren Beschäftigten als kleinere, weil sie aufgrund ihres Bekanntheitsgrades und des Rufs, vielseitigere und anspruchsvollere Aufgaben bieten zu können als die zumeist hoch spezialisierten kleinen Software-Anbieter, unter einer weit größeren Anzahl von Bewerbern auswählen können. Sodann liegt der Anteil der Informatiker in jenen Unternehmen (wie auch Unternehmensbereichen) erheblich über dem Durchschnitt, deren Schwerpunkt im Bereich systemnaher oder Standardanwendungssoftware liegt, und in jenen deutlich darunter, die sich vorwiegend mit der Erstellung von Individual-Software und Software-Beratung befassen. Das hängt, wie noch genauer zu sehen sein wird, mit dem unterschiedlichen Anforderungsprofil in diesen beiden Bereichen zusammen, das in dem einen Fall stärker technisch, in dem anderen stärker von den wirtschaftlichen Abläufen des jeweiligen Anwenders geprägt ist. Drittens schließlich haben jene Firmen einen höheren Informatikeranteil aufzuweisen, die in den letzten Jahren stark expandiert und dementsprechend viel neues Personal eingestellt haben. Sie konnten nämlich von der erst in den letzten Jahren (aus Sicht der Unternehmen) relativ guten Arbeitsmarktlage profitieren und bei der Auswahl der Kandidaten im stärkeren Maße auf Informatiker zurückgreifen als noch bis Mitte der 80er Jahre, wo Informatiker eine absolute Mangelware darstellten.

Die Bedeutung, die die beiden letztgenannten Faktoren, Anforderungsprofil und Arbeitsmarktlage, für die Beschäftigung von Informatikern besitzen, läßt sich beim Vergleich der in dieses Forschungsvorhaben einbezogenen Software-Anbieter sehr deutlich erkennen, während der erste Punkt, die Größe der Unternehmen, in seiner Wichtigkeit nicht genauer identifizierbar ist, weil es sich in diesem Projekt ja nur um im jeweiligen Bereich führende Unternehmen handelt, der Vergleichsmaßstab also fehlt. Was nun die Differenz zwischen den Firmen bzw. Firmenbereichen betrifft, die sich ganz oder überwiegend mit der Entwicklung und Wartung von System- und Standardsoftware beschäftigen, und denen, die sich ganz oder überwiegend mit der Entwicklung und Wartung von Individualanwendungssoftware sowie Software-Beratung befassen, so bieten die beiden großen Software-Häuser ein außerordentlich klares Bild. Dies gilt sowohl für einen Vergleich zwischen den Unternehmen als auch innerhalb derselben. Die beiden Firmen weisen in ihren mit Software-Erstellung und -Beratung beauftragten Abteilungen bzw. Geschäftsstellen ganz erhebliche Unterschiede im Ausmaß der Informatiker-Beschäftigung auf. Ihr Anteil an den Beschäftigten schwankt zwischen 10 und 90 %.

Insgesamt liegt der Informatikeranteil in den betreffenden Abteilungen jenes Software-Hauses, das 60% seines Umsatzes mit dem Vertrieb von Standardsoftware (systemnahe wie anwendungsorientierte) macht, mit um die 50% wesentlich höher als in dem anderen, das 83% seines Umsatzes mit Individualsoftware und Software-Beratung erwirtschaftet. Dort sind in den entsprechenden Abteilungen oder Geschäftsstellen nämlich durchweg nur 10–20% der Beschäftigten Informatiker. Große Differenzen existieren aber nicht nur zwischen, sondern auch innerhalb der Unternehmen. So gibt es in der erstgenannten Firma durchaus Bereiche, die auch nur auf einen 10–25%igen Informatikeranteil kommen, während bei der anderen umgekehrt auch Abteilungen mit einem Anteil von bis zu 60% zu finden sind[7].

Die hinter diesen Abweichungen liegenden Ursachen passen aber ins Bild. Denn die niedrigen Prozentsätze im Software-Haus A sind in den Bereichen anzutreffen, die sich mit individueller Anwendungssoftware beschäftigen, die höchsten im Software-Haus B dagegen in jenen, die es mit Standardprodukten zu tun haben. Es sind dies zum einen eine Geschäftsstelle, die im wesentlichen Kunden über die Möglichkeiten eines Software-Werkzeugs („CASE-Tool") informiert und bei dessen Einsatz berät. Dieses für die computerunterstützte Erstellung von Anwendungssoftware von den beiden Software-Firmen A und B zusammen entwickelte Werkzeug verlangt auch in der Beratung vorwiegend abstrakt-technisches Wissen, so daß der Geschäftsstellenleiter bevorzugt Informatiker, speziell Wirtschaftsinformatiker, mit einer praktischen Berufsausbildung in der betreffenden Anwenderbranche sucht und einstellt. Daraus resultiert ein Informatikeranteil von inzwischen um die 60%. Ähnlich hoch, nämlich bei 50%, liegt er in einem anderen Bereich, der sich in erster Linie mit dem Standardsoftware-Paket eines dritten großen Software-Hauses befaßt, um dieses sowohl für den hausinternen Einsatz als auch für den Gebrauch bei externen Kunden nutzbar zu machen.

Den mit Abstand höchsten Prozentsatz an Informatikern weisen mit ca. 80% allerdings zwei Abteilungen des auf Standardsoftware ausgerichteten Unternehmens A auf. Ihre Aufgabe besteht im einen Fall in der Neuentwicklung einer relationalen Datenbank für PC's und sog. Netzwerke[8], im anderen geht es um die Weiterentwicklung des oben erwähnten „CASE-Tools". Es handelt sich also beide Male um Entwicklungsaufgaben, die ein sehr hohes Abstraktions- und Komplexitätsniveau besitzen und sich zudem in einer Reihe von Punkten auf relativ unsicherem Grund bewegen, weil es sich um doch noch ziemlich neue Gebiete der Software-Entwicklung dreht. Der enge Zusammenhang zwischen dem jeweiligen Typ an Software und dem

---

7 Alle folgenden Angaben über den Anteil der Informatiker beziehen sich wie diese Zahlen nur auf jene Abteilungen, in denen Software entwickelt und gewartet wird, d. h. alte Versionen verändert und verbessert sowie völlig neue Programme entwickelt werden, nicht dagegen auf Bereiche wie Vertrieb oder Verwaltung, wo Informatiker nur vereinzelt anzutreffen sind.

8 Zu diesen und anderen Fachbegriffen s. Kap. 3.2.

Anteil der Informatiker ist in all den geschilderten Bereichen deutlich zu erkennen.

Er bestätigt sich auch, wenn man die Hardware-Hersteller betrachtet. Dort haben einen besonders hohen Informatikeranteil die mit der „Begehung technologischen Neulands" betrauten Abteilungen. Dazu gehören u. a. jene, die sich (wie in den wissenschaftlichen Zentren des Hardware-Produzenten A) mit Expertensystemen oder der objektorientierten Programmierung beschäftigen, oder jene, die sich mit der Integration verschiedener DV-Systeme in umfassende Netzwerke befassen und dabei nach Möglichkeiten suchen müssen, um die in der Regel von unterschiedlichen Herstellern stammenden Einzelsysteme miteinander kommunizieren lassen zu können. Auch in diesen Bereichen sind zumeist 70–90 % der Beschäftigten Informatiker.

Die Situation bei den Hardware-Herstellern zeigt aber noch etwas anderes. Im Unterschied zu den Software-Häusern, die beide eine starke Expansion in den letzten Jahren erlebt haben und dementsprechend vom relativ großen Angebot an Informatik-Absolventen profitieren konnten, haben die beiden Hardware-Produzenten in den letzen Jahren eine sehr restriktive Personalpolitik gefahren, d. h. nur wenig eingestellt, aber viel abgebaut. Ihre Strukturen sind daher stark davon geprägt, daß große Teile der Software-Entwicklung zu Zeiten entstanden sind, wo es relativ wenig Informatiker gab, und nur einzelne Bereiche, die in den vergangenen 4–5 Jahren neu aufgebaut worden sind, sich der Möglichkeiten bedienen konnten, die der Arbeitsmarkt inzwischen bietet. Dadurch kommt es zu einer Verteilung der Informatiker auf verschiedene Abteilungen, die allein durch die fachlichen Schwerpunkte nicht zu erklären ist. Sowohl bei der Entwicklung von Systemsoftware als auch bei der von Standardanwendungslösungen gibt es deshalb Bereiche, die sich im Hinblick auf den Informatikeranteil gravierend unterscheiden und Differenzen von bis zu 50 % aufweisen, obwohl die inhaltlichen Anforderungen vergleichbar sind. Die Erklärung ist in diesen Fällen zumeist in der Arbeitsmarktlage zu suchen, die zu dem Zeitpunkt herrschte, als die Mehrzahl der Einstellungen vorgenommen wurde. Jüngere Abteilungen beschäftigen in der Regel prozentual mehr Informatiker als ältere. Für den erheblichen Einfluß der Situation am Arbeitsmarkt spricht auch ein anderes Beispiel. Die in das Forschungsvorhaben einbezogene Unternehmensberatungsfirma beschäftigt mit einem Zehntel der Gesamtbelegschaft einen für diese Branche außergewöhnlich hohen Prozentsatz an Informatikern. Das läßt sich darauf zurückführen, daß alle diesbezüglichen Bereiche erst in den letzten 3–4 Jahren aufgebaut worden sind, so daß man sich über den Arbeitsmarkt Informatiker relativ problemlos auch für solche Positionen holen konnte, die noch vor 4–5 Jahren mit Umschülern besetzt worden wären oder hätten besetzt werden müssen. Inwieweit die für die Firmen günstigere Arbeitsmarktlage nun dafür gesorgt hat, daß den inhaltlichen Anforderungen der einzelnen Tätigkeiten jetzt endlich auch mit einer adäquaten Einstellungspolitik entsprochen werden kann, oder ob es sich in vielen Fällen nur um das Wahrnehmen einer günstigen

Gelegenheit handelt, der Einsatz von Informatikern zwar wünschenswert, aber keineswegs notwendig ist, soll in den nächsten Kapiteln näher beleuchtet werden.

Zuvor muß noch kurz darauf hingewiesen werden, daß der prozentuale Anteil der Informatiker in bestimmten Bereichen nicht unmittelbar auch etwas über ihre prozentuale Verteilung innerhalb der Unternehmen aussagt. So kann ein hoher Informatikeranteil in der Forschung durchaus vereinbar sein mit der relativen Bedeutungslosigkeit dieser Gruppe von Informatikern unter allen im jeweiligen Unternehmen tätigen Informatikern. Das hängt von der Größe des Forschungssektors ab, seinem quantitativen Gewicht im Vergleich zu den anderen Bereichen in der Firma. Welche Bedeutung die jeweiligen unternehmensinternen Größenverhältnisse haben, läßt sich gut bei einem der Hardware-Hersteller sehen. Er beschäftigt im Vertrieb und im technischen Außendienst ca. sechsmal soviel Mitarbeiter wie in allen mit der Entwicklung von Software befaßten Bereichen, obwohl das Unternehmen in der Forschung und Entwicklung stark engagiert ist. Diese Relation schlägt sich natürlich auch in der Verteilung der Informatiker nieder (s. Tabelle 3.3.).

Tabelle 3.3 Anzahl und Verteilung der Informatiker beim Hardware-Hersteller A (absolut und prozentual)

Tätigkeitsgebiet	Diplom (Uni/TH)		Diplom (FH)		Insgesamt	
	absolut	in %	absolut	in %	absolut	in %
Vertriebsbeauftragte (Verkäufer von Hard- und Software)	28	6,00	32	9,70	60	7,4
Systemberater (Unterstützung des kaufmännischen Außendienstes)	150	31,50	95	28,40	245	30,2
Kundendienst/Wartung (im techn. Außendienst)	20	4,20	25	7,30	45	5,5
Software-Entwicklung, (in Labors, wiss. Zentren Kundenprojekten und internen Anwendungen)	235	49,50	126	37,60	361	44,6
Rest (ohne weiteren Schwerpunkt)	42	8,80	57	17,00	99	12,3
Summe	475	100	335	100	810	100
		58,64		41,36		100

Quelle: Angaben der Personalabteilung des Unternehmens

Die Anzahl der unmittelbar in der Software-Entwicklung tätigen Informatiker ist nur unwesentlich größer als die derjenigen Informatiker, die in der ein oder anderen Weise dem Vertriebsbereich zuzurechnen sind. Bei den Fachhochschulabsolventen hat der letztere sogar ein deutliches Übergewicht, während bei den Hochschulabsolventen die direkte Software-Entwicklung doch noch relativ klar dominiert, mit immerhin 49,5 % zu 41,7 %. Die enorme quantitative Überlegenheit des Vertriebs macht den wesentlich geringeren Anteil an Informatikern in ihren einzelnen Abteilungen (verglichen mit der Software-Entwicklung) weitgehend wett. In einer solch krassen Form machen sich die unterschiedlichen Dimensionen von Unternehmensbereichen, die unmittelbar mit der Software-Erstellung zu tun haben, und solchen, die nicht direkt oder gar nicht damit zu tun haben, allerdings nicht überall bemerkbar. Der andere Hardware-Hersteller z. B. weist zwar ähnliche interne Relationen zwischen Vertrieb und Software-Entwicklung auf, die Verteilung der Informatiker ist aufgrund einer anderen Vertriebs- und Außendienstphilosophie aber viel stärker auf die Entwicklungsabteilungen konzentriert[9]. Bei den Software-Häusern und der Unternehmensberatungsfirma wiederum wirkt sich die unterschiedliche Größe der verschiedenen Abteilungen ähnlich wie beim ersten Hardware-Produzenten aus. So sind, in absoluten Zahlen ausgedrückt, in der Abteilung des Software-Hauses A, die sich mit der Weiterentwicklung des „CASE-Tools" befaßt und einen Informatikeranteil von nahezu 90 % aufweist, nicht mehr Informatiker beschäftigt als in einer Geschäftsstelle, die mehreren Großkunden mit intensiver Software-Beratung und der Erstellung kundenspezifischer Programme zur Seite steht. Denn dort liegt der Prozentsatz der Informatiker mit ca. 30 % zwar ganz erheblich niedriger, durch die dreimal so hohe Anzahl der Mitarbeiter wird das insgesamt gesehen aber aufgewogen.

Dieses Beispiel ist dabei über den Einzelfall hinaus von großer Bedeutung, weil es etwas Typisches über die ganze Branche aussagt. Dort ist die Situation nämlich im Grunde genauso. In der Entwicklung von Standardsoftware werden prozentual zwar die meisten Informatiker eingesetzt, absolut aber dürfte ihre Zahl im Bereich der Software-Beratung und der Erstellung von Individualsoftware mindestens gleich groß sein. Wahrscheinlich ist sie sogar größer, wenn man die Software-Häuser insgesamt betrachtet, weil die in Deutschland mit der Software-Entwicklung und -Beratung befaßten Software-Unternehmen überwiegend im Bereich Individual-Software und Beratungsleistungen tätig sind. So hatten von den 25 größten deutschen Software-Häusern nur ganze sechs ihren Umsatzschwerpunkt 1990 bei den Standardsoftware-Produkten. Sie beschäftigten 4.444 von insgesamt 13.770 Mitarbeitern, also nur ein knappes Drittel aller in diesen 25 Unternehmen tätigen Angestellten. Der Anteil wird sogar noch geringer, errechnet man anhand der jeweiligen Umsatzanteile von Standardsoftware auf der einen und

---

9 Genaue Zahlen waren allerdings aufgrund umfangreicher interner Umstrukturierungen nicht zu erhalten.

Individual-Software sowie Software-Beratung auf der anderen Seite die entsprechende Beschäftigungszahl für alle Firmen zusammen. Dann kommt man nämlich nur noch auf einen Prozentsatz von 25,6%, also von einem Viertel statt einem Drittel[10]. Berücksichtigt man schließlich noch, daß der Pro-Kopf-Umsatz bei Standardsoftware deutlich höher liegt als in den anderen Bereichen – im Software-Haus A mit seinen erfolgreichen Standardprodukten z.B. bei ca. 1,1 Mio. DM gegenüber nur 140.000,– DM bei kundenspezifischen Anwendungslösungen, in anderen Firmen mit weniger durchschlagenden Produkten bei bis zu 380.000,– DM gegenüber 115.000,– DM (Buschmann et. al. 1989, 98) – so wird deutlich, welch große Bedeutung die Arbeit außerhalb des Standard-Sektors für die Informatiker hierzulande besitzt[11]. Die Dominanz der US-amerikanischen Software-Häuser wie Microsoft, Oracle, Lotus oder Borland/Ashton-Tate auf dem bundesrepublikanischen Markt für Standard-Software (vor allem bei den PC's) schränkt die Möglichkeiten für die Informatiker, in diesem Bereich in Deutschland zu arbeiten, einfach drastisch ein. Standard-Programme werden eben zum größten Teil „jenseits des großen Teichs" entwickelt und hierzulande nur vertrieben. Deshalb kann man, wenn man die Hardware-Hersteller mit ihren ganz überwiegend im Sektor der Standardprodukte tätigen Software-Entwicklern und -Beratern hinzunimmt, davon ausgehen, daß sich die Informatiker in der Bundesrepublik zu ungefähr gleich großen Teilen auf die Entwicklung und Beratung im Bereich Standard-Software einerseits und Individualsoftware andererseits verteilen.

---

10 Alle diese Zahlen beruhen auf der Lünendonk-Liste für 1990 (Bosch 1992). Die Angaben für 1991 konnten nicht verwendet werden, weil sie nicht mehr die Mitarbeiteranzahl in Deutschland angeben, sondern die Zahl der weltweit für das Unternehmen tätigen Beschäftigten. Die Entwicklung der Umsatzanteile deutet aber an, das die Marktanteile sich deutlich zugunsten der Individualsoftware und der Softwareberatung verschoben haben.

11 Inwieweit sich die Tatsache, daß über 75% aller bei Software-Unternehmen angestellten Beschäftigten in Firmen arbeiten, die kleiner als die erwähnten 25 sind (eigene Berechnungen nach Buschmann et. al. 1989, 82 ff.) und sich noch stärker als diese auf die Erstellung von Individual-Software und die Software-Beratung verlegt haben, auf die Verteilung der Informatiker auswirkt, muß hier offen gelassen werden. Denn die eindeutige Schwerpunktsetzung dieser Unternehmen spricht zwar dafür, daß ein noch größerer Teil der Informatiker als schon vermutet bei der Entwicklung von kundenspezifischen Programmen und in der Software-Beratung tätig ist, die geringe Anziehungskraft solcher kleinen Firmen auf die Informatiker spricht aber wiederum dagegen. Deswegen kann hier keine klare Prognose gegeben werden. Dieser Aspekt bleibt deshalb in den folgenden Ausführungen ausgeklammert.

3.2   Haupttätigkeitsgebiet und fachliche Anforderungen

Innerhalb der beiden Hauptsektoren konzentriert sich die Masse der Informatiker auf folgende Arbeitsgebiete: 1. Forschung und Entwicklung von Software-Werkzeugen und (vor allem branchenbezogenen) Standardanwendungspaketen sowie die Anpassung existierender, auf Großrechner zugeschnittener Systemsoftware an Netzwerke aus PC's und/oder Workstations; 2. Erstellung kundenspezifischer Individualsoftware, Kundenberatung bei Anwendungs- wie Systemsoftware und Wartung, Pflege sowie (bei der Erstellung neuer Versionen) auch Überarbeitung traditioneller Software-Pakete. Die zuerst angeführten Arbeitsbereiche unterscheiden sich dabei von den letztgenannten durch ein erheblich höheres Maß an eher technisch-abstrakt ausgerichteten Anforderungen und einen ebenfalls erheblich höheren Anteil von Informatikern in den jeweiligen Abteilungen. Insgesamt sind die fachlichen Ansprüche an die dort Beschäftigten auch größer, weil die Beratung und vor allem die Pflege und Wartung existierender „Alt-Software" im Anforderungsniveau doch deutlich abfallen.

3.2.1   Die Forschungsabteilungen

Die bei vielen, vielleicht sogar den meisten Informatikern bislang begehrtesten Arbeitsplätze befinden sich in den Forschungsabteilungen der großen Hardware-Hersteller. Dieser Bereich verspricht Tätigkeiten, die inhaltlich sehr anspruchsvoll und auch hochinteressant sind, weil sie an der Nahtstelle zwischen reiner Grundlagenforschung, wie sie an den Universitäten betrieben wird, und der Entwicklung von direkt einsetzbarer Software liegen. Dieses Image lockt vor allem die Absolventen der Universitäten. Obwohl deren Vorstellungen häufig etwas überzogen sind, bietet sich ihnen hier doch ein sehr vielfältiges und den Erwartungen im Kern auch entsprechendes Betätigungsfeld. Es reicht von Aufgaben, die sehr eng mit der universitären Grundlagenforschung verbunden sind, bis zu solchen, die einen später in ein Produkt umsetzbaren Prototyp zum Ziel haben.

Beispiele für erstere sind all die Arbeitsgruppen, die sich mit Fragen der sog. „Künstlichen Intelligenz" (KI) oder mit der automatischen Spracherkennung beschäftigen. Sie kooperieren in der Regel sehr intensiv mit Einrichtungen an den Universitäten und sind von der Anforderung, daß da in absehbarer Zeit auch ein vermarktbares Resultat herauskommt, bislang noch weitgehend verschont geblieben. Die Bemühungen der Unternehmen, diesen Freiraum einzuschränken, haben in letzter Zeit aber deutlich zugenommen. Immer häufiger wird auch in diesem Bereich nach der Verwertbarkeit gefragt, werden die Arbeitsgruppen aufgefordert, zumindest einen Teil der Kosten, die sie verursachen, auch wieder „einzufahren". Manche Gruppe, vor allem in der KI-Forschung, ist dieser Entwicklung schon zum Opfer gefallen. Angesichts der immer schwieriger werdenden Marktlage tendieren die großen Hardware-Hersteller dazu, solche Aufgabengebiete drastisch zu beschneiden und die dort beschäftigten Spezialisten in andere, stärker anwendungsbezogene und unter wirtschaftlichen Gesichtspunkten auch „sinnvollere" Projekte umzusetzen.

Der Druck, möglichst kostenneutral zu arbeiten, d.h. einen möglichst großen Teil der eigenen Kosten selbst zu erwirtschaften, ist in den weniger grundlagenorientierten Arbeitsgebieten schon seit längerer Zeit spürbar. Sie sollen, so die Vorgabe der Firmenleitungen, Prototypen entwicklen und diese dann an andere Unternehmensabteilungen abgeben, wo daraus marktfähige Software-Produkte gemacht werden. Bezahlt werden sollen die Kosten, die bei der Entwicklung der Prototypen entstehen, von jenen Abteilungen, die sie als Basis für verkaufbare Software nutzen. Diese müssen aus ihrem Budget die notwendigen Gelder zur Verfügung stellen. Durch diese firmeninternen Verrechnungsmechanismen erhofft man sich auf seiten des Managements eine größere Kostendisziplin in den Forschungsbereichen und eine stärkere Berücksichtigung der Marktgegebenheiten und der Unternehmensrentabilität.

Diese Vorgaben sind allerdings von unterschiedlichem Gewicht, je nachdem welche konkreten Aufgaben gerade bearbeitet werden. So ist der Spielraum in jenen Projekten noch relativ groß, die sich mit sehr umfangreichen Problemen befassen. Dies gilt beispielsweise für ein Forschungsprojekt zur Verkehrssteuerung, an dem mehrere große Firmen aus dem Hardware- und dem Automobilsektor in enger Kooperation arbeiten. Ziel dieses Projekts ist die Entwicklung eines Verkehrsinformationssystems, das jedem daran angeschlossenen Verkehrsteilnehmer Auskünfte über die jeweilige Verkehrslage geben soll. Über einen im Auto eingebauten Monitor oder einen tragbaren Laptop soll der einzelne in die Lage versetzt werden, frühzeitig Störungen des Verkehrsflusses zu erkennen und Alternativrouten bzw. alternative Verkehrsmittel zu nutzen. Transportunternehmen soll es zudem ermöglicht werden, Leerfahrten ihrer LKW's zu vermeiden. Um all dies erreichen zu können, müssen außerordentlich vielfältige Schwierigkeiten gelöst werden. Das beginnt bei der Frage, auf welche Weise die Daten über die Verkehrslage auf den aktuellen Stand zu bringen sind und wie die verschiedenen Datenbanksysteme der beteiligten Informationsgeber und -nehmer (Polizei, öffentliche Verkehrsunternehmen, Spediteure, Einzelreisende etc.) so integriert werden können, daß ein problemloser Datenaustausch möglich wird, und endet schließlich bei dem Problem, wie die Informationsabfrage auch für einen Laien benutzerfreundlicher gestaltet werden kann. Solch umfangreiche Projekte, die zudem von der öffentlichen Hand fast immer mitfinanziert werden, unterliegen den unternehmensinternen Kostenvorgaben in weniger starkem Maße, weil (abgesehen von der finanziellen Beteiligung externer Stellen) die Umsetzung in eigene Software-Produkte doch noch in weiter Ferne liegt, der Zusammenhang mit den darauf ausgerichteten Abteilungen also eher lockerer Natur ist.

Anders sieht das bei Projekten aus, die Prototypen für Produkte entwickeln sollen, deren konkrete Realisierung als marktfähige Software für die nächsten Jahre geplant ist. Beispiele dafür sind die Versuche des Hardware-Herstellers A, in seinen Forschungseinrichtungen ein Datenbanksystem als Prototyp zu entwickeln, das den Chemikern in den Forschungsabteilungen der chemisch-pharmazeutischen Industrie Informationen über chemische Strukturen zur Verfügung stellen soll, eine CIM-Lösung (Computer Integrated Manufacturing) für mittelständische Kunden zu erarbeiten oder ein Fertigungsleitsystem zu konfigurieren, das zu ca. 50 % mit Hilfe kundenunabhängiger „Baukastensteine" zusammengestellt werden soll. Auf all diese Aufgabengebiete trifft die Aussage des zuständigen Abteilungsleiters zu, daß es hier darum geht, daß „die Ergebnisse der eigenen Tätigkeit für das Unternehmen beim Kunden nutzbringend, sprich finanziell erfolgreich umzusetzen sind". Vergleichsweise strikt können die Budgetvorgaben aber auch sein, wenn aus den Prototypen kein vermarktbares Software-Produkt entsteht. So befaßt sich beim anderen Hardware-Hersteller eine Abteilung schon seit Jahren mit der Entwicklung von Prototypen auf dem Gebiet der Kommunikationssysteme, ohne daß auch nur ein einziger dieser Prototypen schließlich in Serie gegangen wäre. Dennoch muß sie ihre Kosten insofern einfahren, als sie von der firmeninternen Systemplanung ständig Mittel zur Verfügung gestellt bekommen muß, um neue Projekte zu beginnen.

Dieses Beispiel zeigt aber auch, daß alle Versuche, die Forschungsbereiche der Hardware-Hersteller stärker den in den anderen Unternehmensbereichen gültigen Erfolgs- und damit Kostenmaßstäben zu unterwerfen, letztlich allenfalls in Teilen erfolgreich sind und auch nur sein können. Denn diesbezügliche Beurteilungen bleiben immer stark subjektiv geprägt, weil objektive Bewertungen wie die Kosten-Erlös-Relation bei den vermarkteten Software-Produkten hier nicht möglich sind. Ob der firmeninterne Auftraggeber bereit ist, Gelder zur Verfügung zu stellen, hängt zwar auch vom wirtschaftlichen Erfolg der aus manchen Prototypen gewonnenen Produkte oder nutzbringenden Erkenntnisse ab, vieles bleibt aber eine Einschätzungsfrage. Da ja niemand auch nur halbwegs genau weiß, in welchem Umfang neue Projekte zur Künstlichen Intelligenz oder zur automatischen Sprachübersetzung, aber auch zur objektorientierten Programmierung oder zur baukastenförmigen Programmkonfiguration technisch realisierbar und dann profitabel in Produkte umsetzbar sind, gilt in all den angeführten Bereichen im Grundsatz immer noch das für alle Forschungsarbeiten gültige „Prinzip Hoffnung". Man erhofft und erwartet bestimmte Ergebnisse, ob sie aber auch eintreten, ist mehr oder minder offen, je nachdem wie unerforscht das bearbeitete Gebiet insgesamt ist. Es trifft auf KI-Projekte also mehr zu als auf solche, die sich mit CIM-Lösungen befassen. Verglichen mit den Abteilungen, die mit der unmittelbaren Produktentwicklung beschäftigt sind, ist das Maß der Unwägbarkeit aber generell deutlich größer, weil es sich in jedem Fall um das Betreten von technischem „Neuland" handelt.

Dieses Charakteristikum ist es auch, das in erster Linie für die mit 80–90 % durchweg sehr hohe Quote an Informatikern in vielen Forschungsbereichen verantwortlich ist. Die Hardware-Hersteller sind eben der Meinung, daß für

Aufgaben, die sich mit neuen, noch relativ wenig erforschten Fragestellungen befassen, Universitätsabsolventen der Fachrichtung Informatik geeigneter sind als andere Kandidaten. Denn sie haben sich während ihres Studiums nicht nur mit den gesamten theoretischen Grundlagen der Software-Herstellung und, soweit das Studium noch nicht allzu lange vorbei ist, auch mit dem neuesten Stand der Entwicklung wie Objektorientierung, Computer Aided Software Engineering (CASE) oder Künstlicher Intelligenz auseinandergesetzt, sie haben sich auch eine abstraktere Denkweise und allgemeinere, vom einzelnen Arbeitsgegenstand unabhängige sowie besser strukturierte Arbeitsmethodik angeeignet als die meisten DV-Praktiker und z.T. auch Umschüler und Fachhochschulabsolventen. Damit decken sie die wichtigsten Anforderungen ab, denen eine Tätigkeit im Forschungsbereich der Hardware-Hersteller genügen muß: eine systematische Herangehensweise an das Problem, um keine wichtigen Faktoren zu übersehen und die ganze Tiefe wie Breite des Forschungsgegenstands zu erfassen, ein umfassendes Grundlagenwissen über Rechneraufbau, Rechnerstrukturen, höhere Programmiersprachen etc., um eine theoretische Basis für die Bewältigung neuartiger Schwierigkeiten zu besitzen, und die Kenntnis des derzeitigen Standes der Software-Forschung, um dort ansetzen und Umwege oder Sackgassen zumindest z.T. vermeiden zu können. Dazu muß dann noch ein gewisses Maß wissenschaftlicher Neugier und Kreativität kommen[12]. Kurz gesagt, werden Überblick, zielgerichtetes Denken und Phantasie von den in der Forschung tätigen Angestellten verlangt. Konkretes Detailwissen über Software- oder Hardware-Einzelheiten ist dagegen nicht so wichtig. In dieser Hinsicht typisch ist folgende Aussage eines Informatikers, der sich mit der Entwicklung von Expertensystemen beschäftigt:

> „Diese eher hardwarenahen Dinge interessieren uns relativ wenig, d.h. wir sind eigentlich davon freigestellt. Man geht einfach an ein Problem heran und sagt: Ich habe beliebig viele Speichermöglichkeiten zu Verfügung und neueste Technologien. So versuchen wir hier oftmals ein Problem zu lösen auf einer Hardware, die es noch nicht gibt oder die es zwar gibt, die aber noch nicht läuft. D.h. man arbeitet auf einer technischen Basis, die es vielleicht in ein, zwei Jahren einmal geben wird, und sagt, daß es keine Rolle spielt, wenn das System sich derzeit noch sehr langsam und träge verhält. Wir wollen ja nur die Funktionalität zeigen, weil in zwei, drei Jahren der Hauptspeicher überhaupt keine Rolle mehr spielt. Da haben wir dann beliebig viel Speicherkapazitäten zur Verfügung und auch schnellere Prozessoren, die das dann halt auch abarbeiten können."

12 Zu den erwähnten Vorzügen der von den Universitäten kommenden Informatiker müssen noch einige weniger bedeutsame Pluspunkte hinzugerechnet werden. Dazu gehört beispielsweise die bei Uni-Absolventen ausgeprägter vorhandene Fähigkeit, auf wissenschaftlichen Tagungen Vorträge halten oder für Zeitschriften wissenschaftlich orientierte Veröffentlichungen verfassen zu können. Beides ist für die großen Hardware-Hersteller wichtig, um ihr Image zu verbessern und/oder zu halten.

Es geht hier mehr um die Vorstellungskraft, was in ein paar Jahren möglich sein wird, und eine dementsprechende Herangehensweise an das Problem als um die Lösung von Detailfragen. Das bleibt den mit der Entwicklung konkreter Software-Produkte befaßten Abteilungen überlassen.

3.2.2 Die Entwicklung von Standardsoftware

Obwohl die Mehrzahl derjenigen Abteilungen, in denen über drei Viertel der Beschäftigten Informatiker sind, sicherlich in den Forschungsbereichen der großen Hardware-Hersteller zu finden ist, arbeitet insgesamt eine deutlich größere Anzahl von Informatikern in den Unternehmensbereichen der Hardware-Hersteller und Software-Häuser, die Standardsoftware entwickeln. Denn zum einen gibt es auch dort eine Reihe von Abteilungen, die einen über 50%igen Informatikeranteil aufweisen können, manchmal sogar 80–90% erreichen, zum anderen ist dieses Arbeitsgebiet in seiner Gesamtheit einfach ungleich größer, weil seine Produkte einen wichtigen, bei manchen Software-Häusern sogar dominierenden Teil des Umsatzes ausmachen und von dementsprechend großer Bedeutung für die Unternehmen sind.

Die prozentual größte Anzahl von Informatikern findet sich im Standardsektor in zwei Bereichen: 1. Entwicklung von computerunterstützten Werkzeugen zur Software-Produktion, den sog. CASE-Tools; 2. Portierung von für Großrechner („Mainframes") geschaffener Systemsoftware auf die „neue dezentrale Rechnerwelt" (Client-Server-Architekturen, Workstations etc.) und Neuentwicklung dementsprechender „netzorientierter" Systemprogramme. Im zweiten Bereich ist dabei anders als im ersten auch in absoluten Zahlen betrachtet ein großer Teil der Informatiker tätig. Doch zunächst zum ersten. Typisch für die hier anfallenden Aufgaben ist eine im Software-Haus A angesiedelte, zu gut 80% mit Informatikern (der Rest sind Mathematiker) besetzte Abteilung. Dort geht es um die Verbesserung und Erweiterung eines ziemlich erfolgreichen Software-Werkzeugs, das ungefähr 15% zum Produktumsatz des Unternehmens beiträgt. Dieses CASE-Tool ist ein Standardprodukt, bei dem individuelle Anpassungen bislang nicht erforderlich waren. Es soll die Entwicklung kommerzieller DV-Anwendungssysteme von der Idee bis zur endgültigen Übergabe unterstützen. Die entscheidenden Vorzüge bestehen nach Ansicht des zuständigen Abteilungsleiters in folgenden zwei Punkten: Zum einen sind in dem Tool moderne Methoden zur Erstellung einer Anforderungsanalyse und zur Spezifikation der exakten Solleigenschaften der zu entwickelnden Software (z.B. logische Datenmodellierung nach dem Entity-Relationship-Modell) abgebildet, die den mit diesem Werkzeug arbeitenden Systemanalytikern ein Vorgehen anhand dieser Methoden ermöglichen sollen. Dadurch soll erreicht werden, daß die Arbeitsweise der verschiedenen am Programm arbeitenden Entwickler vereinheitlicht wird, Daten nur einmal gespeichert werden, die wie Kundenstammdaten für diverse Unternehmensvorgänge relevant sind, und die in der Entwicklungsdatenbank abgelegten hochstrukturierten Daten mit all ihren Verknüpfungen jederzeit wiederzufinden und damit wiederzuverwenden sind[13]. Zum anderen ermöglicht das CASE-Tool die automatische Generierung von Programmen oder Programmteilen, indem es neue und wiederverwendbare Bausteine so montiert, daß ein ablauffähiges Programm entsteht. Die neuen Programmbausteine enthalten dabei die jeweiligen anwendungsspezifischen Teile, die wiederverwendbaren vor allem jene umfangreichen Programmbestandteile, die wie die ganze Dialogsteuerung oder das Maskenhandling vielen Programmen gemein sind. Auf diese Weise ist es auch möglich, den Kunden einen festen Programmrahmen anzubieten, in dem die standardisierbaren Elemente wie die Dialogsteuerung bereits enthalten sind. Der Kunde kann dann die von ihm selbst entwickelten Programmsequenzen hinzufügen, wobei offen bleibt, ob er den Vorteil der automatischen Programmierung nutzt oder nicht.

Die Entwicklung des CASE-Tools stellt an die damit befaßten Software-Entwickler Anforderungen, die sich von denen in anderen Bereichen deutlich unterscheiden. Sie müssen nämlich in der Lage sein, den normalen Prozeß der Anwendungsentwicklung in all seinen Phasen zu analysieren, um ihn dann zu strukturieren und im Tool abzubilden. Das bedeutet, daß sie sowohl technisches wie auch organisatorisches Wissen besitzen müssen. Technisches Wissen ist nötig, um beispielsweise die Probleme angemessen erfassen und beurteilen zu können, die mit der automatisch generierten Übersetzung eines Datenmodells in ein Datenbankschema verbunden sind. In diesem Fall braucht man zwar keine detaillierten Kenntnisse über alle Aspekte des Datenbankaufbaus, man muß sich aber „mit Datenbanktechnologie auf einer logischen Ebene auseinandersetzen", wie es der Abteilungsleiter formulierte.

Das Wissen um organisatorische Abläufe ist wichtig, weil der Entwicklungsprozeß in seinen internen Ablaufstrukturen begriffen werden muß, um die Zusammenhänge zwischen den einzelnen Tätigkeitselementen und Teilgebieten in vertikaler wie horizontaler Hinsicht optimal strukturiert abbilden zu können. Es gilt, die Arbeit von Anwendungsentwicklern in all ihren Phase zu analysieren. Da das allein vom externen Standort aus nicht geht, werden die Mitarbeiter der Abteilung in regelmäßigen Abständen veranlaßt, für Wochen oder Monate die halbe Arbeitszeit in konkreten Anwendungsentwicklungsprojekten zu verbringen, um dort wieder „Praxisluft" zu schnuppern und zu sehen, wie dort konkret gearbeitet wird, welche Probleme entstehen und wie typisch einzelne Probleme sind. Diese Erfahrungen werden dann hinterher theoretisch durchdrungen, um verallgemeinerbare Schlußfolgerungen aus ihnen ziehen zu können. Denn etwas mit dem CASE-Tool abzudecken, ist nur dann sinnvoll, wenn es sich um einen allgemein gültigen Aspekt handelt und nicht um ein Einzelproblem, das in ein Standardwerkzeug nicht einbezogen werden kann. Die Entwickler des Tools

---

13 Zur Vorgehensweise bei modernen Methoden der Software-Produktion (z.B. Entity-Relationship-Modell) s. Wieken 1990.

bewegen sich somit in einer Art „Zwischenzone". Sie müssen auf der einen Seite wesentliche Teile sowohl der Systemsoftware als auch der verschiedenen Anwendungsprogramme kennen und verstehen, ohne gleich über Detailwissen in puncto Compilerbau oder Finanzbuchhaltung zu verfügen, und auf der anderen Seite in der Lage sein, auf einer Metaebene die Abläufe und organisatorischen Zusammenhänge in der Anwendungsentwicklung zu analysieren. Sie benötigen deshalb ein ziemlich breites Grundlagenwissen und eine sehr gute Arbeitsmethodik, um den Anforderungen gewachsen zu sein, die in diesem Arbeitsgebiet an sie gestellt werden.

Die Ansprüche, die an jene ungleich größere Zahl von Informatikern gestellt werden, die sich mit der Portierung von Mainframe-Systemsoftware auf dezentrale Systeme, also in erster Linie auf die Unix-Welt, befassen oder neue von vornherein darauf ausgerichtete Systemprogramme entwickeln, sind anders gelagert. Hier ist vor allem klassisches Informatik-Wissen gefragt, wenn man die ebenfalls sehr wichtige abstrakt-wissenschaftliche Arbeitsmethodik einmal beiseite läßt. Warum das so ist, zeigt ein kleines Beispiel aus einer Abteilung, die sich mit der Portierung einer für Großrechner konzipierten Programmiersprache der 4. Generation auf Workstations befaßt. Das Ziel ist, die 4. GL-Sprache X für alle Plattformen, also vom PC bis zum Großrechner, ablauffähig zu machen. Die Portabilität soll aber erreicht werden, ohne daß an der alten Mainframe-Sprache, die bei vielen Kunden läuft, etwas Nennenswertes geändert wird. Diese Anforderung wirft enorme Probleme auf, die zum einen auf die mangelhafte Strukturierung des vorgegeben Altprodukts zurückzuführen sind, zum anderen auf technische Unterschiede zwischen Großrechnern und Workstations, wie folgende Schilderung eines Entwicklers zeigt:

„Wir haben die Aufgabe, X auch für Workstations nutzbar zu machen, dem Benutzer die Möglichkeit zu geben, graphische Benutzeroberflächen zu kreieren mit X und die Umgebung von X als graphische Oberfläche zu designen. Das Problem besteht nun darin, daß bei den Bildschirmen am Großrechner, den 3270-Terminals, das block-mode-orientiert ist und sie das ganze Ding ausfüllen. Davon merkt der Großrechner nichts. Denn erst wenn man die Datenfreigabe drückt, wird alles hingeschickt. Darauf ist X ausgelegt, auf solche Masken, während bei der Workstation jede kleinste Aktion des Benutzers am Bildschirm an die CPU gesendet wird. Es kann und soll in vielen Fällen auch darauf reagiert werden. Die Sprache X gibt diese Möglichkeit aber nicht her. Daraus resultieren Probleme. So ist X sehr geeignet für kommerzielle Anwendungen. Ein Beispiel: Bei Cobol müssen sie, wenn sie eine Liste ausdrucken, eine ganz typische Anwendung, dann müssen sie als Programmierer aufpassen, in welcher Zeile sie sind, ob am Anfang oder am Ende der Seite, haben dann eine große Schleife, in der sie immer wieder ausdrucken oder abfragen: Bin ich jetzt da oder da, muß ich eine Zwischensumme bilden und eine Leerzeile machen, weil ein Gruppenwechsel ist zwischen Abteilung eins und Abteilung zwei, und mache ich am Ende der Seite noch mal eine Zwischensumme und übertrag das auf die andere Seite an den Anfang. Das ist in X ganz elegant zu lösen. Da gibt es solche nonprozeduralen Statements wie Top of page, End of page, Add break, die sie einfach einstreuen an beliebiger Stelle und die dann ausgeführt

> werden, wenn diese Bedingungen erfüllt sind, zu jedem Zeitpunkt. Das funktioniert beim 3270 hervorragend, mit Fenstertechnik und so, aber auf anderen Plattformen, die nicht block-mode-orientiert sind, eben nicht. Es gibt noch ein weiteres Problem, daß X nämlich unter wissenschaftlichen Gesichtspunkten so eine Haurucksprache ist, die man hier erfunden hat, ohne sich die tollsten Gedanken über die Grammatik dahinter zu machen, die man an der Uni im Compilerbau hört. X ist eben von Praktikern gemacht, wo wir als Entwickler schon manchmal sagen: Das hätte man aber anders besser machen können. Da ist etwas Wildwuchs passiert."

Die hier geschilderten Probleme, von denen es noch eine ganze Reihe gibt, stellen an die mit der Portierung befaßten Abteilungen oft Anforderungen, die denen vergleichbar sind, die bei der Neuentwicklung von umfassenden Systemen entstehen. Denn es reicht nicht aus, wie ein Entwickler es formulierte, einfach nur eine „neue Version" von X zu machen, also den „existierenden Code auf eine neue Plattform zu brechen". Man ist vielmehr gezwungen, eine neue interne Struktur von X zu bilden und auf der Workstation-Plattform zu implementieren. Das bedeutet, daß man „einen Interpreter und Compiler sowie Editoren usw. schreiben" muß, um X lauffähig zu bekommen für Workstations. Außerdem ist es, wenn man die generelle Lauffähigkeit erreicht hat, zusätzlich erforderlich, Erweiterungen in puncto Funktionalität der graphischen Oberfläche zu schaffen.

Um all diesen Anforderungen gerecht werden zu können, müssen die Entwickler zum einen gute Kenntnisse der klassischen Informatikdisziplinen Übersetzerbau, Betriebssysteme, Systemprogrammierung, Programmsprachen etc.[14] besitzen, zum anderen sich (gerade auch in bezug auf die genannten Wissensgebiete) hervorragend in der Unix-Welt auskennen. Denn das Betriebssystem Unix ist im Workstations-Bereich ein De-facto-Standard. Dadurch, daß Unix bei den meisten Anwendern wegen seiner Unabhängigkeit von bestimmten Herstellern und ihrer Hardware große Zustimmung findet und der Trend auf vielen Gebieten in Richtung dezentrale, vernetzte Systeme, also weg vom Großrechner, geht[15], gewinnt dieses Betriebssystem in der gesamten Datenverarbeitung erheblich an Bedeutung. Unix und die Programmiersprache C, in der Unix geschrieben ist, müssen deshalb ziemlich perfekt beherrscht werden, will man auf Großrechner zugeschnittene Software für die „neue dezentrale DV-Welt" nutzbar und vor allem auch marktfähig machen. Insgesamt sind die informationstechnisch ausgerichteten Anforderungen also ausgesprochen hoch. Ähnliches gilt auch für andere Bereiche, die mit der Umstellung auf herstellerunabhängige und in

---

14 Vgl. die Empfehlungen der Gesellschaft für Informatik für den Aufbau des Informatikstudiums oder den Fächerkatalog Informatik des Fakultätentags Informatik (Brauer u.a. 1984, 49 ff.).

15 Wie weit dieser Trend gehen wird, ist noch heftig umstritten. Näheres dazu weiter unten.

dezentralen Netzen einsetzbare Systemsoftware befaßt sind. So müssen die Mitarbeiter einer Abteilung, die beispielsweise ein Produkt im Datenbanksektor entwickeln, das mit einem Quellcode[16] auf allen möglichen Plattformen der verschiedensten Hersteller läuft, sich in all den dazugehörigen Betriebssystemen, Progammiersprachen etc. auskennen, um alle systemabhängigen Daten und Funktionen isolieren zu können. Es ist zwar nicht nötig, über jedes Detail der verschiedenen Systeme wie etwa MVS von IBM, BS 2000 von Siemens-Nixdorf oder Unix Bescheid zu wissen, die Kenntnisse müssen aber so weitgehend sein, daß man mit den Beschäftigten, die die jeweiligen Systeme betreuen oder darauf ausgerichtete Produkte entwickeln, angemessen diskutieren und auf diesem Wege die wichtigen Punkte herausbekommen kann.

Während der hohe Informatikeranteil in den bisher dargestellten Bereichen der Standardsoftware-Erstellung angesichts der großen Bedeutung, die die technischen Aspekte der Aufgabenstellung besitzen, zunächst erst einmal einleuchtend ist, gilt das für jene Abteilungen, die sich nicht mit der Standardsystemsoftware, sondern mit Standardanwendungssoftware beschäftigen, nicht so unmittelbar. Zwar erreicht der Anteil hier keine 70, 80 oder gar 90%, aber 30–50%, die es durchaus häufiger gibt, müssen auch erst erklärt werden. Denn das Argument der technischen Kenntnisse, des Wissens um Betriebssysteme etc. zieht hier nicht. Sie spielen bei der Entwicklung von Standardanwendungsprogrammen nur eine untergeordnete Rolle, so daß eine Vertrautheit mit den verschieden Arten von Systemsoftware nicht nötig ist. Es genügt ein relativ allgemeines Wissen über technische Zusammenhänge. Von den jeweiligen Abteilungsleitern werden dann auch andere Faktoren genannt, wenn sie den recht hohen Informatikeranteil zu erklären versuchen.

Im Vordergrund stehen dabei drei Sachverhalte. Erstens, und das ist der wichtigste Punkt, wird auf die Arbeitsmethodik, das strukturierte Denken und Vorgehen der Informatiker hingewiesen, zweitens darauf, daß es Absolventen dieses Studiengangs leichter fällt, „Risiken bei der Umsetzung einer fachlichen Anforderung in ein Programm zu erkennen", den erforderlichen Aufwand und die prinzipielle Machbarkeit abzuschätzen, und drittens auf ihre Fähigkeit, mit den in letzter Zeit auf den Markt gekommenen CASE-Tools umzugehen. All diese als Vorzüge der Informatiker angeführten Punkte spielen bei der Entwicklung von Standardanwendungssoftware eine größere Rolle als bei der von individueller, kundenspezifischer Software. Denn hier kommt es in höherem Maße auf eine gut strukturierte und fehlerfreie Arbeit, eine solide Risikoeinschätzung und eine hohe Arbeitsproduktivität an. Diesbezügliche Mängel schlagen bei einem Standard-

---

16 Unter Quellcode werden jene Zeichen verstanden, die beim Ändern und Bearbeiten einen Programmes entstehen und vom Compiler in das für den Computer verständliche Maschinenprogramm umgewandelt werden. Ein Quellprogramm ist daher jedes Programm, das nicht in einer Maschinensprache geschrieben wird, sondern mit Symbolen statt mit Zahlenkombinationen arbeitet.

produkt, das wie beispielsweise das Finanzbuchhaltungsprogramm eines führenden deutschen Software-Hauses schon über 1.300 mal installiert worden ist[17], erheblich stärker zu Buche als bei einer Individuallösung, und zwar vor allem aus zwei Gründen. Zum einen sind ein ungenügender bzw. schlechter Programmaufbau (insgesamt oder in Teilbereichen) oder gar direkte Fehler bei solchen Software-Produkten aufgrund der großen Anzahl verkaufter und dann vielfach noch kundenspezifisch ergänzter und/oder angepaßter Programme schwer zu beheben. Zum anderen kommen bei solch umfangreichen, teuren und regelmäßig sowohl individuellen Anpassungswünschen als auch erforderlichen Neuversionen unterworfenen Software-Paketen die Vorzüge von CASE-Tools nicht nur besser zum Tragen, sie werden auch dringender benötigt. Die Existenz standardisierter Programmrahmen, die Wiederverwendbarkeit von wichtigen Programmteilen, die Vollständigkeit der Dokumentation, ihre maschinelle Zugänglichkeit etc., all das hilft nicht nur, Fehler zu vermeiden, es führt (besonders bei neuen Produkten) auch zu einer spürbaren Steigerung der Arbeitsproduktivität, die angesichts des hohen Zeitdrucks, der enormen Investitionen und der zunehmend härter werdenden Konkurrenz auf diesem Markt von großer Bedeutung für die betroffenen Software-Häuser ist[18]. Dazu kommt dann als verstärkender Faktor für jene Unternehmen, die selbst CASE-Tools entwickeln und vertreiben, noch der Effekt des „In-house-tests" und der Werbung durch eigenen Gebrauch. Die Kenntnis von CASE-Tools, eine realistische Risikoeinschätzung, soweit es um die technische Umsetzung von Soll-Analysen geht[19], und die Beherrschung einer gut strukturierten und analytischen Arbeitsweise sind deshalb wichtige Eigenschaften bei der Entwicklung von Standardsoftware. Sie begünstigen in vielen Bereichen den Einsatz von Informatikern.

3.2.3 Die Erstellung von Individualsoftware und die Software-Beratung

Die Erstellung kundenspezifischer, individueller Anwendungsprogramme erfolgt heutzutage in der Regel auf zwei Arten[20]. Entweder beauftragt der

---

17 Andere Standardprodukte dieses Unternehmens, das zu den drei größten in Deutschland gehört, sind auch sehr erfolgreich. So weisen die Pakete zur Kostenrechnung, Anlagenbuchhaltung oder zu produktionsbezogenen Aufgaben wie Materialwirtschaft und Produktionsplanungssteuerung ebenfalls Installationen in einer Größenordnung zwischen 938 und 1058 auf (Installations-Liste des Software-Hauses).

18 Zur Effektivität der CASE-Tools und zu ihren Grenzen s. Kap. 5.

19 Diese Einschränkung ist wichtig, weil den Vorzügen des Informatikers in diesem Punkt oft Nachteile in der Beurteilung der Abläufe gegenüber stehen, die die Basis der Analyse und damit des Programms bilden. Dazu nähere Ausführungen in Kap. 3.

20 Die Erstellung durch die EDV-Abteilungen der Anwender bleibt hier unberücksichtigt, weil dieser Bereich in Kap. 4 behandelt wird.

Anwender ein Software-Haus oder eine Beratungsfirma – Hardware-Hersteller sind in diesem Marktsegment bislang kaum vertreten, obwohl es in letzter Zeit verstärkte Bemühungen ihrerseits in dieser Richtung gibt – mit der kompletten Problemlösung von der Ist-Aufnahme bis zur Installation des Programms oder er kauft eine Standardanwendungsoftware und läßt nur noch kleinere Änderungen und Anpassungen durchführen. Der zweite Typ der Programmerstellung wird von den größeren Software-Häusern nicht sehr geschätzt, außer sie bieten es als Zusatzservice zu einer von ihnen gelieferten Standardsoftware an. Zumeist aber empfinden sie diese Form als eine Verkürzung ihres Betätigungsspektrums auf die einfache Programmierarbeit, ohne Beratung und Analyse des Problems. Sie möchten deshalb, wie ein Geschäftstellenleiter es ausdrückte, „von solchen isolierten Leistungen weg", für die sog. Body-Leasing-Unternehmen mit auf reine Programmierung spezialisierten 10–20 Mitarbeitern besser geeignet seien.

Von kleineren Software-Häusern werden solche begrenzten Aufgaben allerdings recht häufig wahrgenommen. Das hat ihnen unter Informatikern auch vielfach einen schlechten Ruf eingebracht. Man werde dort nur als „Programmierknecht" eingesetzt, so der Tenor vieler befragter Informatiker, die während des Studiums oder am Anfang ihrer beruflichen Laufbahn in solchen Firmen tätig waren. Die Anzahl von Informatikern, die sich mit einer derart eingeschränkten Tätigkeit zufrieden gibt, dürfte angesichts der immer noch günstigen Arbeitsmarktlage deshalb wohl klein sein.

Als eine immer mal wieder auftretende lästige Pflichtübung dürfte sie aber nichtsdestotrotz für eine ganze Reihe von Informatikern in Software-Häusern einen kleinen Teil ihres Arbeitsalltags bestimmen – lästig, aber manchmal eben unumgänglich wie im Falle jenes Informatikers, der im Software-Haus B als Spezialist für eine bestimmte seltene Sprache immer wieder mal die von ihm ungeliebte reine Programmierung machen muß, wenn es sich um kleinere Arbeiten in eben dieser Sprache handelt.

In der Regel versuchen die größeren Software-Häuser aber einen umfassenden Service anzubieten und auch „an den Mann zu bringen". Es geht ihnen um eine komplette Entwicklung der Software, von der Problemanalyse bis zur Programminstallation. Mit diesem Bemühen sind sie zumeist erfolgreich. Dennoch kann der Umfang der erbrachten Leistungen erheblich variieren. Das gilt nicht nur in dem selbstverständlichen Sinne, daß der Leistungsumfang von der Größe des zu erstellenden Programms abhängt. Es spielt auch noch ein zweiter wichtiger Faktor eine Rolle, das Maß der erforderlichen Beratungsaufgaben. Wie stark dieses Arbeitselement zu Buche schlägt, bestimmen zwei Voraussetzungen. Beratungsfunktionen fallen um so stärker ins Gewicht, je weniger programmtechnische Vorgaben seitens des Kunden gegeben werden und je unabhängiger das Software-Haus operieren kann. Konkret bedeutet das, daß sie in ihrem Umfang mehr oder minder deutlich verringert werden, wenn zum einen der Kunde sich von vornherein auf einen bestimmten Rechnertyp und vor allem eine bestimmte Programmiersprache und Datenbankart festgelegt hat, eine Entscheidungsberatung in diesen wichtigen Punkten entfällt, und zum anderen das Software-Haus nur Teilaufgaben wahrnimmt, dessen zentrale Parameter von dem Kunden mit dem Hauptauftragnehmer, in der Regel einem Hardware-Hersteller, ausgehandelt und abgesprochen worden sind.

In beiden Fällen erfolgt eine Einschränkung des Aufgabenspektrums, die auch die Beschäftigten des jeweiligen Software-Unternehmens betrifft. In ihrer Gesamtheit verlieren sie anspruchsvolle Beratungsfunktionen. Ob und inwieweit sich dieser Verlust aber spürbar niederschlägt, ist von den konkreten Gegebenheiten abhängig, wie folgende zwei Beispiele aus dem Software-Haus B deutlich zeigen. Im ersten Fall handelt es sich um einen Unterauftrag, der dem Unternehmen von einem großen Hardware-Hersteller erteilt worden war – eine Form der Zusammenarbeit, die ziemlich häufig vorkommt und immerhin 55 % aller Kooperationsleistungen zwischen Software-Häusern und Hardware-Herstellern ausmacht (Buschmann et. al. 1989, 107)[21], im Umfang aber sehr stark variiert. Die Aufgabe bestand vor allem darin, ein kleineres Teilprogramm des Gesamtpaketes zu schreiben und dann nach der Fehlermeldung durch den Hardware-Hersteller nachzutesten und zu korrigieren. Die fachlichen Anforderungen waren dadurch stark eingeschränkt. Denn zum einen war der Gesamtrahmen des Programms durch die Vorgaben des Hardware-Herstellers als des Hauptauftragnehmers bereits definiert, was den Spielraum der in dieser Abteilung tätigen Informatiker erheblich einengte, zum anderen fielen wesentliche Kontrollaufgaben ebenfalls in die Zuständigkeit des Hardware-Produzenten, weil er die Erstkontrolle durchführte und dem Software-Haus in erster Linie die weniger anspruchsvolle Arbeit des Nachbesserns überließ. Auf Informatikerseite war die Arbeitszufriedenheit dann auch nicht sehr groß.

Im zweiten Fall war das ganz anders. Zwar existierten auch hier feste Vorgaben seitens des Kunden . Diese Vorgaben waren aber derart, daß sie die fachliche Kompetenz der beteiligten Arbeitskräfte stark forderten. Es gab eine strategische Entscheidung des Anwenders, eines großen deutschen Unternehmens, für die Anwendung von IBM-Produkten. Zum damaligen Zeitpunkt bedeutete das auf der PC-Ebene, daß die Software-Entwickler mit OS/2 eine IBM-Software als Basis nehmen mußten, für die damals noch keine Pilotanwendungen existierten. Das daraus resultierende Risiko war der Kunde aber bereit zu tragen. Die Entwickler bewegten sich damit auf Neuland, was für sie hieß, eine interessante Arbeit mit relativ hohen fachlichen Anforderungen durchführen zu können. Dieser Fall stellt wie der erstgenannte ein Extrem auf der Skala der Möglichkeiten dar, diesmal das positive. Die Normalität bewegt sich zwischen diesen beiden Polen, allerdings

---

21 Insgesamt kooperieren 71 % der Software-Unternehmen regelmäßig und weitere 16 % gelegentlich mit Hardware-Herstellern (Buschmann et.al. 1989, 107). Mitte 1993 haben beispielsweise die beiden größten deutschen Software-Häuser, die Software-AG in Darmstadt und die SAP in Walldorf, enge Kooperationsverträge mit den Hardware-Herstellern IBM und NCR geschlossen.

mit einer stärkeren Tendenz zur negativen Seite, so daß das Anforderungsniveau im Durchschnitt niedriger liegt als bei jenen Projekten, die im Rahmen der Entwicklung einer kundenspezifischen Anwendungssoftware auch die gesamten Beratungsleistungen umfassen.

Idealtypisch für eine Komplettlösung ist ein Vorgehen, bei dem zunächst in Zusammenarbeit mit den entsprechenden Abteilungen des Kunden eine Analyse des gegebenen Zustandes erstellt wird, dann die Anforderungen an das zu installierende System auf der funktionalen Ebene formuliert, die Ergebnisse in exakte Solleigenschaften des zu entwickelnden Software-Produkts spezifiziert, danach in den prinzipiellen Software-Aufbau sowie die Beschreibung einzelner Module umgesetzt und schließlich in einem lauffähigen Programm realisiert werden. Eine Reihe von Qualitätstests und die endgültige Implementierung beim Kunden beenden den Entwicklungsprozeß dann zu guter Letzt.

Die fachlichen Anforderungen, die aus einer solchen umfassenden Vorgehensweise resultieren, variieren zwar in Abhängigkeit von Umfang und Schwierigkeitsgrad der jeweiligen Problemstellung, die Grundelemente sind aber stets dieselben. Es werden benötigt: erstens eine gute Kenntnis der dem ganzen Projekt zugrundeliegenden fachlichen Abläufe und/oder eine schnelle Auffassungsgabe, und zwar sowohl im allgemeinen (Finanzbuchhaltung, Materialwirtschaft, Produktionssteuerung etc.) als auch hinsichtlich der Spezifika des jeweiligen Kunden, um eine angemessene Ist-Analyse durchführen und dabei die Gesprächspartner aus den einzelnen Fachabteilungen richtig verstehen zu können; zweitens ein genauer Überblick über die am Markt angebotenen Hardware- und Software-Produkte, um bei der Entscheidungsfindung für oder gegen bestimmte Rechnerkonfigurationen und für oder gegen den Kauf von Standardsoftware bzw. bestimmte Typen derselben vernünftig beraten zu können; drittens grundlegende Kenntnisse der verschiedenen Programmiermethoden und -sprachen sowie ein solides Wissen über die Leistungsmerkmale der systemnahen Software-Komponenten wie Datenbanken, Compiler, Betriebssysteme etc., um die aus der Ist- und Soll-Analyse sich ergebenden Anforderungen in ein gut strukturiertes und leistungsfähiges Programm umsetzen zu können. Die komplette Entwicklung einer kundenspezifischen Individualsoftware verlangt demzufolge eine Mischung von informationstechnischem, betriebswirtschaftlichem und branchenbezogenem Wissen.

Welche fachlichen Ansprüche daraus für den einzelnen Entwickler resultieren, ist in erster Linie von zwei (oft miteinander verknüpften) Faktoren abhängig: der Komplexität des zu bearbeitenden Problems und der Anzahl der daran arbeitenden Personen. Wenn es beispielsweise um die Entwicklung eines dezentralen Buchungssystems für eine große Fluggesellschaft oder eines Produktionssteuerungssystems für einen Stahlkonzern geht, müssen sowohl die Kenntnisse über betriebswirtschaftliche Abläufe und branchentypische Spezifika als auch die über moderne Datenbanksysteme, benutzerfreundliche Oberflächengestaltung oder strukturierten Programmaufbau erheblich besser sein, als wenn nur ein kleineres Programm für die Materiallagerung eines mittelständischen Unternehmens geschrieben werden muß. Denn das Problem, das der Kunde gelöst haben möchte, weist nicht nur ungleich mehr und in vielfältiger Weise miteinander verknüpfte Elemente und Variablen auf, die Anforderungen an das Programm hinsichtlich Reaktionsgeschwindigkeit, Datenhaltung, Zugriffsmöglichkeiten oder Wartungsfreundlichkeit sind auch wesentlich größer. Die erheblich stärkere Komplexität des Gesamtprogramms, quantitativ wie qualitativ, verlangt vor allem nach einer guten Programmstruktur, um bei erforderlichen Änderungen und/oder Nachbesserungen gezielt nur an einzelne Module herangehen und nicht jedesmal in das ganze Programm einsteigen zu müssen. Bei kleineren Programmen ist so etwas zwar auch sinnvoll, eine Nichtberücksichtigung hat aber weit weniger gravierende Folgen.

Ob und inwieweit sich die insgesamt höheren fachlichen Ansprüche, die umfangreichere Individualsoftware an die mit ihrer Erstellung befaßten Entwickler stellt, auch in einem höheren Anforderungsniveau für den einzelnen niederschlagen, hängt von der Arbeitsverteilung ab. Je stärker die Aufsplittung ist, um so geringer ist auch die Arbeitsqualität für den einzelnen Beschäftigten. Die Abtrennung der Beratungsleistungen oder die Spezialisierung auf einen Teilbereich können dazu führen, daß trotz einer insgesamt größeren Programmkomplexität auf den einzelnen Entwickler in einer Projektgruppe weniger anspruchsvolle Aufgaben entfallen als auf einen Entwickler, der ein kleineres Programm fast komplett selbst erstellt. Diese Gefahr hält sich bislang aber in Grenzen, weil in der Entwicklung von kundenspezifischer Anwendungssoftware die Projekte nur relativ selten eine Größe von 5–10 Mitarbeitern überschreiten. Das gilt nicht nur für die Masse der kleinen und mittleren Software-Unternehmen, die zumeist in der ganzen Firma kaum mehr Beschäftigte haben[22], sondern auch für die größeren Software-Anbieter. Die fachlichen Anforderungen an den einzelnen Angestellten hängen deshalb ganz überwiegend von der Komplexität des Problems ab, für das der Kunde eine Anwendungslösung wünscht.

Die meisten Informatiker sind von daher auch dort zu finden, wo es um die Erstellung komplexerer Programme geht. So weist eine Abteilung des Software-Hauses A, die sich mit großen Individualprogrammen für zentrale Bundesbehörden befaßt, einen 50%igen Informatikeranteil auf. Bei diesem absoluten Spitzenwert muß man zwar berücksichtigen, daß die Abteilung noch im Aufbau begriffen ist und somit von den allgemein günstigen (und durch das sehr gute Image der Firma noch zusätzlich verbesserten) Arbeitsmarktbedingungen[23] profitieren kann; wesentlich für den hohen Prozentsatz

---

22 Von den 2335 (nach Schätzungen) in der Bundesrepublik tätigen Software-Unternehmen haben 1500 weniger als 10 Beschäftigte, 567 auch nur 10–49 Beschäftigte, und nur 268 Firmen weisen 50 und mehr Beschäftigte auf (Buschmann et.al. 1989, 17).

23 Das gute Image ist insofern von Bedeutung, als Bewerber mit einem Informatik-Abschluß sich auch dann für solche Abteilungen gewinnen lassen, wenn sie eigentlich lieber in den Standard-Bereich möchten, weil sie insgeheim auf die Chance des unternehmensinternen Wechsels setzen. Wie groß ihr Anteil ist, muß offen bleiben. Denn es gab diesbezüglich keine unmittelbaren Äußerungen. Daß solche Überlegungen aber generell eine Rolle spielen, geht aus anderen Interviews hervor.

an Informatikern ist aber auch, daß die zu entwickelnde Software für eine Individuallösung sehr umfangreich ist. So soll für das Bundesverkehrsministerium z. B. ein Programm geschrieben werden, mit dem man alle bundesdeutschen Straßen mit ihren politischen, geographischen und verwaltungsrechtlichen Beziehungen erfassen kann. Die Anforderungen an ein gut strukturiertes Vorgehen sind dementsprechend hoch.

Häufiger als in der unmittelbaren Programmerstellung sind die Informatiker bei den großen Software-Unternehmen jedoch in jenen Phasen der Software-Entwicklung tätig, die sich mit der Beratung des Kunden und der Erarbeitung erster Machbarkeitsstudien befassen. Welche Gründe für diese zunächst einmal eher überraschende Tatsache verantwortlich sind, zeigen die folgenden zwei Beispiele aus dem Software-Haus B. Im ersten Fall handelt es sich um ein Projekt, bei dem eine Anwendungslösung von einer Dec-Vax-Systemumgebung mit einer sehr komfortablen Oberfläche auf Wunsch des Kunden in eine BS 2000/Adabas/Natural-Umgebung in einer relativ komplizierten Client-Server-Architektur[24] portiert werden sollte. Im zweiten Fall geht es um eine Abteilung, die Kunden schwerpunktmäßig über die Vor- und Nachteile individueller und standardisierter Programmlösungen informiert, wie folgende Aussage der Leiterin illustriert:

> „Wir machen heute mit den Kunden Zielfindungsworkshops. Warum will er SAP? Wie sieht sein Unternehmen aus? Will er zentrale oder dezentrale Organisationsformen? Viele Kunden versprechen sich die Lösung aller Probleme durch den Einsatz von Standardsoftware. Das sind Illusionen. Wir müssen nach wie vor vom Unternehmen her die Anforderungen an die Software formulieren. Wir hatten vor kurzem so ein Beispiel. Da hat jemand gesagt: Die Software ist für mich nicht geeignet, weil ich sehr komplexe Vorsysteme habe und SAP in seinem System nur eine achtstellige Kundennummer anbietet, banale Informatikprobleme mit großen Auswirkungen. Typische SAP-Berater bieten dann Umgehungslösungen an, die aber dazu führen, daß der Kunde seine betriebswirtschaftlichen Ziele nicht erreicht. Wir sind dann dazu gekommen, daß das für ihn keine Lösung ist."

In beiden Fällen spielen Kenntnisse über Systemsoftware-Komponenten wie Datenbanken und Betriebssysteme, Rechner-Architekturen oder Standardanwendungsoftware eine ausschlaggebende Rolle. Ein Wissen, das auch für

---

24 Unter Client-Server-Architekturen versteht man eine Rechnerarchitektur, bei der ein sog. Server Leistungen für mehrere Clients bereitstellt. Der Server kann auf diese Funktion festgelegt sein wie etwa eine Datenbank, er kann seine Position aber auch mit Clients tauschen, wie dies in vielen Netzwerken geschieht, wo mal die eine, mal die andere Workstation die Server-Funktion übernimmt, je nachdem, wo Kapazitäten frei sind. Client-Server-Architekturen spielen eine zunehmend größere Rolle, seit der Trend weg von den Großrechnern hin zu Netzwerken aus kleineren Rechnern eingesetzt hat. Voraussetzung für ihre Funktionsfähigkeit ist allerdings eine Verständigung untereinander, so daß diese Architekturen den Vormarsch der herstellerunabhängigen Unix-Betriebssysteme enorm vorantreiben.

den hohen Informatikeranteil im Bereich der Standardsoftware-Entwicklung verantwortlich ist, ist hier also in einem für den Sektor der Individualsoftware außergewöhnlich hohen Maße gefordert. Das begünstigt natürlich den Einsatz von Informatikern. Außerdem ist abstraktes und konzeptionelles Denken gefragt, was nach Ansicht der dort tätigen Angestellten, vor allem der Führungskräfte, die Hochschulabsolventen in größerem Umfang mitbringen als die DV-Praktiker[25].

Noch stärker als in diesem Arbeitsgebiet sind Informatiker in einem anderen Feld der Software-Beratung tätig, in der Systemberatung. Von den 810 Informatikern des Hardware-Herstellers A arbeiten allein 30 % als Systemberater. Abteilungen in den beiden Software-Häusern die sich überwiegend mit der Systemberatung befassen, weisen auch Informatikeranteile zwischen 40 und 50 % auf. Diese Aufgabe scheint in größerem Maße nach Informatikern zu verlangen als andere Arten der Software-Beratung. Warum dies so ist, wird klar, wenn man sich die Tätigkeit eines Systemberaters näher ansieht.

Sie besteht aus vier wesentlichen Elementen. Zunächst betreut ein Systemberater die ihm per Wartungs- und Beratungsvertrag zugeordneten Kunden in dem Sinne, daß er Neuigkeiten aus dem Bereich der Systemsoftware, also beispielsweise neue Typen von relationalen Datenbanken[26], CASE-Tools oder Programmiersprachen der 4. Generation[27] vorstellt und ihre

---

25 Die Bedeutung, die konzeptionelles Denken, das Wissen über Rechnerarchitekturen und allgemeine Kenntnisse über die am Markt angebotenen Systeme haben, zeigt sich auch bei Beratungstätigkeiten, die wie die folgende aus der Unternehmensberatungsfirma in keinerlei Zusammenhang mit der Erstellung von kundenspezifischer Software stehen: „Wir befassen uns z.B. damit, Schwachpunkte in der DV aufzudecken. Da werden in Interviews Kosten erfaßt oder mit Hilfe von Tools Unterlagen des Mandanten ausgewertet. Es wird in Workshops nach den Management-Verfahren gefragt, nach Planungs- und Kontrollmechanismen und deren Realisierung. Mit Fragebögen werden Benutzer und IT-Personal nach der Qualität und den Schwächen der vorhandenen Systeme befragt und nach ihren Wünschen. Außerdem befassen wir uns mit dem Entwurf von Architekturen, zentral, dezentral, welcher Kommunikations- und Speicherbedarf, wobei im Normalfall keine konkreten Aussagen über die konkrete Technik getroffen werden. Das machen andere Leute. Wir müssen allerdings wissen, was es auf dem Markt gibt, was die Workstations leisten können. Wir machen aber keine konkreten Aussagen, ob er eine von HP oder eine Vax nehmen soll."

26 Relationale Datenbanken, die in den letzten Jahren erfolgreich auf den Markt drängen, unterscheiden sich von den klassischen hierarchischen Datenbanken wie IMS oder Adabas dadurch, daß sie nicht in einer sog. Baumstruktur aufgebaut sind, sondern so, daß alle Daten mit ihren verschiedenen Beziehungen in Tabellen dargestellt werden können, man also die über die Kunden gespeicherten Daten sowohl in einer Tabelle darstellen kann, die nach Postleitzahlen sortiert ist, als auch in einer, die nach Produkten oder einfach alphabetisch nach Herstellern geordnet ist.

27 Programmiersprachen der 4. Generation weisen gegenüber den Sprachen der 3. Generation wie Cobol, Fortran, Algol, PL/1, Basic oder C folgende Vorteile auf: Sie sind leichter zu erlernen, durch Modulverwendung kürzer, erlauben eine interaktive Programmierung und einfachere Datenbankabfrage sowie die Nutzung von Generatoren.

Vor- wie Nachteile demonstriert. Dann führt er Performance-Beratungen durch, indem er mit Hilfe sog. Benchmark-Tests die zeitlichen Differenzen ermittelt, die sich bei der Abarbeitung bestimmter Programme oder Programmsequenzen durch unterschiedliche Hardware oder Systemsoftware ergeben. Diese Art der Leistungsbeurteilung wird allerdings nicht von allen Systemberatern angeboten. Die dritte Funktion besteht darin, den Entwicklungsabteilungen aufgrund der Beratungserfahrungen Anregungen zu vermitteln, ihnen zu sagen, wo noch Probleme zu lösen sind, welche Wünsche die Kunden haben, damit die Entwickler nach Möglichkeiten suchen können, für diese Kundenanforderungen neue Produkte zu erstellen oder alte dementsprechend zu verändern und/oder zu erweitern. Viertens schließlich haben die Systemberater die Aufgabe, die gekauften Betriebssysteme, Datenbanken, CASE-Tools etc. beim Kunden zu installieren. Die Installation als Anpassung der Systemsoftware an die vorhandene oder die neu gekaufte Hardware beinhaltet neben der Einweisung der beim Kunden damit arbeitenden Beschäftigten in einer ganzen Reihe von Fällen auch die Erstellung mehr oder minder großer und komplizierter Programmteile. Denn immer dann, wenn Hardware und Systemsoftware nicht komplett vom selben Hersteller kommen und in ihren technischen Strukturen nicht exakt, d. h. reibungslos ineinandergreifen, was im übrigen auch bei Produkten ein und desselben Herstellers nicht immer gewährleistet ist, müssen für die Anpassung neue Softwareteile geschrieben werden. Es kann sich dabei um kleinere Module, kleinere Assembler- oder C-Routinen handeln, ebensogut aber auch um komplexe Verbindungsstücke für Netzwerke mit verschiedenen Rechnertypen oder Software-Teile, die bis in die Entwicklung der Standardsoftware durchschlagen. Anspruchsvollere Aufgaben der letztgenannten Art lassen sich an folgendem Beispiel aus dem Software-Haus A illustrieren:

> „Wir haben z.B. beim Auswärtigen Amt ein Dokumentenretrievalsystem installiert, über das man Freitextabfagen machen kann zu bestimmten Dokumenten über Konferenzen usw. Das würde soweit passen. Aber die haben die Anforderung, diese Dokumente, die in dem Produkt von uns elf- oder dreizehnsprachig abgespeichert sind, nicht nur im lateinischen Sprachensatz zu haben, sondern auch mit kyrillisch oder mit Sonderzeichen aus dem türkischen, rumänischen und so, so daß wir also letztlich drei Zeichensätze hatten, mit denen unsere Produkte standardmäßig nichts anfangen können. Jetzt untersuchen wir die Hardware beim Auswärtigen Amt dahingehend, wieweit wir Zeichensätze umstellen können innerhalb bestimmter Texte und das in unseren Produkten abbilden können. Das geht soweit, daß in einem Satz von lateinisch nach kyrillisch und umgekehrt geschaltet werden können muß, weil in einem russischen Text der Name Bush lateinisch geschrieben wird. Da machen wir ein paar Anpassungen, die sich teilweise bis in die Produktentwicklung durchschlagen, wo ich die Koordination mit den Produktentwicklern mache, mit denen teilweise zum Kunden fahre, um das Problem zu analysieren.“

Insgesamt spielen jene Kenntnisse über Systemsoftware und Rechnerarchitekturen, die auch bei der Anwendungssoftware-Beratung den Einsatz von Informatikern begünstigen, eine sehr große Rolle, eine größere als bei anderen Beratungstypen. Da durch die Installierung noch zusätzlich technisches, vor allem auch programmtechnisches Wissen gefordert wird, liegt der Anteil der Informatiker in den mit Systemberatung befaßten Abteilungen durchweg deutlich höher als in anderen Beratungsbereichen, und die absolute Anzahl dürfte mit bundesweit mehreren Hundert auch recht beachtlich sein, wenn auch aufgrund der wenigen hierzulande angesiedelten Systemsoftware-Anbieter niedriger als in der sonstigen Software-Beratung. Denn schließlich entfallen nur 25 % aller Aufwendungen für Fremdsoftware auf die Systemsoftware und davon wiederum ein beträchtlicher Teil auf nicht in der Bundesrepublik entwickelte Betriebssysteme, Datenbanken etc. (Buschmann et. al. 1989, 19)

Trotz der für Beratungstätigkeiten außergewöhnlich hohen informationstechnischen Anforderungen stellt die Systemberatung für viele dort tätige Informatiker aber nur eine Übergangs- oder Notlösung dar. Sie wollen eigentlich „lieber in die Software-Entwicklung als in die Systemberatung, weil letztere nicht so anspruchsvoll ist", wie es ein Abteilungsleiter formulierte. Doch die begrenzten Möglichkeiten vor allem im Standardsoftware-Bereich veranlassen sie, zunächst erst einmal in einem Arbeitsgebiet tätig zu werden, in dem sie zumindest größere Teile ihres technisch-orientierten Wissens nutzen können. Das ist die Systemberatung, die die Anwendung dieser Kenntnisse in deutlich höherem Masse ermöglicht als etwa die normale Software-Beratung. Daher arbeiten in der Systemberatung vielfach Informatiker, die von ihren Interessen her mehr in die Entwicklung von Systemsoftware als in die anwendungsbezogene Kundenberatung drängen, weil sie weniger kundenorientiert als vielmehr technikorientiert denken.

3.2.4 Die Software-Wartung

Hinter dem Begriff Software-Wartung verbergen sich drei in den fachlichen Anforderungen z.T. sehr unterschiedliche Aufgabenbereiche:[28] die Korrektur von Fehlern innerhalb einer Software-Version, die Anpassung der Version an eine veränderte Software-Umgebung und die Erstellung einer gänzlich neuen Version aufgrund geänderter Anforderungen (Wieken 1990, 297)[29]. Im fachlichen Niveau ähnelt die letztgenannte Aufgabe dabei in vielen Punkten der

---

28 Dies ist auch der Grund dafür, daß der Begriff Wartung einmal als Oberbegriff, an anderen Stellen aber auch als Teilbegriff neben Software-Pflege und -Überarbeitung benutzt wird.

29 Bei verbreiteten Standardprodukten läßt sich in der Regel an der jeweiligen Versionsnummer erkennen, um welche Form von Wartung es sich jedesmal gehandelt hat. So bedeutet die Bezeichnung Windows 3.0. beispielsweise, daß man es hier mit einer gänzlich überarbeiteten und in Teilen auch konzeptionell veränderten Version von Windows zu tun hat, während Windows 3.1. aussagt, daß in erster Linie Fehler der Version 3.0. korrigiert worden sind.

Entwicklung neuer Programme. Was sie davon unterscheidet, ist in erster Linie die stärkere Einengung des Entscheidungsspielraums und damit auch konzeptioneller Möglichkeiten durch die Vorgaben der alten Programmversion. Die zweite Aufgabe ist je nach dem Umfang der erforderlichen Anpassungen entweder eher der Portierung von Software oder den im Rahmen der Systemberatung anfallenden Änderungsleistungen vergleichbar. Der Schwerpunkt dürfte aber eher in letzterer Richtung liegen. Die fachlichen Anforderungen bewegen sich bei diesen beiden Funktionsbereichen also im Rahmen dessen, was man als (mehr oder minder) anspruchsvolle Arbeit mit starken informationstechnischen Zügen bezeichnen könnte.

Die zuerst genannten Korrekturaufgaben weichen von diesem Bild deutlich ab. Bei ihnen handelt es sich vielfach um nicht mehr als die Ersetzung kleiner Programmteile, „nur ein paar lines of code", wie ein Entwickler des Hardware-Herstellers A es ausdrückte. Das Design ist oft komplett vorgegeben, so daß die Arbeit hier derjenigen recht nahekommt, die vor allem bei den ehemaligen Beschäftigten kleiner Software-Häuser zur Kreation des Begriffs „Programmierknecht" führt. Fachbuchautoren warnen deshalb auch vor der Installierung eigener Wartungsabteilungen, weil „hier sehr schnell ein Bewußtsein entsteht, nur die Fehler der anderen ausbügeln zu müssen, verbunden mit dem weit verbreiteten Unwohlsein, sich mit Programmen anderer beschäftigen zu müssen, statt „eigene" Programme schaffen zu können... und häufig dem Eindruck, daß es im Laufe der Zeit immer schlimmer wird (was zumindest hinsichtlich der Softwarequalität auch richtig ist)" (Wieken 1990, 298). Alle diese negativen Bewertungen treffen in besonderem Maße auf jene alten Standarderzeugnisse zu, die wie IMS, BS 2000 oder MVS schon seit mehr als einem Jahrzehnt angeboten werden, die x-te Version erfahren haben und an den derzeitigen Trends vorbeilaufen. Informatiker, die hier arbeiten, haben schnell das Gefühl, auf ein Abstellgleis zu geraten, und versuchen dementsprechend, woanders hinzukommen. Bisher gelingt ihnen das auch fast immer. Die Wartung in diesem eingeschränkten Sinne stellt für die Informatiker bislang (im Unterschied zu anderen Beschäftigten) in der Regel nur eine Übergangsphase dar.

Ob das in Zukunft auch so bleiben wird, ist aber mehr als fraglich. Denn zum einen nimmt die Bedeutung der Wartungsaufgaben stetig zu, sie verursachen inzwischen nach Schätzungen schon über die Hälfte aller Kosten eines EDV-Systems (Wieken 1990, 119)[30], zum anderen machen die große und ständig wachsende Anzahl an Informatikern sowie die veränderte Personalpolitik vor allem der großen Hardware-Hersteller einen Wechsel in die mit anspruchsvolleren Aufgaben betrauten Unternehmensbereiche immer schwerer. Es ist daher damit zu rechnen, daß die relativ routinisierten Funktionen der Fehlerkorrektur auch für Informatiker einen deutlich größeren Stellenwert im Sinne dauerhafter Tätigkeiten bekommen werden.

---

30 Bei dieser Angabe sind die Hardware-Kosten (und damit natürlich auch deren Wartung) ebenso wie die Entwicklungs-Kosten berücksichtigt, die die anderen knapp 50% ausmachen.

3.3   Arbeitsbedingungen und Kooperationsbeziehungen

In puncto Arbeitsbedingungen existieren zwar eine Reihe von Unterschieden, die z. B. die mehr oder weniger komfortable Büroausstattung oder die Raumgröße betreffen, entscheidend ist aber (auch in den Augen der Befragten) nur einer. Er betrifft die Arbeitszeit. Deren Umfang weist nämlich eine außergewöhnlich große Spannbreite auf. Dies gilt sowohl hinsichtlich der über das Jahr durchschnittlich anfallenden Arbeitszeit als auch bezüglich der Spitzenbelastungen.

Was den Durchschnittswert betrifft, so lassen sich drei erstaunlich deutlich voneinander abgegrenzte Typen ausmachen. Zuerst gibt es da jene Tätigkeiten, die sich ziemlich genau im tariflichen Rahmen bewegen, also um die 37,5 Std. pro Woche liegen. Sie sind fast ausschließlich in den Entwicklungsabteilungen der großen Hardware-Hersteller zu finden, dort dann aber auch weitgehend die Regel. Die zweite Gruppe, gebildet in erster Linie aus den Beschäftigten, die bei den großen Software-Häusern für die Entwicklung von Standardprodukten zuständig sind oder bei den Hardware-Herstellern in den Forschungsabteilungen sitzen, weist eine Durchschnittsarbeitszeit von ungefähr 43 Std. auf, mit Ausschlägen von 40–45 Std., aber einem deutlichen Schwerpunkt zwischen 42 und 44 Std. Der dritte Typus schließlich, anzutreffen vor allem in der anwendungsbezogenen, kundenspezifischen Software-Erstellung und -Beratung, wo er das Bild auch beherrscht, bewegt sich zwischen 45 und 55 Std. Arbeitszeit pro Woche bei einer Häufung im Bereich von 47–50 Std. Die Verteilung der Arbeitsspitzen folgt im Kern demselben Grundmuster. Wochenarbeitszeiten von 60–80 Std. sind bei der Entwicklung kundenspezifischer Anwendungsprogramme und im Beratungssektor besonders häufig zu beobachten. Es gibt sie zwar auch im Standardbereich, vor allem bei den Software-Häusern, doch ist das sehr viel seltener der Fall.

Die großen Differenzen in den Arbeitszeiten, sowohl die Durchschnittsdauer als auch die Spitzenbelastungen betreffend, haben vier wesentliche Gründe. Da ist zunächst die Größe des jeweiligen Unternehmens. Je mehr Beschäftigte ein Unternehmen hat, um so stärker wird die Notwendigkeit, verbindliche Regelungen zu schaffen und diese mit dem in größeren Firmen durchweg existierenden Betriebsrat auf Basis der geltenden Tarifverträge auch fest zu vereinbaren. Obwohl solche Vereinbarungen viele Ausnahmen ermöglichen, sorgen sie in der Regel doch für eine gewisse Allgemeinverbindlichkeit, was Durchschnittszeiten, Überstunden etc. angeht, und schieben damit zu großen Abweichungen vom Tarifvertrag einen wenigstens halbwegs stabilen Riegel vor. Der zweite Grund ist im durchschnittlichen Alter der Belegschaften zu sehen. Die Software-Häuser und Unternehmensberatungsfirmen, die aufgrund der enormen Expansion in den letzten Jahren ein wesentlich niedrigeres Durchschnittsalter aufweisen als die mit Software-Erstellung und -Beratung befaßten Abteilungen der in den letzten Jahren eine restriktive Personalpolitik fahrenden Hardware-Hersteller, können in puncto Arbeitszeit auf ein größeres Engagement und eine größere Belastbarkeit setzen als die Hardware-Hersteller. Ihre Beschäftigten sind den großen Belastungen durch lange Arbeitszeiten und extreme Arbeitsspitzen nicht nur gesundheitlich noch relativ gut gewachsen, sie haben auch in wesentlich geringerem Maße familiäre Verpflichtungen, die ihren zeitlichen Spielraum einengen und auch zu anderen persönlichen Schwerpunktsetzungen in der Zeitaufteilung führen können.

Die dritte Ursache für die Unterschiede in den Arbeitszeiten liegt im Interessantheitsgrad der Arbeit. So wird dort, wo wie in den Forschungsabteilungen der großen Hardware-Hersteller die Arbeit als besonders interessant angesehen wird, auch überdurchschnittlich lange und intensiv gearbeitet. Das starke Interesse an der eigenen Tätigkeit und den zu bearbeitenden Problemen veranlaßt die Beschäftigten, gültige Arbeitszeitregelungen weitgehend unbeachtet zu lassen, zumindest soweit es möglich ist. Durch tarifliche oder betriebliche Vereinbarungen festgeschriebene und durch die Schließung der Gebäude an Wochenenden auch faktisch durchgesetzte Arbeitszeitregelungen werden dann von einem erheblichen Teil der dort Beschäftigten auch eher bedauernd, im Sinne der Behinderung des Erkenntnisfortschritts, als zustimmend aufgenommen. Typisch für diese Haltung ist folgende Äußerung eines Mitarbeiters aus dem Wissenschaftszentrum des Software-Herstellers A:

> „Hier binden einen mehr legale Randbedingungen als an der Uni. An der Uni gab es die zwar auch, aber sie wurden wesentlich weniger durchgesetzt als hier. Als ich promoviert habe, bin ich, wenn es sein mußte, auch mal sonntags in die Uni gegangen oder so. Das ist hier nicht drin. Ich würde sagen, daß ich das nicht unbedingt immer machen wollte, aber hier ist es gar nicht möglich. Samstags, das kommt ebenfalls ganz, ganz selten vor. Eigentlich gibt es hier die Anweisung, daß niemand das Gebäude betreten darf. Da werden die Sachen aufgrund der arbeitsrechtlichen Bedingungen schon wesentlich strikter gehandhabt als an der Uni, viel, viel strikter."

Die bisher genannten drei Gründe werden in ihrer Bedeutung von einer vierten Ursache aber deutlich übertroffen und bilden im Grunde nur verstärkende oder abschwächende Elemente. Entscheidend für die Länge der durchschnittlichen Wochenarbeitszeit wie für das Ausmaß der Arbeitsspitzen ist in erster Linie die Kundennähe der verschiedenen Tätigkeiten. Als Faustformel kann dabei gelten, daß die zeitlichen Arbeitsbelastungen um so größer sind, je enger die Beziehung zum Kunden ist. Dieser direkte Zusammenhang ist im wesentlichen darauf zurückzuführen, daß kundenspezifische Projekte oder Beratungsleistungen einmal wegen der starken Konkurrenz zwischen der großen Anzahl möglicher Anbietern in der Regel knappere Terminierungen aufweisen als die weit weniger zahlreichen, für einen allgemeinen Markt produzierenden Standardsoftware-Abteilungen, daß sie zum anderen in weit stärkerem Maße unvorhergesehenen Problemen ausgesetzt sind, weil der Kunde fehlerhafte Angaben z. B. über die zur Verfügung stehende Hardware gemacht hat oder während des Entwicklungsprozesses plötzlich neue Anforderungen stellt.

Besonders hart werden die zeitlichen Belastungen, wenn es sich um wichtige Großkunden handelt, die gehalten oder neu gewonnen werden sollen. Bei derartigen „Prestigeprojekten" sind die Termine durchweg sehr knapp kalkuliert, so daß regelmäßig anfallende Überstunden in einem monatlichen Umfang von durchschnittlich 30–40 Std. und Spitzen von 70–80 Überstunden gegen Projektende keine Ausnahme darstellen. Derartig hohe Belastungen führen oft zu Fehlern in den Programmen, die erst bei oder z.T. auch erst nach der Installation der Software auffallen. Das bedeutet dann eine weitere Erhöhung der zeitlichen Belastung, weil die Mängel kurzfristig und schnell behoben werden müssen. In solchen Situationen ist es dann durchaus üblich, daß einem Entwickler am Freitag Nachmittag mitgeteilt wird, daß er am nächsten Morgen nach Hamburg, Stockholm oder Lissabon fliegen müsse, um die bei einem wichtigen Kunden installierte Software „zum Laufen zu bringen". Fahrzeiten sind im übrigen bei vielen kundennah tätigen Entwicklern und vor allem bei den Beratern dafür verantwortlich, daß die Gesamtarbeitszeit so hoch liegt. Für einzelne Spezialisten und für eine Reihe von Führungskräften sind Spitzenwerte von 60–70 Wochenstunden auch über längere Zeiträume hinweg nichts völlig Außergewöhnliches. Wie ein Abteilungsleiter berichtete, seien 60–70 Std. pro Woche für ihn während der Phase der Angebotserstellung, also mindestens dreimal im Jahr für jeweils 4–6 Wochen, ganz normal. Er arbeite dann eben 5–7 Tage in der Woche je 10–12 Std.

Wie bedeutsam die Nähe zum Kunden ist, zeigen aber nicht nur diese Zahlen, sondern auch eine nähere Betrachtung der beiden Hardware-Hersteller. Denn jene Bereiche eines der beiden Unternehmen, die bis vor wenigen Jahren noch zu einer eigenständigen, für ihre Kundennähe bekannten Firma gehörten, haben sich bis vor ein, zwei Jahren auch noch durch außergewöhnlich lange Arbeitszeiten ausgezeichnet. So war es dort (und ist es in den wenigen immer noch sehr eng mit den Kunden kooperierenden Abteilungen auch weiterhin) durchaus üblich, einen nennenswerten Teil der Arbeit nach Feierabend und auch am Wochenende zu Hause zu erledigen. Zu diesem Zweck besaßen viele Mitarbeiter nicht nur umfangreiche private EDV-Systeme, sie kommunizierten über eigene Modems auch untereinander, um Probleme zu lösen, und das auch am Wochenende. Die enge Verbindung zum Kunden hat hier dafür gesorgt (und sorgt z.T. immer noch dafür), daß die bei Hardware-Herstellern in den Entwicklungsbereichen gültigen Arbeitszeiten deutlich nach oben durchbrochen worden sind (bzw. noch werden).

Wie die Bedeutung des Kundenkontakts zeigt, besteht ein enger Zusammenhang zwischen der Kooperation mit unternehmensexternen Stellen und dem Umfang der Arbeitszeit. Wer viel mit den EDV- und den Fachabteilungen der Kunden zu tun hat, muß in der Regel auch länger arbeiten. Eine Verbindung zwischen der Form der Kooperation und der Arbeitszeit existiert aber auch noch in einem anderen Sinne. Die Art der firmeninternen Zusammenarbeit bestimmt den Umfang der Arbeitszeit nämlich ebenfalls nicht unerheblich. Konkret bedeutet das, daß in den Unternehmen, Bereichen oder Abteilungen, die weniger hierarchisch strukturiert sind und stärker auf Eigeninitiative und Teamgeist setzen, die Arbeitszeiten zumeist länger sind. Woran das liegt, illustriert folgende Aussage eines Entwicklers aus dem Software-Haus A, das sich durch eine besonders geringe hierarchische und eine besonders starke partnerschaftliche Orientierung auszeichnet:

> „Arbeitszeit, das läuft hier ganz subtil. Das ist ganz tückisch. Hier haben alle einen 40-Std.-Vertrag. Man operiert da nicht mit der Stechkarte, aber man ist ja Teil von einem Team, und wenn das Probleme hat, muß man mit durch. Wir führen unsere Arbeitsnachweise dann so, daß wir 8 Std. aufschreiben und den Strich über den ganzen Monat ziehen, obwohl es Monate gibt, wo ich auch samstags und sonntags da bin. Es gibt natürlich auch Monate, wo ich mal nur 5 Std. am Tag da bin, aber im Schnitt sind es doch so 45–50 Std., manchmal auch 30, manchmal auch 70. Das Problem ist, daß sie sich durch die Freiheit selbst unter Druck setzen. Wenn sie hier anfangen, warten sie darauf, daß einer was sagt. Man guckt sie aber nur an, und da muß man aufpassen, sich selbst nicht so eine sehr hohe Leistungskurve zu verpassen. In einer solchen Umgebung arbeiten sie in der Regel mehr als in normalen Verhältnissen."

Wie stark ein solcher informeller Druck wirken kann, zeigt ein anderes Beispiel aus derselben Firma. In einer Abteilung lautete eines der Hauptziele des Abteilungsleiters, die durchschnittliche Arbeitszeit wieder auf 40–45 Std. zu drücken. Durch einen früheren Projektleiter, der selbst 60 Std. pro Woche arbeitete, war das Level auf 45–50 Std. angehoben worden. Inzwischen hat die „Arbeitszeitreduzierung" sich weitgehend durchgesetzt, weil der Abteilungsleiter auch nicht länger arbeitet und damit, wie er sagt, eine „ bewußte Vorbildfunktion" ausübt. Er will, seiner Ansicht nach im wohlverstandenen Unternehmensinteresse, die Entwicklung einzelner Mitarbeiter zu „Workaholics" stoppen, obwohl es auch jetzt noch „Ausreißer" gebe, die „aus Begeisterung" so lange arbeiteten. Die durchweg längeren Arbeitszeiten in den Software-Häusern sind insofern auch das Ergebnis der weniger hierarchisch strukturierten Kooperation innerhalb der Firmen. Der aus Engagement, Begeisterung oder auch schlicht Karrierestreben einzelner Teammitglieder entstehende Gruppendruck sorgt angesichts fehlender fester Regelungen dafür, daß die meisten deutlich mehr arbeiten als vertraglich vereinbart ist. Dennoch bleibt die Kundennähe das ausschlaggebende Kriterium für die Länge der Arbeitszeit und deren Spitzen. Das läßt sich ganz eindeutig daraus ersehen, daß im Software-Haus A, das zwar die geringste Ausprägung hierarchischer Strukturen aufweist, aber auch überwiegend Standardsoftware produziert, die Arbeitszeit mit durchschnittlich 42–44 Std. deutlich niedriger liegt als in dem stärker hierarchisch geprägten Software-Haus B oder der noch hierarchischer ausgerichteten Unternehmensberatungsfirma, die aufgrund ihrer engen Kundenbeziehungen einen Durchschnitt zwischen 47 und 50 Std. erreicht.[31]

3.4 Professionelle Zuständigkeiten

Das Maß, in dem die Informatiker sich professionelle Zuständigkeiten bislang haben erobern können, ist oberflächlich am Anteil der Informatiker an der Gesamtzahl der Beschäftigten in den einzelnen Bereichen abzulesen. Den größten Erfolg haben sie danach in den Abteilungen erzielt, die sich mit Software-Forschung, der Entwicklung von CASE-Tools oder der Portierung von auf Großrechner ausgerichteter Systemsoftware auf die sog. „Unix-Welt" bzw. der Neuentwicklung darauf basierender Systemsoftware befassen. Hier erreichen sie einen Anteil von 70 bis über 90%. Verantwortlich dafür sind in erster Linie zwei Punkte. Die Informatiker verfügen nach Ansicht der für die Personalrekrutierung zuständigen Vorgesetzten zum einen über die erforderlichen Kenntnisse, was neue Verfahren wie computer-unterstütztes Software-Entwickeln, neue Programmiertechniken wie objektorientierte Programmierung oder die neuen dezentralen Rechnerarchitekturen betrifft, zum anderen über die notwendige abstrakt-logische Arbeitsmethodik. Die Gewichtung dieser beiden „Vorteile" ist dabei je nach Arbeitsgebiet recht unterschiedlich. So kommt es bei Portierungsarbeiten eher auf die konkreten Kenntnisse von „dezentralen Rechnerwelten" und auf ihre Gemeinsamkeiten wie Differenzen zur alten „Großrechnerwelt" sowie die Beherrschung moderner Programmiertechniken an, bei der Entwicklung von CASE-Tools mehr auf die methodische Vorgehensweise.

Das unterschiedliche Gewicht der genannten Faktoren bestimmt mit den Arbeitsanforderungen zugleich aber auch, von welcher Seite den Informatikern Konkurrenz droht. Denn trotz der hohen Prozentsätze in den betreffenden Abteilungen besitzen die Informatiker hier keine ausschließliche Zuständigkeit, kein Monopol, das dem der Ärzte oder Justizjuristen vergleichbar wäre. Alle befragten Vorgesetzten wie auch dort tätigen Informatiker waren vielmehr der Meinung, daß andere Berufsgruppen ebenfalls erfolgreich an den jeweiligen Problemen arbeiten könnten, wenn sie auch im Schnitt deutlich längere Einarbeitungszeiten benötigen würden. In den Bereichen, die sich mit Portierungsaufgaben beschäftigen, waren damit vor allem Leute gemeint, die sich unabhängig von ihrer konkreten Qualifikation intensiv mit den neuen Gegebenheiten dezentraler und vernetzter EDV-

---

31 Generell sind die Software-Firmen am stärksten auf partnerschaftliche Teamarbeit ausgerichtet und die Hardware-Hersteller am wenigsten. In einzelnen Bereichen kann es aber durchaus anders aussehen. So sind die Forschungsabteilungen des Hardware-Herstellers A z.B. weniger stark hierarchisch strukturiert als die meisten Bereiche des Software-Hauses B. Neben der generellen Führungsphilosophie des Unternehmens kommen eben auch immer die Besonderheiten der einzelnen Tätigkeitsbereiche zum Tragen.

Systeme befaßt haben. Im CASE-Sektor wurden dagegen fast nur die Mathematiker als eine geeignete Alternative betrachtet. Die folgenden zwei Aussagen, einmal aus einer mit Portierungsaufgaben betrauten Abteilung des Hardware-Herstellers B, das andere Mal aus der CASE-Entwicklungsabteilung des Software-Hauses A, sind da typisch:

> „Es müssen hier aber keine Informatiker arbeiten. Jemand, der sich mit den neuen Systemen auf der Unix-Basis auskennt und sich da richtig reinhängt in die Sache, könnte das auch, egal was er sonst gelernt hat."
>
> „Was man mitbringen muß, ist eine abstrakt-logische Denkweise, die die Umschüler so nicht mitbringen. DV-technisch orientierte Leute kann ich auch nicht brauchen, die schon mit 14 am PC gesessen haben und sich in den letzten Bits und Bytes noch auskennen, die ich selbst nicht kenne. Ich brauche mehr Generalisten, die auch fähig sind, ein Konzept in ein lauffähiges Programm umzusetzen, ohne aber jedes Bit und Byte zu kennen. Mit Mathematikern habe ich sehr gute Erfahrungen gemacht, weil die eine breite Grundausbildung und logisches Denken mitbringen."

In den Forschungsabteilungen der Hardware-Hersteller sind die Meinungen ähnlich, gehen je nach konkretem Aufgabenschwerpunkt mal mehr in die eine, mal mehr in die andere Richtung. Ohne einen Hochschul- oder zumindest Fachhochschulabschluß läuft allerdings so gut wie nichts. Generell läßt sich zu allen Bereichen mit Informatikeranteilen oberhalb 70 % festhalten, daß die konkreten Prozentsätze ihre Begründung zwar in den fachlichen Anforderungen haben, es jedoch in keinem Bereich zu einer ausschließlichen Zuständigkeit der Informatiker kommt.

Bei der Entwicklung von sonstiger Standardsoftware sieht die Schwerpunktsetzung ähnlich aus wie in den schon genannten Bereichen. Zum einen gibt es Abteilungen, die sich mit Systemsoftware beschäftigen, wo die Informatiker eher ihre Kenntnisse über neue Programmiertechniken, Architekturen etc. in die Waagschale werfen können, zum anderen die mit Standardanwendungssoftware befaßten Abteilungen, wo die Informatiker in erster Linie auf ihre Arbeitsmethodik als Qualifikationsvorteil bauen müssen. Die Konkurrenz seitens anderer Berufsgruppen ist allerdings sehr viel härter und auch etwas anders gelagert.

Wie scharf die Konkurrenz ist, läßt sich an der Tatsache absehen, daß es nirgendwo so etwas wie eine halbwegs stabile Zuständigkeit für die Informatiker gibt. Ihr Anteil an den Beschäftigten schwankt vielmehr zwischen 0 % als Minimum und 50 % als Maximum. Das gilt für beide Sektoren der Standardsoftware-Erstellung, wobei die höheren Werte eher im Systemsoftware-, die niedrigen eher im Anwendungssoftware-Bereich anzutreffen sind. Diese Schwerpunkte sind allerdings nicht besonders ausgeprägt, weit weniger jedenfalls, als man zunächst vermuten möchte. Das hängt damit zusammen, daß hinsichtlich der Systemsoftware-Entwicklung ja überwiegend jene Abteilungen in Betracht kommen, die es mit den vergleichsweise konventionellen Großrechnerprogrammen (inkl. Programmiersprachen) zu tun haben. Hier aber sitzen vielfach noch die „alten Recken der EDV", wie es ein Entwickler treffend formulierte, jene Arbeitskräfte verschiedenster Qualifikationen, die sich das erforderliche Wissen zu großen Teilen in Eigeninitiative und durch die Praxis angeeignet haben. Außerdem stellt dieser Bereich immer noch ein Arbeitsgebiet dar, in das Fachkräfte ohne Fachhochschul- oder Hochschulabschluß, also beispielsweise DV-Techniker, drängen und das ihnen von den Unternehmensleitungen als Aufstiegsperspektive auch immer noch offengehalten wird, um das Arbeitsengagement zu erhalten.

Betrachtet man die Bereiche, die hohe Informatikeranteile zwischen 30 und 50 % aufweisen, so sind zwei Punkte bemerkenswert, die die harte Konkurrenzsituation noch einmal deutlich beleuchten, in der die Informatiker stehen. Zum einen gibt es durchaus Fälle, in denen die starke Rekrutierung von Informatikern im nachhinein als Fehler angesehen wird. So ist z.B. ein Abteilungsleiter des Software-Hauses A, dessen auf Standardbanksoftware spezialisierte Abteilung erst vor wenigen Jahren aufgebaut und aufgrund der Arbeitsmarktlage zu 50 % mit Informatikern „bestückt" wurde, heute der Meinung, daß der hohe Informatikeranteil die Ursache für viele Probleme gewesen sei. Die oft frisch von der Uni gekommenen Informatiker hätten einfach zu wenig Verständnis für die konkreten Gegebenheiten des Bankgewerbes gehabt. Dementsprechend schwierig sei dann die Kommunikation mit den Fachabteilungen in den Banken gewesen und dementsprechend fehlerhaft auch die ganze vom Unternehmen erstellte Software. Eine solide Branchenkenntnis sei einfach wichtig. Dieses Urteil ist häufig zu hören. Es markiert die zentrale Schwäche vieler Informatiker, ihre unzureichenden Branchen- wie überhaupt betriebswirtschaftlichen Kenntnisse. Die Überlegenheit auf informationstechnischem Gebiet wird durch diese Unterlegenheit in den meisten mit Standardanwendungssoftware befaßten Abteilungen weitgehend oder völlig wettgemacht. Sie ist vielfach der Faktor, der den Ausschlag zuungunsten der Informatiker gibt.

Die zweite Bemerkung gilt der Arbeitsmethodik, die gerade bei der Anwendungssoftware-Entwicklung den entscheidenden Pluspunkt der Informatiker ausmacht. Wie vorsichtig man auch in dieser Hinsicht sein sollte, demonstriert folgende Äußerung eines leitenden Angestellten des Hardware-Herstellers A.

„Mein Chef (der Leiter eines Entwicklungsbereichs mit mehreren hundert Beschäftigten, d. Verf.) hat gesagt: Am besten gar keine Erfahrung, weil wir uns in einem dramatischen Wandel des Marktes und unserer Firma befinden. Da müssen wir darauf achten, daß wir neue Ideen, die nicht auf Erfahrung gegründet sind, reinbringen. Das ist das Hauptsächliche, was ich von Informatikern verlange, weniger ein hohes Fachwissen. Dafür gibt es Literatur. Außerdem veraltet das Wissen in dieser schnellebigen Branche sehr schnell. Ich lege kaum Wert auf Fachwissen, vielleicht 10–20 %, so ein paar Grundlagen. Das wichtigste ist, daß der Bewerber Denken gelernt hat, strukturiertes Denken und Vorgehen. Das kann er in einem Informatik-Studium gelernt haben, aber auch in einem anderen wie Betriebswirtschaft oder Jura. Mir kommt es auf die Methodik an. Das ist die Differenz zu den im Hause aufgestiegenen Leuten."

Diese Aussage beleuchtet sehr gut sowohl die große Bedeutung, die der Arbeitsmethodik bei der Software-Erstellung zukommt, als auch die Grenzen, die dem daraus den Informatikern zuwachsenden Konkurrenzvorteil gezogen sind. Sie gelten vor allem im Hinblick auf andere akademische Berufe, die sich durch eine generell vergleichbare, wenn auch zumeist weniger ausgeprägte abstrakt-logische Vorgehensweise auszeichnen und, wie die Betriebswirte, zudem wichtiges Fachwissen mitbringen. Den sog. Praktikern gegenüber stellt die Arbeitsmethode dagegen einen ganz entscheidenden Vorzug der Informatiker dar, der gerade angesichts der zitierten „Schnelllebigkeit" in vielen EDV-Bereichen zunehmend an Gewicht gewinnen dürfte.

Eine noch größere Rolle als im Standardsektor spielt die Methode für die Informatiker in der Erstellung von Individualsoftware und in der Beratung. Denn mit Ausnahme der Systemberatung, wo auch genauere Kenntnisse von Betriebssystemen, Datenbanken etc. gefragt sind, stellt sie dort den wichtigsten Pluspunkt dar, den die Informatiker gegenüber anderen Berufsgruppen für sich geltend machen können – so der übereinstimmende Tenor aller diesbezüglichen Aussagen. Äußerungen wie folgende sind da typisch:

„Informatik-Kenntnisse brauche ich jetzt gar nicht."

„Die Arbeit wäre auch ohne Informatik-Studium machbar. Das logische Verständnis kann man aber gut nutzen."

„Für die Anwendungsentwicklung gilt das überhaupt nicht. Die können nur die Methode gebrauchen."

„Aber mein Informatik-Studium nützt mir nicht viel jetzt bei der Arbeit, sondern nur die Methodik."

Für diesen Sachverhalt gibt es zwei wesentliche Gründe. Zum einen legen die meisten Kunden nach vielen Enttäuschungen mit technisch anspruchsvollen EDV-Lösungen heute mehr Wert auf den unmittelbaren praktischen Nutzen einer Software. Sie erwarten eine „fachliche Lösung, nicht die Abbildung ihres betrieblichen Umfeldes in Software, wie es der Trend vor einigen Jahren war, traumhaft lange und in CASE-Tools dokumentierte Projekte", so eine Abteilungsleiterin. Diese Entwicklung begünstigt Betriebswirte und Bewerber mit Branchenkenntnissen. Zum anderen weisen nicht nur immer mehr Kandidaten aus anderen Berufsgruppen zumindest EDV-Grundkenntnisse auf, der Einsatz von Programmiersprachen der 4. Generation erleichtert die Aneignung programmiertechnischen Wissens auch in den weniger anspruchsvollen Tätigkeitsbereichen.

In welchem Umfang diese beiden, aus Sicht der Informatiker „negativen" Faktoren[32] sich konkret bemerkbar machen, hängt von den Charakteristika des jeweiligen Aufgabengebiets ab. Generell sind sie um so wirkungsvoller, je enger das Aufgabenspektrum und je weniger konzeptioneller Natur die Anforderungen. Die Informatiker können die Vorzüge ihrer methodischen Vorgehensweise deshalb am ehesten bei umfangreichen Beratungs- und Entwicklungsprojekten zum Einsatz bringen. Doch auch hier stoßen sie auf harte Konkurrenz. Zwar sind DV-Praktiker und die meisten Umschüler bei solch komplexen Problemstellungen in der Regel deutlich unterlegen, die Betriebswirte aber stellen dafür eine um so größere „Bedrohung" dar. Denn was die Informatiker ihnen an Methodik und Wissen in informationstechnischer Hinsicht voraushaben, das liegen die Betriebswirte in puncto betriebswirtschaftlicher Analyse vorn. Der Wunschkandidat der meisten Führungskräfte ist deshalb auch „der Betriebswirt mit EDV-Schwerpunkt oder ein Wirtschaftsinformatiker, während der reine Informatiker ohne Berufserfahrung uninteressant ist", wie es ein Geschäftsstellenleiter formulierte. Man müsse heute schließlich „auch in sehr frühen Phasen tätig sein, also mit der Fachseite zusammenarbeiten und sie beraten können, d.h. nicht nur deren Problem verstehen, sondern auch Problemlösungen adressieren können."

Die negative Beurteilung der reinen Informatiker ohne betriebswirtschaftliche Zusatzqualifikationen, d.h. angesichts von nur 4.400 Studenten der Wirtschaftsinformatik hierzulande (Statistisches Bundesamt 1991, 80)[33] des überwiegenden Teils der Absolventen, erstreckt sich teilweise auch in den Bereich der Standardsoftware- und Systemberatung. Aussagen wie die folgenden sind dort zwar nicht die Regel, aber auch keine Seltenheit:

> „Wir wollen eine eigene SAP-Truppe aufbauen, weil das nur so geht, wenn man Full-Service anbieten will. Wir sind gemischt in den Qualifikationen. Die Zeiten, wo man nur Informatiker haben wollte, sind vorbei. Man muß auch als Informatiker eine zusätzliche Qualifikation mitbringen, am besten BWL. Man sagt: Es ist einfacher, jemand ABAP 4 (SAP-Programmiersprache, d. Verf.) beizubringen als die ganzen betriebswirtschaftlichen Zusammenhänge."
>
> „Jemanden zu finden, der die Technik versteht und das am Markt auch noch verkaufen kann, trifft man bei Betriebswirten viel häufiger an als bei Informatikern. Die haben ihr Studienfach ja auch nicht gewählt, weil es so viel schöne Logik enthält, sondern gesagt: die Unschärfe des Lebens ist mein Metier. Informatik studieren ja viele, weil sie Logik lieben. Damit sind sie aber auch introvertierter. Die Probleme sind die Kommunikationsseite; zu wenig Selbstbewußtsein gegenüber dem Fachbereich; zu wenig Mut, in Sphären zu gehen, von denen sie nichts verstehen; zu wenig betriebswirtschaftliche Ansätze."

---

32 Als wirklich negativ, d.h. auch bedrohlich sehen allerdings erst wenige Informatiker diese Entwicklung. Die Arbeitsmarktlage ist für sie ja generell immer noch ziemlich günstig.

33 Bei den Absolventen sind die Wirtschaftsinformatiker aufgrund des jungen Alters dieses Studiengangs noch weit geringer vertreten.

> „Ich suche zwei Typen: den, der im Kern Informatik-Know-how hat und auch praktische Erfahrungen, aber auch einen Bezug zur Finanzdienstleistung, also eine Banklehre hat oder betriebswirtschaftliches Wissen mitbringt, also keine reinen Informatiker. Der andere ist der mit fachlichem Know-how, also BWL'er mit fachlichem Bezug zu den Banken."

Derartige Kritik bezieht sich vor allem auf Absolventen ohne Berufserfahrung und die Informatiker, die nicht gewillt oder in der Lage sind, ihre technische Orientierung zugunsten wirtschaftlichen Denkens zurückzuschrauben. Insgesamt gilt deshalb für den Bereich der individuellen kundenspezifischen Software-Entwicklung und -Beratung, daß die meisten Unternehmen, weil es ihren Idealkandidaten, den Wirtschaftsinformatiker oder den Betriebswirt mit EDV-Schwerpunkt[34] noch längst nicht in ausreichenden Maße gibt, nach folgender Devise verfahren: Sie stellen eine Mischung aus Personen mit Branchenerfahrung, mit und ohne Studium, Betriebswirten und Informatikern ein. Letztere bilden dabei eine mehr oder weniger kleine Minderheit und werden bevorzugt für die stärker technisch oder methodisch-konzeptionell geprägten Aufgabengebiete rekrutiert, also für die Systemberatung, die Analyse der Vor- und Nachteile von Standardsoftware-Lösungen oder die Konzipierung komplexer Programmstrukturen. Ihre Position ist dabei in den Bereichen am besten, die sich wie die Beratung für den Einsatz von CASE-Tools durch eine Verknüpfung von hohen methodisch-konzeptionellen und technischen Anforderungen auszeichnen. Hier sind am ehesten Informatikeranteile von 40–50 % zu erwarten.

Hinsichtlich der Markierung professioneller Zuständigkeiten kann man zusammenfassend festhalten, daß die Informatiker nur in wenigen Bereichen größere Erfolge erzielt haben. Einzig in Teilen der Forschung, bei der Entwicklung von CASE-Tools sowie in der nichtanwendungsorientierten Software-Erstellung für dezentrale, vernetzte Systeme ist ihre fachliche Kompetenz relativ unumstritten, dominieren sie die Szene eindeutig. Von einer stabilen und ausschließlichen Zuständigkeit kann aber auch dort (noch?) nicht die Rede sein.

Für die anderen Bereiche der Software-Entwicklung und -Beratung, sei es bei den Hardware-Herstellern, sei es bei den Software-Häusern oder Unternehmensberatungsfirmen, gilt das erst recht. Hier sehen sich die Informatiker einer mehr oder minder starken, zumeist aber ziemlich durchsetzungsfähigen Konkurrenz durch EDV-Praktiker, EDV-Lehrberufe, Umschüler und vor allem die Betriebswirte ausgesetzt. In der Regel besitzen die Informatiker nur insofern einen Vorsprung, als sich in bestimmte, stark informationstechnisch geprägte und/oder methodisch anspruchsvollere

---

34 Ob sich die Hoffnungen vieler Unternehmen in den Wirtschaftsinformatiker auf Dauer als realistisch erweisen werden, bleibt trotz der stärkeren Berücksichtigung der Individualsoftware-Entwicklung und -Beratung allerdings noch abzuwarten.

Aufgabengebiete gezielter und schneller einarbeiten können. Dadurch sind sie dort vor allem in den ersten Berufsjahren und bei völlig neuartigen Problemstellungen jenen überlegen, die inhaltliche und methodische Schwächen durch berufliche Erfahrung wettmachen. Denn das ist nach Meinung der befragten Informatiker zwar durchweg möglich, dauert aber je nach Aufgabengebiet und individuellen Fähigkeiten ein paar Monate bis hin zu einigen Jahren. Dieser Vorsprung der Informatiker vermag aber auch keine halbwegs stabile professionelle Zuständigkeit sichern. Denn zum einen spielen die genannten informationstechnischen wie methodischen Anforderungen bei der großen Mehrzahl der Arbeitsbereiche nur eine untergeordnete Rolle, zum anderen steht den Informatikern (vor allem) mit den Betriebswirten eine Konkurrenz gegenüber, die von den Grundlagen wirtschaftlich-methodischen Arbeitens zumindest prinzipiell gleichwertig ist und zudem dort, wo die Archillesferse der meisten Informatiker sitzt, in den Kenntnissen betriebswirtschaftlicher Zusammenhänge, eine deutliche Überlegenheit besitzt. Letztlich bleibt es daher bei der Feststellung, daß die Informatiker sich in den meisten Bereichen, in denen sie tätig sind, allenfalls ansatzweise so etwas wie professionelle Zuständigkeit haben erobern können und nur in den wenigen anfangs genannten Tätigkeitsgebieten diesbezüglich erfolgreicher gewesen sind.

Informatiker bei den Anwendern

4

Knapp zwei Drittel aller Software-Aufwendungen entfallen auf die von den Anwendern selbst erbrachten Leistungen (Buschmann et.al. 1989, 19). Deshalb ist es nicht verwunderlich, daß auch knapp 60% der außerhalb des öffentlichen Dienstes tätigen Informatiker bei den Anwenderunternehmen beschäftigt sind. Der verglichen mit den Aufwendungen höhere Anteil von Informatikern bei den Hardware- und Software-Firmen erklärt sich aus der höheren Forschungs- und Entwicklungsaktivität. Dieser Faktor schlägt insgesamt nicht stärker zu Buche, weil er durch die durchweg erheblich höhere Produktivität (vor allem bei der Standardsoftware) konterkariert wird. Anteil an den gesamten Software-Aufwendungen und Anteil an der Zahl der Informatiker entsprechen einander daher recht genau.

Der prozentuale Anteil der Informatiker in den Unternehmen ist auf Anwenderseite aber ungleich geringer. Während sie bei den Hardware-Herstellern 2–3% der Beschäftigten ausmachen und bei den größeren Software-Häusern durchschnittlich 8% der Angestellten stellen, bei einigen dieser Firmen auch Werte zwischen 15 und 25% erreichen, bewegt sich ihr Anteil bei den Anwendern fast immer unterhalb der Promille-Grenze. Für die in diese Untersuchung einbezogenen Unternehmen liegt er abgesehen vom Versicherungs- und vom Medienkonzern, die wesentlich höhere Prozentsätze aufweisen, zwischen 0,2 und 0,9‰. Dabei ist eine deutliche Gruppenbildung zu erkennen. Die beiden Handelsunternehmen und der Maschinenbaukonzern bewegen sich um die 0,2‰, der Automobil-, der Chemie- und der Stahlkonzern zwischen 0,5 und 0,7‰ und die Großbank bei 0,9‰. Das Versicherungsunternehmen mit ungefähr 2,5 und der „Medienriese" mit gar 4‰ weichen gravierend davon ab.

Die z.T. sehr großen Differenzen sind zum einen branchenspezifisch (s. Tabelle 4.1.), zum anderen mit der unterschiedlichen Personalpolitik gerade in den letzten 3–4 Jahren zu erklären. Denn in diesem Zeitraum, wo die Zahl der Infomatik-Absolventen steil in die Höhe schnellte und Informatiker erstmals relativ leicht zu rekrutieren waren, herrschte in vielen großen Industriekonzernen, darunter auch den meisten im Forschungssample vertreten, eine sehr restriktive Einstellungspraxis speziell im Verwaltungsbereich. Die Rekrutierung von Informatikern war dementsprechend schwierig. Im Bankgewerbe, der Versicherungswirtschaft und auch bei den großen Medienkonzernen sah das dagegen völlig anders aus. Sie verzeichneten besonders im EDV-Sektor erhebliche Personalzuwächse. So hat sich dieser Bereich in dem Versicherungsunternehmen während der letzten 5 Jahre ungefähr verdoppelt, beim Medienkonzern in den letzten 2 Jahren auf die Anwendungsentwicklung bezogen um 50 % verstärkt, und bei der Großbank hat er allein im 1. Halbjahr 1991 um ca. 15 % zugelegt. Die Einstellung von Informatikern war dementsprechend hoch. So sind in der Bank über 70 % der im EDV-Bereich tätigen Informatiker allein 1991 eingestellt worden. bei der Versicherung über 80 % in den Jahren 1989–1991 und beim Medienkonzern knapp 50 % zwischen 1990 und 1992. Bei den Industriekonzernen, die in dieser Untersuchung vertreten sind, herrschte in demselben Zeitraum dagegen ein weitgehender Einstellungsstop für die EDV-Abteilungen[1], so daß im Automobilunternehmen z.B. keine 10 % der dort tätigen Informatiker in den letzten 3–4 Jahren neu rekrutiert worden sind.

Tabelle 4.1 Erwerbstätige mit einem Studienabschluß der Hauptfachrichtung Datenverarbeitung in der Bundesrepublik Deutschland 1987[2]

Branche	Hochschulabschluß insg.	unter 45 J.	Fachhochschulabschluß insg.	unter 45 J.		proz. Anteil an Erwerbstätigen insg
Land- und Forstwirtschaft	10	10	40	40		0,06‰
Energie/Wasser/Bergbau	110	100	190	170		0,59‰
Verarbeitendes Gewerbe	4190	4020	6010	5640	(0,88‰)	1,16‰
Baugewerbe	60	50	120	110		0,06‰
Handel	460	440	720	650		0,37‰
Bahn/Post/Verkehr	180	160	350	330		0,34‰
Kredit/Versicherung	360	350	550	510		0,92‰
Gastgewerbe/Reinigung	80	80	110	90		0,12‰
Wiss./Forschung/Unterricht	1680	1590	520	470		1,67‰
Kultur/Sport/Unterhaltung	60	60	60	60		0,49‰
Verlagsgewerbe	40	40	80	70		1,00‰
Gesundheitswesen	120	120	120	110		0,17‰
Rechts-, Steuerberatung u. ä.	2540	2460	2790	2630		6,40‰
Gebietskörperschaften, Org. ohne Erwerbscharakter, priv. Haush.	660	620	810	670		0,44‰
insges.	10550	10100	12470	11550		0,85‰

Quelle: Krais 1992 (Sonderauswertung der Volkszählung 1987)

1 Der Stahlkonzern bildet hier insofern eine Ausnahme, als er zwar zwischen 1989 und 1991 eine Reihe von Informatikern eingestellt hat, dafür aber in den ganzen 80ern fast durchgängig ein Einstellungsstop herrschte. Das Bild ist deshalb dem in den anderen Industrieunternehmen vergleichbar, zumal die Zahl der Neueinstellungen deutlich hinter der für die drei zuvor angeführten Firmen zurückbleibt.

2 Wie in Anmerkung 2 des vorhergehenden Kapitels erläutert, dürfte die Verteilung der Informatiker auf die einzelnen Bereiche im Jahre 1987 der von heute relativ nahe kommen. Beim verarbeitenden Gewerbe sind in den absoluten Zahlen die bei den Hardware-Herstellern tätigen Informatiker mitgerechnet. Für die Prozentangaben sind sie bei dem in der Klammer stehenden Wert herausgenommen worden.

Ungeachtet aller individuellen Differenzen und Besonderheiten[3] haben die großen Banken und Versicherungen in den letzten Jahren damit jenen Rückstand zumindest weitgehend wettgemacht, den sie bis in die zweite Hälfte der 80er Jahre gegenüber den großen Industriekonzernen vor allem aus dem Automobil- und Elektrobereich sowie dem Luft- und Raumfahrtsektor aufgewiesen haben. Durch das stark gestiegene Angebot an Informatikern konnten auch die Finanzunternehmen eine erhebliche Anzahl derselben für sich gewinnen, während zu Zeiten eines knappen Angebots selbst sehr große und angesehene Banken und Versicherungen enorme Probleme hatten, Informatiker zu bekommen. Denn diese bevorzugten eindeutig die genannten Industriebranchen, soweit sie nicht zu den noch begehrteren Hochschulen, Hardware-Herstellern und großen Software-Häusern gingen.

Bei der großen Mehrzahl der Informatik-Absolventen existierte früher und existiert auch immer noch eine relativ stabile Bewertungsskala, anhand derer die Entscheidungen für die Bewerbungen und dann letztendlich auch die Arbeitsplatzwahl getroffen wird. Auf dieser Skala rangieren die Universitäten und die Forschungsabteilungen der großen Hardware-Hersteller ganz oben. Dann kommen die Entwicklungsbereiche für Software bei den Hardware-Firmen und den großen Software-Häusern. Es folgen, je nach konkreter Interessenlage mal stärker so, mal stärker so gelagert, die Beratungstätigkeiten in den großen Software-Häusern und die EDV- sowie die F & E-Abteilungen der großen Industriekonzerne (vor allem aus den genannten Branchen). Erst danach rangieren die Großbanken und die großen Versicherungsgesellschaften. Die Schlußlichter bilden der Handel, die kleineren Software-Firmen und die restlichen Wirtschaftsunternehmen.

Diese Reihenfolge erklärt sich aus einer Reihe von Tatsachen und Einschätzungen. Die wichtigsten dürften die folgenden fünf sein:

Erstens begünstigt die immer noch überwiegend theoretisch-technische Ausrichtung der meisten Informatik-Studiengänge alle die Bereiche, die vor allem diesbezügliche Anforderungen stellen. Das gilt für die Forschung in besonders hohem Maße, die zudem innerhalb der Berufsgruppe auch das höchste Renommee verleiht, trifft aber auch auf die große Mehrzahl der Software-Projekte bei den großen Software-Produzenten zu und besitzt schließlich auch noch Gültigkeit für die großen Industriekonzerne.

---

3   Es existieren auch innerhalb einer Branche große Unterschiede. Vor allem Unternehmen, die auf einem regionalen Arbeitsmarkt die Chancen einer engen Kooperation mit Universitäten und Fachhochschulen schon frühzeitig erkannt haben, haben davon stark profitiert und weisen dementsprechend weit überdurchschnittliche Prozentsätze an Informatikern auf. So bringt es eine Versicherung auf einen Anteil von 5 ‰, weil sie schon lange intensiv mit dem relativ großen Informatik-Fachbereich an der örtlichen Universität zusammenarbeitet, und ein Pharma-Konzern auf immerhin 1,5 ‰, weil er in Abstimmung mit der örtlichen TU eine Ausbildung anbietet, deren Absolvieren zugleich als Vordiplom für den Informatik-Studiengang gewertet wird. Solche Fälle stellen allerdings klare Ausreißer nach oben dar. Sie sind in das Forschungsprojekt auch nicht einbezogen worden. Es ist bei einzelnen Informationsgesprächen mit Verantwortlichen der jeweiligen EDV-Abteilungen geblieben.

Zweitens genießen Banken und Versicherungen den Ruf, sehr hierarchisch strukturiert und auch sehr konservativ in Fragen wie Kleidung und Auftreten zu sein. Das schreckt viele Informatiker, die legere Kleidung und lockeres Verhalten in der Regel ebenso schätzen wie sie starre Hierarchien ablehnen, erst einmal ab. Ob sich das durch praktische Erfahrungen dann später ändert, ist nicht generell zu beantworten. Vielfach aber werden Vorurteile bestätigt. Wie negativ die hierarchischen Strukturen wirken können, zeigt folgende symptomatische Aussage eines Abteilungsleiters, der eine vergleichbare Position in einer führenden Großbank zugunsten einer Tätigkeit in einem großen Software-Haus aufgegeben hat:

> „Die Hierarchien waren dort sehr tief gestaffelt, so daß ausgebildete Bankkaufleute mit EDV-Schulung langsam höher gestiegen sind bis zu einem Punkt, wo sie fachlich, von der Kompetenz her überfordert waren und sich dann zu profilieren versuchten, so daß die Mitarbeiter der einzelnen Abteilungen nicht mehr miteinander geredet haben, weil die Chefs das auch nicht taten. Das hat mir nicht gefallen."

Drittens gelten die Tätigkeiten bei den Banken, vor allem aber bei den Versicherungen und den Handelshäusern inhaltlich als relativ anspruchslos, langweilig und stark routinisiert, „Massenabfertigung eben", wie es ein Entwickler ausdrückte.

Viertens haben die kleineren „Software-Buden" das Image, daß hier nur progammiert und kaum wirklich entwickelt wird. Durch die Arbeit während des Studiums können viele Informatiker das recht gut beurteilen.

> „Ich habe parallel zum Studium 2 Jahre in einem Software-Haus gearbeitet. In diesem Software-Haus mit immerhin 120 Leuten lief es darauf hinaus, nur zu programmieren, und ich habe mir gesagt, du hast nicht 7 Jahre studiert, um dann nur zu programmieren."

Die Entscheidung fiel in diesem Falle deswegen zugunsten eines Chemie-Konzerns.

Fünftens schließlich können die großen Unternehmen in jeder Branche durchweg höhere Gehälter zahlen und einen relativ sicheren Arbeitsplatz garantieren Welch wichtige Rolle bei der Wahl des Arbeitsplatzes das Gehalt spielt, zeigen ein paar Äußerungen von Informatikern aus dem Automobil-, dem Chemie- und dem Stahlkonzern:

> „Einstieg hier 1977 wegen des preislich wie inhaltlich attraktivsten Angebots. Das Gehalt war damals 300.- bis 400,- DM über dem westdeutschen Durchschnitt und 600,- DM über dem Berliner."
>
> „Hierher bin ich aus finanziellen Gründen gegangen. Die Versicherung konnte einfach nicht bieten, was man mir hier geboten hat. Das war ein Unterschied in Zehntausendern, von 65.000,- auf 90.000,- DM."
>
> „Hier bot man mir die beste Perspektive und das höchste Einstiegsgehalt. In ein kleines Software-Haus wollte ich auch nicht, weil ich nicht nur programmieren wollte."
>
> „Wir hätten jemanden gerne gehabt, haben ihn aber nicht bekommen, weil die Chemie wesentlich mehr bezahlt."

Besonders bei den Informatikern, die weniger stark technisch orientiert sind und bei einem Anwender arbeiten wollen, ist das Gehalt sehr wichtig. Bei einer ausgeprägt technischen Ausrichtung sinkt seine Bedeutung, wie die ausgesprochen gut zahlenden Banken in der Vergangenheit zu ihrem Leidwesen erfahren mußten.

All die genannten Kriterien spielen inzwischen allerdings eine deutlich geringere Rolle als noch vor einigen Jahren. Die starke Zunahme der Absolventenzahlen hat sie zwar nicht gänzlich außer Kraft gesetzt, ihre praktische Relevanz aber spürbar reduziert. Obwohl die Rangfolge der gewünschten Arbeitsbereiche im wesentlichen noch dieselbe ist, haben große Anwender heute kaum noch Schwierigkeiten, Informatiker mit guten Abschlüssen zu bekommen. Die veränderte Situation auf dem Arbeitsmarkt, eine erheblich größere Anzahl an Informatikern bei gleichzeitiger restriktiver Personalpolitik des öffentlichen Dienstes und einem massiven Arbeitsplatzabbau der großen Hardware-Hersteller und vieler großer Anwender aus der Industrie hat die Ansprüche der Bewerber spürbar verringert. Die oben geschilderte Skala befindet sich zwar noch in den meisten Köpfen, die Chancen, danach erfolgreich vorzugehen, sind aber erheblich schlechter geworden.

Die großen Anwender erhalten inzwischen so viele Initiativbewerbungen von Informatikern, die nicht in die kleineren Software-Häuser, in den Handel oder zu den nicht so großen sonstigen Firmen wollen, daß sie eine recht gute Auswahl haben und nur noch selten gezielte Annoncen in der Presse schalten müssen. Die Resonanz auf solche Anzeigen ist ebenfalls sehr gut geworden. War man auf seiten der Unternehmen früher froh, wenigstens zwei, drei Informatiker unter den Bewerbern zu haben, ist deren Zahl heute so gut wie immer zweistellig, bei lukrativeren Positionen manchmal sogar dreistellig.

Diese aus Sicht der Anwender durchgreifende Verbesserung der Arbeitsmarktlage darf allerdings nicht darüber hinwegtäuschen, daß Informatiker immer noch gute Karten haben, viel bessere als die meisten anderen Hochschul- und Fachhochschulabsolventen und erst recht als die weniger qualifizierten Arbeitskräfte. Sie können es sich immer noch leisten, private Interessen wie vor allem den Wunsch nach einer bestimmten Region oder gar einem bestimmten Ort zu einem entscheidenden Kriterium für ihre Bewerbungen und ihre Arbeitsplatzwahl zu machen. Davon profitieren vor allem Großunternehmen, die entweder in bevorzugten Gebieten liegen oder aber eine starke Stellung auf einem regional eher abgelegenen Arbeitsmarkt innehaben. Informatiker sind eben immer noch gesuchte Arbeitskräfte, nur bei weitem nicht mehr so rar wie noch vor einigen Jahren.

4.1   Arbeitsbereiche und Tätigkeitsschwerpunkte

Bei den Anwendern sitzt (mit durchweg 90–100%) die große Masse der Informatiker, wie nicht anders zu erwarten, in den EDV-Abteilungen. Der Prozentsatz liegt dabei, oberflächlich betrachtet, um so höher, je geringer die

Anzahl der Informatiker und je kürzer ihre Beschäftigungszeit ist. So arbeiten die drei, vier Informatiker in den Handelshäusern ausschließlich dort, während die Werte bei dem Automobilkonzern und dem Chemieunternehmen, wo Informatiker schon länger in großer Anzahl tätig sind, mit 70–75% deutlich niedriger liegen. Bei der Großbank und dem Stahlkonzern schließlich sind mit 56 bzw. 24 Informatikern zwar relativ viele Angehörige dieser Berufsgruppe beschäftigt, die aber vorwiegend in den letzten 3–4 Jahren eingestellt worden sind. So entfällt mit jeweils 87% die große Mehrheit auch auf den unmittelbaren EDV-Bereich. Informatiker werden bislang ganz offensichtlich fast nur für dieses Tätigkeitsfeld rekrutiert und kommen zumeist erst auf dem Wege der unternehmensinternen Fluktuation auch in andere Sektoren.

Die Orientierung hin auf andere Abteilungen fällt allerdings sehr schwach aus, weit schwächer, als die Zahlen für den Automobil- und den Chemiekonzern auf den ersten Blick erwarten lassen. Denn die relativ niedrigen Prozentsätze für die dortigen EDV-Bereiche hängen mit Spezifika zusammen, die erst bei näherem Hinsehen erkennbar werden.

So spielt in den Chemieunternehmen eine ganz entscheidende Rolle, daß nach der traditionell gültigen Personaleinstufung Informatiker in der EDV-Abteilung als sog. „Leitende Mitarbeiter" eingestellt und bezahlt werden müssen, weil sie einen ihrer akademischen Ausbildung entsprechenden Arbeitsplatz einnehmen. Sind sie dagegen in der Personalabteilung oder der Qualitätskontrolle tätig, können sie in die höchste Tarifgruppe oder den einfachen AT-Bereich eingestuft werde, was sich finanziell in einem um einen mindestens fünfstelligen Betrag niedrigeren Gehalt niederschlägt und dadurch die Rekrutierung enorm erleichtert. Denn die Stellen für „Leitende Mitarbeiter" sind angesichts der hohen Lohnkosten sehr streng kontingentiert, während der Spielraum für die Rekrutierung „normaler" Mitarbeiter immer noch vergleichsweise groß ist. Das Interesse vieler Informatiker ist daher auf einen Arbeitsplatz in der EDV-Abteilung gerichtet. Andere Arbeitsgebiete werden vielfach nur als Übergangslösung angesehen. Ein Wechsel aus dem EDV-Bereich in andere Sektoren kommt dementsprechend sehr viel seltener vor als der umgekehrte Weg.

Beim Automobilkonzern wird das Bild entscheidend dadurch verfälscht, daß der Forschungs- und Entwicklungsbereich de facto eine eigene EDV-Abteilung hat, die in ihrer Größe den EDV-Abteilungen vieler Großunternehmen aus dem Handel oder auch der Industrie nicht nachsteht. Dort arbeiten knapp 15% der im Unternehmen insgesamt tätigen Informatiker, so daß zusammen mit dem eigentlichen EDV-Bereich ein Gesamtwert von gut 90% erreicht wird (s. Tabelle 4.2.),[4] ein Wert also, der in derselben Bandbreite liegt

---

4 Beim Automobilkonzern müssen die Informatiker, die in den Tochtergesellschaften arbeiten, der EDV-Abteilung zugerechnet werden.

wie der anderer Unternehmen mit einer ebenfalls größeren Anzahl von Informatikern[5].

Tabelle 4.2 Informatiker im Automobilunternehmen A

Bereich	EDV/ Orga	F &E	Tochter gesell.	Produk- tion	Recht/ Revision	Finanzen	Soziales	Vertrieb	Insg.
Anzahl	56	12	6	3	2	1	1	1	82

Quelle: Angabe aus der Personalabteilung des Unternehmens

Wenn von Informatikern in bezug auf die Anwender gesprochen wird, sind deshalb so gut wie immer jene in den EDV-Abteilungen gemeint.

4.1.1 Die EDV-Abteilung

Betrachtet man zunächst den Anteil der Informatiker an den Beschäftigten dieser Abteilungen, so weicht das Bild in einigen Punkten deutlich von dem ab, was in Hinblick auf die Relation zwischen Informatikern und Gesamtbelegschaften skizziert worden ist. Zwar liegen der Maschinenbaukonzern und eines der zwei Handelshäuser mit 2 bzw. 1,2 % wieder am Ende der Skala, es folgt, aus den genannten Gründen, aber mit nur 2,5 % schon das Chemieunternehmen. Der Stahl- und der Automobilkonzern halten mit 4,5 bzw 5,6 % in etwa ihren Platz, während das zweite Handelshaus mit 5 % weit nach oben rutscht und die Bank mit 4 % sowie vor allem die Versicherung mit 5 % erheblich an Boden verlieren. Eine völlige Ausnahmestellung schließlich besitzt das Medienunternehmen, wo ca. 22 % der in der zentralen EDV-Abteilung beschäftigten Mitarbeiter Informatiker sind.

Die Positionsänderungen sind bis auf zwei Ausnahmen mit der sehr unterschiedlichen Größe der EDV-Abteilungen bezogen auf die Gesamtbeschäftigenzahl zu erklären. So wird das Gewicht der Informatiker dort, wo wie bei der Großbank und vor allem der Versicherungsgesellschaft vergleichsweise sehr große EDV-Abteilungen zu finden sind, spürbar vermindert, während es dort erheblich wächst, wo eine außergewöhnlich kleine EDV-Abteilung existiert, wie in dem einen der zwei Handelshäuser. Die Größenunterschiede sind dabei im wesentlichen branchentypisch, wenn man von dem zweiten Handelshaus einmal absieht, wo (nicht näher zu klärende) individuelle Besonderheiten eine Rolle spielen. Nicht vorrangig mit der Personalstärke im EDV-Bereich hängen die Relationen in dem Chemie- und dem Medien-

---

5 Beim Versicherungs- und beim Medienkonzern liegt der Prozentsatz bei über 90 %, in dem Maschinenbauunternehmen, das nur relativ wenige Informatiker beschäftigt, bei 100 %.

konzern zusammen. Beim Chemie-Unternehmen stellen die schon erwähnten Faktoren die Hauptursache dafür dar, daß der Prozentsatz vergleichsweise niedrig liegt. Die hervorstechende Stellung des „Medienriesen" beruht dagegen ausschließlich auf der völlig aus dem Rahmen fallenden Personalpolitik des Unternehmens. Die Größe der EDV-Abteilung liegt nämlich im Vergleich zur Belegschaftszahl deutlich über dem Durchschnitt, hätte also ähnlich wie bei der Großbank ein Abrutschen in der Skala erwarten lassen. Daß der sehr große Abstand zu den anderen Unternehmen weitgehend gehalten werden konnte, ist deshalb darauf zurückzuführen, daß der aus der enormen Expansion der Anwendungs-Entwicklung resultierende Personalbedarf durchweg mit Informatikern gedeckt worden ist und der Informatikeranteil in diesem größten Teilgebiet des EDV-Bereichs dadurch inzwischen die außerordentliche Höhe von knapp 40 % erreicht hat[6].

Im Medienkonzern ist die Verteilung der Informatiker innerhalb des EDV-Sektors dementsprechend eindeutig. Über 90 % sind in der Anwendungsentwicklung, nur knapp 10 % in der Systemtechnik. Obwohl ein derartiges Übergewicht der Anwendungsentwicklung schon ungewöhnlich ist – einzig eines der Handelshäuser erreicht mit 100 % eine noch höhere Quote – markiert es doch die Schwerpunktsetzung in den meisten Unternehmen. Für sie gilt, daß, wie etwa bei der Bank oder dem Automobilkonzern, 70–80 % der Informatiker in der Anwendungsentwicklung tätig sind. Gewichtige Ausnahmen von dieser Regel bilden nur der Maschinenbaukonzern, wo die wenigen dort beschäftigen Informatiker fast ausnahmslos als Systemprogrammierer eingesetzt werden, und das Stahlunternehmen, bei dem sich die Informatiker zu fast gleichen Teilen auf den Anwendungs-, den Systembereich und eine mit der Entwicklung und Implementierung von Methoden und Software-Werkzeugen befaßte Abteilung verteilen. Erstaunlich ist dabei vor allem die ganz außergewöhnlich starke Stellung der zuletzt genannten Abteilung. Denn es gibt zwar in allen großen Firmen, die mehr als ein, zwei Handvoll Informatiker beschäftigen, organisatorische Einheiten, die sich auch mit methodischen Problemen (Standardisierung des Vorgehens, Einführung von CASE-Tools etc.) beschäftigen, in diesen sind in der Regel aber kaum mehr als 5 % der Informatiker tätig. Einzig die Versicherungsgesellschaft erreicht durch die Installierung einer Gruppe, die sich speziell mit der Entwicklung und dem Einsatz eines Expertensystems befaßt, einen Anteil von 10 %. Da die mit Methodenproblemen beschäftigten EDV-Mitarbeiter zudem (mit Ausnahme des Stahlkonzerns, wo sie zur Hauptabteilung Informatik-Controlling gehören, und der Versicherungsgesellschaft, wo sie zur Hauptabteilung Betriebsorganisation zählen) immer zum

---

6 Inwieweit dieser Personalpolitik unternehmensorganisatorische und/oder technische Besonderheiten zugrunde liegen, s. dazu weiter unten. Alle Angaben über die Informatiker in diesem Unternehmen beziehen sich allerdings nur auf die zentrale Datenverarbeitung, in der aber trotz der dezentralen Konzernstruktur knapp $^2/_3$ der Anwendungsentwickler tätig sind.

Bereich der Anwendungsentwicklung gehören, kann man hinsichtlich der Verteilung der Informatiker innerhalb der EDV-Abteilungen folgende, für die meisten großen Firmen zutreffende Faustregel formulieren: Drei Viertel der Informatiker arbeiten an der Entwicklung und Wartung von Anwendungssoftware, ein Viertel an der von Systemsoftware. Die Bezeichnung der jeweiligen Unternehmensbereiche varriert dabei sehr stark. Dies gilt weniger für die Anwendungsentwicklung, wo der Begriff relativ durchgängig verwendet wird und allenfalls vereinzelt Bezeichnungen wie „IS-Analyse und Anwendungsbetreuung" oder „Integrierte Auftragsabwicklung" benutzt werden. Im Systembereich dagegen tauchen nicht nur vielfältigere Namen auf, sondern der gesamte Bereich bildet relativ häufig auch keine organisatorische Einheit, sondern ist z. B. nach dem Muster Rechenzentrum auf der einen und Produktionssteuerungs-, Prozeßleit- und ähnliche Systeme auf der anderen Seite oder zentrale versus dezentrale Systeme in verschiedene Hauptabteilungen untergliedert.

4.1.2 Die Systemtechnik

In den mit Systemfragen befaßten Abteilungen sind zwischen 30 und 45 % der Beschäftigten des ganzen EDV-Bereichs tätig. Daraus kann man ersehen, daß die Informatiker dort unterproportional vertreten sind. Das hängt in erster Linie mit einem Sachverhalt zusammen. Im Rechenzentrum, auf das in der Regel knapp die Hälfte der Angestellten des EDV-System-Bereichs entfällt, gibt es nur äußerst selten einen Informatiker. In den für Entwicklung und Wartung von Systemsoftware zuständigen Abteilungen dagegen ist der Anteil der Informatiker mit dem im Anwendungssoftware-Sektor vergleichbar, wenn man einmal von dem Maschinenbau- und dem Medienkonzern absieht, die hier völlig aus dem Bild fallen.

Innerhalb der Systemtechnik[7] konzentrieren sich die Informatiker auf jene Arbeitsgebiete, die mit dezentralen, vernetzten Systemen zu tun haben. Auf sie entfällt nicht nur in der Regel der größte Teil von ihnen, je nach Unternehmen zwischen 50 und 80 %, hier stellen sie auch den höchsten Prozentsatz der Beschäftigten, manchmal gerade 10 %, manchmal aber auch 60 %. Diesen sehr hohen Anteil erreichen die Informatiker z. B. in einer auf Netzwerksoftware spezialisierten Unterabteilung der Großbank. In den klassischen, auf die Großrechner ausgerichteten Abteilungen der Systemtechnik sitzen dagegen absolut, aber vor allem im Verhältnis zu den dort insgesamt tätigen Beschäftigten weniger Informatiker. Der Prozentsatz liegt durchweg unter 10 %, zumeist sogar deutlich darunter.

---

7 Mit diesem in einer Reihe von Unternehmen üblichen Begriff sollen im folgenden alle Abteilungen, die sich mit der Entwicklung und Wartung von Systemsoftware beschäftigen, bezeichnet werden, und zwar in ihrer Gesamtheit. Zur Systemsoftware werden dabei auch die Datenbankprogramme gerechnet.

Trotz dieser niedrigen Werte darf man aber nicht übersehen, daß im klassischen Mainframe-Sektor immer noch ein erheblicher Teil der Informatiker, zumeist so um die 35 %, beschäftigt ist. Dies hängt mit der weiterhin dominanten Stellung der Großrechner in der überwiegenden Mehrzahl der Großunternehmen zusammen. Die diesbezüglich tätigen Abteilungen sind insgesamt einfach sehr viel größer als diejenigen, die sich mit dezentralen, vernetzten Systemen beschäftigen. Das macht den wesentlich geringeren Informatikeranteil pro Abteilung in absoluten Zahlen gemessen zu einem erheblichen Teil wett.

Die Hauptaufgaben sind im dezentralen wie im zentralen Systembereich erst einmal dieselben. Es geht erstens um die Auswahl geeigneter Soft- und z.T. auch Hardware, zweitens um die Installation neuer Systeme und drittens um die Ergänzung bzw. Optimierung derselben. Kurz skizziert bedeutet das folgendes: Bei der Auswahl von Systemen muß zunächst die technische Entwicklung verfolgt und das auf dem Markt angebotene Produktsortiment beobachtet und analysiert werden. Sodann müssen die Anforderungen der Fachabteilungen und des Anwendungssoftware-Bereichs aufgenommen und auf ihre Realisierbarkeit hin untersucht werden. Sind sie ganz oder zumindest teilweise realisierbar, was die technische Machbarkeit wie auch die wirtschaftliche Rentabilität betrifft, muß in Verhandlungen mit Außendienstmitarbeitern oder Beratern von Hardware-Herstellern und/oder Software-Häusern ein geeignetes Produkt gesucht werden. Ist ein solches gefunden, muß es schließlich anhand von Testinstallationen auf seine praktische Funktionalität hin überprüft werden. Damit ist der Auswahlprozeß dann beendet.

Es folgt die zweite wesentliche Aufgabe, die Installation der ausgesuchten Systemsoftware (und teilweise auch Hardware). Die beinhaltet in der Regel die Schaffung einer Testumgebung, in der das gekaufte Produkt ablauffähig gemacht und noch einmal gründlich auf mögliche Fehler hin untersucht wird. Sind diese Tests über eine gewisse Zeit erfolgreich gelaufen, wird das neue System bzw. die neue Version eines schon vorhandenen Systems, ein sog. Release, auf einen für den gesamten Unternehmensablauf nicht so wichtigen Rechner übernommen, dort zwei, drei Wochen laufen gelassen, um Schwächen im Alltagsbetrieb erkennen und bewältigen zu können, und nach Ablauf dieser Phase dann zu einem festen Zeitpunkt, d.h. in der Regel an einem Wochenende, komplett für alle Sektoren installiert.

Ist die Installation erfolgreich durchgeführt, beginnt das sog. „Tagesgeschäft", das in erster Linie in der Pflege des Systems und der Erstellung von Prozeduren und Organisationsverfahren zur Verbesserung der Abläufe, zur Steigerung der Produktivität, zur Vereinfachung der Bedienung oder zur Erhöhung der Qualität besteht. Es dreht sich also um die einfache Behebung der immer wieder auftretenden Fehler und die Steigerung der quantitativen wie qualitativen Leistungsfähigkeit. Letzteres beinhaltet die Ergänzung der Software um einzelne Teilprogramme oder Bausteine, aber auch die Schaffung organisatorischer Regelungen für die Benutzung. Die Erstellung eigener umfangreicher Systemsoftware erfolgt praktisch überhaupt nicht mehr. Allenfalls werden sog. „Altbestände" noch so lange gepflegt, bis sie durch gekaufte Programme ersetzt werden. Letzteres gilt vorwiegend für den Mainframe-Bereich, wo die Schwerpunkte in der Aufgabenstellung auch ansonsten etwas anders liegen als in der „vernetzten Welt". 80–90 % der Tätigkeit in den auf die Großrechner ausgerichteten Systemabteilungen entfallen auf das sog. „Tagesgeschäft". Denn wirklich neue Systemsoftware wird nur selten angeschafft. Die Einführung grundsätzlich veränderter Betriebs- oder Datenbanksysteme, wie beispielsweise der Übergang von hierarchischen Datenbanken à la IMS zu den relationalen wie dB 2, stellt eine große Ausnahme dar. Zumeist müssen nur die neuen Versionen der schon laufenden Programme installiert werden. Da diese aber durchweg routinemäßig gekauft werden, die Bindung der großen Anwender an die wenigen Hersteller von Systemsoftware in der Regel außerordentlich stabil ist – man spricht z. B. in Anlehnung an die von IBM bevorzugte Farbe blau in vielen Konzernen von einer durchgängig „blauen Einfärbung" – entfällt der Auswahlprozeß weitgehend und die Installationsphase gerät meistens auch weniger aufwendig als oben skizziert.

Was in erster Linie als Aufgabe verbleibt, ist die Wartung der verschiedenen Systemprogramme, die von der schnellen Korrektur einfacher Fehler über die Erstellung von Schnittstellen (Interfaces) zwischen verschiedenen Programmen bis hin zur Entwicklung größerer Programmteile und deren Anschluß an die vorhandenen Systeme reicht[8]. Informatiker sind in all diesen Phasen beteiligt. Ihre Arbeit besteht in manchen Fällen aus dem Generieren, d. h. der durch die Eingabe bestimmter Parameter ausgelösten automatischen Erstellung spezieller Typen eines Standardprogramms und der Fehlersuche. In solchen Fällen werden nicht einmal kleine Änderungen oder Ergänzungen an der gekauften Systemsoftware vorgenommen. Dementsprechend anspruchslos in fachlicher Hinsicht und wenig beliebt sind diese Tätigkeiten. Sobald es möglich ist, verlassen die Informatiker derartige Arbeitsplätze[9]. Es ist aber nicht immer in kurzer Zeit möglich. Teilweise müssen auch Informatiker ein paar Jahre aushalten, bis sich ihnen eine bessere Alternative bietet. In der Regel ist solch eine inhaltlich doch sehr stark reduzierte Arbeit aber nur eine Übergangstellung für maximal ein bis zwei Jahre.

Normalerweise stellen die Fehlersuche wie auch das Generieren von Programmen mit 20–30 % der Arbeitszeit für die Informatiker nur einen klei-

---

8 Unter Systemprogrammen (wie unter Systemsoftware) werden hier die Betriebssysteme, also die Organisationsprogramme (z. B. Ein- und Ausgabeprogramme), die Übersetzungsprogramme (z. B. Cobol) und die Dienstprogramme (z. B. Kopier- oder Fehlersuchprogramme) ebenso verstanden wie die Datenbanksysteme, also die Programme, die für den Aufbau, die Verwaltung, die Wiedergewinnung und die Sicherung der gespeicherten Daten zuständig sind.

9 Dies berichtete z. B. eine im Automobilkonzern angestellte Informatikerin aus eigener Erfahrung.

neren Teil der Tätigkeit dar. Deutlich mehr Zeit nimmt das Ändern und Erweitern der Systemsoftware in Anspruch. Das Ziel ist dabei die optimale Anpassung der Programme an die betrieblichen Erfordernisse sowie deren optimale Leistungsausschöpfung. Zu diesem Zweck kann es beispielsweise, wie ein Abteilungsleiter des Medienkonzerns es schilderte, notwendig sein, ein „vernünftiges Sicherungsverfahren" für die Daten aufzubauen, was einen hohen Automatisierungsgrad und eine hohe Qualität aufweist, damit „quasi eine operatorlose Bedienung machbar ist und auf der anderen Seite ein sehr komfortables Zurückladen von Informationen im Fehlerfalle gegeben ist, daß das sehr schnell und ohne komplexe Bedienerführung vorgenommen werden kann, quasi von jedermann". Änderungen und Erweiterungen können aber auch, um bei derselben Problematik zu bleiben, auf den Einbau relativ kleiner Programmbausteine in das Standardsystem beschränkt bleiben, wie folgendes Beispiel aus dem Automobilunternehmen zeigt:

> „Es besteht die Notwendigkeit, die Handhabung dieses Systems benutzerfreundlicher zu machen, um Eingabefehler zu vermeiden. Z. B. muß man, wenn man sich bei einem Rechner anmeldet, ein User-Password eingeben. Dieses Password wird nicht angezeigt auf dem Bildschirm. Von Zeit zu Zeit muß man das Password ändern, indem man das alte und das neue hintereinander eingibt. Weil man das neue nicht sehen kann, kann man nur hoffen, daß man das richtig eingetippt hat. Wir haben als Änderung eingebaut, daß man das neue Password zweimal eingeben muß, um durch einen internen Vergleich Tippfehler zu verhindern."

Erweiterungen des Datensicherungssystems sind in Großunternehmen relativ häufig nötig, weil die Größe der Firmen und die damit verbundenen Probleme die am Markt angebotenen Sicherheitsprogramme in der Regel überfordern, die Sicherung der Daten zugleich aber von zentraler Bedeutung ist. So stauen sich z. B. auf der einen Seite im Hauptwerk des Automobilkonzerns die Material anliefernden LKW's binnen einer Stunde auf mehrere Kilometer Länge, wenn ein zentrales IMS-System für eine Stunde ausfällt, weil die LKW's online abgefragt und sofort zu den entsprechenden Stellen am Band dirigiert werden. Auf der anderen Seite hat die Masse der Daten wie auch das Vorhandensein traditionell gewachsener, unterschiedlicher Datenbanksysteme bislang verhindert, daß die Zugriffsberechtigungen zentral verwaltet werden, was ein erhebliches Sicherungsrisiko darstellt. Der Bedarf an Änderungen und Erweiterungen ist deshalb gerade in diesem Bereich groß. Wie personalintensiv das ist, läßt sich daran ablesen, daß für Erweiterungen und Änderungen im Umfang von nur 10 % der Standardsicherheitssoftware eine darauf spezialisierte Gruppe die Hälfte ihrer Arbeitszeit aufbringen muß.

Ein weiteres sehr wichtiges Arbeitsfeld im Systembereich ist derzeit der Datenbanksektor. Denn in der Mehrzahl der Großunternehmen läuft zur Zeit (zumindest in Teilbereichen) die Umstellung von den bisher üblichen hierarchischen Datenbanksystemen wie IMS auf relationale wie dB 2. Neben der in einem solchen Fall notwendigen Auswahl- und Installationsphase erfordert dieser Prozeß auch erhebliche Anpassungs- und Ergänzungsarbeiten, weil nicht nur während einer Übergangsphase die Kommunikation mit und zwischen den verschiedenen Datenbanksystemen (bei der Bank, der Versicherungsgesellschaft oder dem Stahlkonzern beispielsweise IMS, Adabas und dB 2) gewährleistet werden muß, sondern in vielen Unternehmen auch für einen längeren, noch nicht absehbaren Zeitraum. Viele Unternehmen neigen nämlich dazu, nicht überall dB 2 oder vergleichbare Systeme einzuführen, sondern dies vielmehr auf bestimmte, für sinnvoll erachtete Bereiche zu beschränken und in anderen weiter mit den alten Datenbanksystemen zu operieren. In derartigen Fällen müssen Schnittstellen in großer Zahl erstellt werden.

Welche Probleme dabei zu lösen sind, zeigt die Situation in der Großbank. Hier war es schon vor der Entscheidung für dB 2 nötig, eine eigene Zwischendatei und eigene Prozeduren für den Datenbankaustauch, sog. File-Transfers, zu schaffen, um die aus der parallelen Existenz von IMS und Adabas resultierenden Schwierigkeiten zu lösen. Jeden Abend mußten alle Daten von den regional organisierten, die operationalen Daten speichernden Adabas-Datenbanken auf eine Zwischendatei transferiert werden, von wo aus sie dann auf die zentrale IMS-Datenbank überspielt wurden. Wie kompliziert die Lage zumindest zeitweilig wird, wieviele Interfaces und Austauschprozeduren notwendig werden, wenn noch dB 2 dazu kommt, läßt sich erahnen. Derartige gravierende Umstellungen sind aber sehr selten. Zumeist bleibt es bei kleineren Änderungs- und vor allem Ergänzungsarbeiten, wenn es sich um Wartungsprozesse handelt. Tätigkeiten wie die geschilderte Erweiterung des Sicherheitssystems durch die zweimalige Password-Eingabe oder die Anpassung an traditionelle innerbetriebliche Namenskonventionen bestimmen den Alltag.

Die fachlichen Anforderungen halten sich deshalb auch in relativ engen Grenzen. Sie sind prinzipiell mit denen vergleichbar, die in den mit der Software-Wartung befaßten Abteilungen der Software-Produzenten zu finden sind, bewegen sich insgesamt aber auf einem niedrigeren Level. Denn zum einen fällt der anspruchvollste Teil, das Entwickeln neuer Programme, bei den Anwendern erheblich geringer aus als bei den Hardware-Herstellern oder den Software-Häusern. Das Hinzufügen von (in der Regel nicht sehr umfangreichen) Programmteilen nimmt einfach deutlich weniger Zeit in Anspruch als die Erstellung neuer Versionen (in einem umfassenderen Sinn) und ist auch in fachlicher Hinsicht längst nicht so schwierig, wenn man von den seltenen Fällen absieht, wo größere Anpassungen oder Erweiterungen nötig sind. Auf der anderen Seite machen vergleichsweise einfache Aufgaben wie die Fehlersuche oder die Generierung von Programmen einen höheren Anteil der Arbeit aus. Typisch ist da die Situation in der Abteilung des Automobilkonzerns, die sich mit den Mainframe-Betriebssystemen beschäftigt:

> „In den anderen Gebieten hier in der Abteilung ist der Programmieranteil fast immer geringer als in unserer Gruppe. Nur in einer Gruppe ist das noch viel, aber der Rest programmiert fast gar nicht. Die machen nur die Betreuung der Fremdsoftware, Fehlersuche, Einsatz neuer Versionen. Das ist so umfangreich, weil so viele Sachen miteinander abgeglichen werden müssen, daß man soviele Leute braucht. Hier gibt es Leute, die die Systeme sämtlicher Rechenzentren des Unternehmens betreuen. Das ist ein Mengenproblem, weil man jeden Monat irgendwo ein neues Betriebssystem oder Release einspielt. Fehlerklärung ist hier ein Schwerpunkt der Arbeit, Suche nach den Ursachen und Abstellmöglichkeiten, andererseits das Zusammenstellen aller Komponenten für ein neues System oder Release, das Gucken, ob die auch alle zusammenpassen. Das sind weniger Testläufe, sondern Konfigurationsarbeit.“

Für die Informatiker bedeutet das, daß die Chance, einen interessanten und ihren Ansprüchen wenigstens halbwegs entsprechenden Arbeitsplatz zu finden, im Wartungsbereich der Anwenderfirmen deutlich schlechter ist als in dem der Software-Hersteller.

Sind sie dennoch dort tätig, werden in erster Linie zwei Anforderungen fachlicher Art an sie gestellt. Zum einen müssen sie, wenn sie eigene Programmteile schreiben, Assembler beherrschen. Diese maschinennahe Sprache, die im Informatikstudium immer mehr an den Rand gedrängt und von vielen jungen Informatikern als Fossil einer vergangenen Zeit belächelt wird, ist bei der Entwicklung von Systemsoftware immer noch unverzichtbar. Auf der anderen Seite müssen sie sich in den Betriebs- und Datenbanksystemen, die im jeweiligen Unternehmen eingesetzt werden, auskennen. Die Kenntnisse sind dabei vom Umfang, der Komplexität und der gegenseitigen Abhängigkeit der Systeme abhängig. Dies gilt nicht nur in dem Sinne, daß, je geringer diese sind, um so niedriger auch die Anforderungen liegen. Es gilt auch insofern, als daraus z.T. widersprüchliche Anforderungen erwachsen. Denn der zunehmende Komplexitäts- und Integrationsgrad vieler System zwingt sowohl zu einer intensiveren Auseinandersetzung mit einzelnen, ständig umfangreicher werdenden Programmen als auch zur verstärkten Beachtung der Schnittstellen zu anderen systemnahen Programmen. Man muß sich also in ein einzelnes Programm immer tiefer hineindenken, um Fehler zu finden oder Änderungen und Ergänzungen vorzunehmen, gleichzeitig aber auch immer mehr über die angrenzenden Systeme wissen.

Das Ausmaß, in dem diese Anforderungen an den einzelnen Systemprogrammierer gestellt werden, variiert allerdings sehr stark. Denn es hängt einmal vom Komplexitäts- und Integrationsgrad der zu wartenden Software ab, zum anderen von den arbeitsorganisatorischen Regelungen, die für die Verteilung der jeweils anfallenden Aufgaben sorgen. Die Informatiker bewegen sich dementsprechend zwischen Arbeitsgebieten mit sehr unterschiedlichem fachlichen Niveau, deren Extreme die einfache Fehlersuche und Generierung bei wenig komplexen Programmen auf der einen sowie die Ergänzung „mächtiger“ und vielfach mit anderen Systemprogrammen verknüpfter Systemsoftware um wichtige Schnittstellen und Teilprogramme auf der anderen Seite bilden. Obwohl die Erstellung von eigenen Programmteilen generell höhere fachliche Ansprüche stellt, muß man stets berücksichtigen, daß die Größe und Komplexität der jeweiligen Software einen sehr starken Einfluß besitzt. Zugespitzt gesagt, ist es deshalb durchaus möglich, daß die Anforderungen beim Aufspüren von Fehlern in einem sehr „mächtigen" Programm höher sind, als bei der Hinzuprogrammierung einer Schnittstelle oder eines Bausteins für ein vergleichsweise kleines und einfaches Systemprogramm. Dies ist aber, wie gesagt, nicht die Regel, sondern die Ausnahme, soweit es sich um große Anwender handelt. So etwas findet man weniger innerhalb der großen Unternehmen als beim Vergleich zwischen ihnen und kleineren Anwendern, wo die Systemsoftware in der Regel weniger komplex und umfangreich ist. Je kleiner der Anwender, um so inhaltlich anspruchsloser sind die Aufgaben in der Regel, um so geringer daher auch die Möglichkeiten für Informatiker, einen interessanten Arbeitsplatz zu finden[10].

Im Bereich der dezentralen, vernetzten Systeme, wo sowohl prozentual als auch absolut eine größere Anzahl an Informatikern tätig ist, sind die drei Hauptaufgabengebiete zwar dieselben, die Schwerpunkte sind aber gänzlich anders gelagert: Der Großteil der Arbeit entfällt auf die Auswahl von Soft- und auch Hardware, während Anpassung und Veränderungen der Systemprogramme eine vergleichsweise untergeordnete Rolle spielen. Für diese völlig unterschiedliche Gewichtung gibt es in erster Linie zwei Gründe. Zum einen befinden sich die meisten Unternehmen hinsichtlich dezentraler, vernetzter Systeme in der Aufbauphase. Im Gegensatz zum Mainfraim-Sektor, wo es in bezug auf Soft- wie (noch stärker) Hardware nur noch relativ selten zu größeren Anschaffungen neuer Systeme kommt, wird in diesem Bereich noch sehr viel Soft- wie Hardware gekauft. Viele Entscheidungen, auch solche grundsätzlicher Art, müssen daher noch getroffen werden. Zum anderen spielen selbstentwickelte Programme oder Programmteile bis auf die Sicherheits- und die Schnittstellenproblematik eine vergleichsweise geringe Rolle, Standards, seien sie herstellerunabhängig wie Unix und seine verschiedenen Derivate (AIX, SINIX, etc.), seien sie herstellergebunden, wie OS/2 von IBM, haben dagegen eine sehr große Bedeutung. Der Bedarf an Eigenprogrammierung ist dementsprechen beschränkt.

Was den Auswahlvorgang betrifft, so ist er aufwendiger als vergleichbare Entscheidungsprozesse im Großrechnerbereich. Im Unterschied zu dort haben die Fachabteilungen mit ihren Wünschen eine erhebliches Gewicht bei der Entscheidungsfindung. Bei dezentralen Systemen kann man ihre Vorstellungen nicht übergehen, kann die EDV-Abteilung die Entscheidung nicht ausschließlich in Absprache mit der Unternehmensleitung treffen, weil die Fachabteilungen sich sonst notfalls eigene Hard- und Software besorgen können. Die niedrigen Kosten für PCs oder Workstations im Vergleich zu

---

10 Hier geht es nur um eine generelle Bewertung der durchschnittlichen Anforderungen. Daß es kleinere Unternehmen mit hohen fachlichen Anforderungen gibt, ist damit nicht ausgeschlossen.

den Mainfraimes machen das möglich. Eine Abstimmung mit und zwischen den Fachabteilungen ist somit unumgänglich.

Was das konkret heißt, zeigen zwei Beispiele aus dem Medien- und dem Chemiekonzern. Im Chemieunternehmen gibt es eine Gruppe, die dafür zuständig ist, die Erstellung von sog. Local Area Networks (LANs)[11] zu koordinieren und die einzelnen Abteilungen bei ihren Entscheidungen zu beraten. Dabei gilt es sowohl die Entstehung zu vieler unterschiedlicher Netze im Unternehmen zu verhindern, als auch den Sinn und die Finanzierbarkeit der einzelnen Wünsche zu überprüfen. Der derzeit relativ schnell fortschreitende „Wildwuchs" muß durch koordiniertes Vorgehen ebenso gebremst werden, wie unrealistische Pläne einzelner Abteilungen, die für ihre „vier, fünf PCs ein Netz haben wollen", ohne daß die Kosten durch eine umfassende Nutzung von anderen Abteilungen mitgetragen werden können. Da muß man dann, wie es der zuständige Spezialist formulierte, „gleich abwinken".

Die für dezentrale Systeme beim Medienkonzern zuständige Hauptabteilung ist aufgrund der stark dezentral ausgebildeten Organisationsformen des ganzen Unternehmens noch stärker gefordert, wie folgende ausführliche Schilderung des Hauptabteilungsleiters demonstriert:

„Wir versuchen, den Markttrends angepaßt Einsatzkriterien für die Beschaffung von Systemen zu erstellen, um reale Gründe zu haben, wann ein PC-LAN mit einem Novell-Network-Betriebssystem besser geeignet ist und wann ich einen Unix-Server in eine lokale Umgebung mit einbeziehen muß. Bei der Hardware sollte es nicht so sein, wie es vielfach in der Wirtschaft noch ist, daß die Anschaffung davon abhängt, daß man auf dem Flur jemand trifft, der Unix kennt, oder einen, der bei Novell einen Kurs belegt hat. Wir versuchen, auch dadurch, daß wir hier verschiedene Systeme bei uns integriert haben, reale Entscheidungskriterien aufzustellen und darauf basiert zu empfehlen, was angeschafft werden soll. Die Entscheidung hat aber letzlich der Kunde. Die Anforderungen von seiten der Kunden sind aber oft ungenau. Das sind oft sehr grobe Vorstellungen, was man machen will, die in der Diskussion mit uns erst mal strukturiert werden müssen. Da kann das dann noch ganz andere Wege geben. Ein Beispiel: Ein Kunde kommt an und sagt: Ich möchte im Bereich meiner Controlling-Anwendung eine gewisse Anzahl von Statistiken besser produzieren können, um die meiner Vertriebsorganisation geben zu können, damit die besser operieren können. Das ist eine Anforderung, die prinzipiell erstmal voraussetzt, daß dort eine lokale Anwendung für das Controlling aufgebaut wird. Im Laufe der Zeit könnte man feststellen, daß es ein ganz anderes Problem ist, eines von einem Management-Informations-System, wo der Controlling-Bereich einen kleinen Beitrag erstellt. Dann ist es keine lokale, sondern eine unternehmensweite Anwendung, die ganz andere Schwerpunkte bekommt. Im ersten Fall wäre die Lösung ein PC-Netz mit einer Datenbank und einem graphischen Anwendungssystem. Der hätte dann per Telefax an viele hundert Leute im Unternehmen Informationen geschickt, ohne zu wissen, ob jeder das braucht. Der, der es bearbeiten muß, hätte keine Einfluß auf die Veränderung der Daten gehabt. Der andere Vorschlag wäre ein größeres dezentrales System mit einer Informationsstruktur zwischen allen Geschäftsstellen und einer Veränderbarkeit der Darstellung und des Inhalts der Informationen durch die einzelnen Geschäftsstellen."

Zu all diesen Analyse- und Beratungsfunktionen innerhalb der Anwenderunternehmen kommen dann oft noch Aufgaben hinzu, die die Beziehungen zu externen Stellen betreffen. Es müssen die Kontakte zu möglichen Hardware- und Software-Lieferanten hergestellt und gepflegt werden, Verhandlungen mit diesen geführt und die Kaufverträge vorbereitet sowie z.T. auch abgeschlossen werden. Außerdem ist es üblich, zumindest von Zeit zu Zeit auch Kongresse, Messen oder vergleichbare Veranstaltungen zu besuchen, um technisch auf dem laufenden zu bleiben.

Wie wichtig und personalintensiv die mit der Auswahl von Hard- und vor allem Software für dezentrale, vernetzte Systeme zusammenhängenden Aufgaben in den nächsten Jahren sein werden, läßt sich am Beispiel der Großbank und des Automobilkonzerns ablesen. In der Bank hat man vor vielen Jahren mit dem Einsatz von Netzwerken angefangen. Inzwischen hat man bereits ca. 160 Netzwerke mit über 7000 PCs installiert. Die restlichen 30.000 „dummen" Terminals sollen im Laufe der nächsten Jahre in sog. Client-Server-Architekturen integriert oder von ihnen abgelöst werden. Client-Server, so etwas wie ein Zauberwort in vielen Unternehmen bedeutet, daß man Verarbeitungsprozesse vom Großrechner auf Workstations und PCs verlagert, um ihre Leistungsfähigkeit zu nutzen. Man erhofft sich auf diese Weise vor allem eine Verringerung der Antwortzeiten und komfortablere Auswertungsmöglichkeiten, die der Großrechner aufgrund seiner starken Belastung nicht leisten kann. Je nach technischer Ausstattung können dabei die Funktion des Servers, die vorrangig in der Datenhaltung und der Steuerung der Verarbeitungsprozesse und Transaktionen innerhalb des jeweiligen Netzwerkes besteht, und die Funktionen der Clients, die für die benutzerfreundliche Aufbereitung der Daten zuständig sind, festgeschrieben oder variabel sein. Festgeschrieben sind die verschiedenen Funktionen, wenn einer Workstation oder einem größeren Rechner als Server nur wenige leistungsstarke PCs als Clients gegenüberstehen; sie sind variabel, wenn es mehrere Workstations oder ausgesprochen leistungsfähige PCs gibt, die abwechselnd die Server-Funktion übernehmen können oder nur die beschränkte eines der vielen Clients. Die erste Variante wird derzeit im Automobilkonzern betrieben. Hier sind an sieben Standorten 60 Rechner verteilt, die mit Kosten von je 500.000–600.000 DM durchaus für die gesamte Datenverarbeitung eines mittelständischen Unternehmens ausreichen. An diese Rechner sind ungefähr 2000 dezentral verteilte Endgeräte angeschlossen. Die Gesamtinvestitionssumme lag bei 80 Mio DM. Der Aufwand für die Auswahl der Hard- und der erforderlichen Systemsoftware war entsprechend groß, ebenso natürlich der für die Installation der zahlreichen Systeme.

Wenn solch umfangreiche Netzwerke einmal installiert sind, ergeben sich natürlich auch erhebliche Anforderungen in puncto Wartung. In der Unter-

---

11 Unter LANs versteht man lokal begrenzte, d.h. zumeist betriebsinterne, an einen Standort gebundene Netze, während die sog. WANs (Wide Area Networks) regionale, nationale oder gar internationale Netze darstellen.

abteilung des Automobilkonzerns, die für das erwähnte System verantwortlich ist, entfallen inzwischen 30 % der Arbeitszeit auf die Behebung von Störungen, obwohl es in den einzelnen Werken einen sog. „First-Level-Support" für die Beseitigung von Routinemängeln gibt. Von den Mitarbeitern, übrigens zu 50 % Informatiker, ist also fast ein Drittel für die Sicherung eines störungsfreien Betriebs zuständig. Ein jeweils ebenso großer Anteil sorgt allerdings auch immer noch für die Planung und die Installation neuer Systeme. Mit der wachsenden Anzahl von Netzen wird der Wartungsaufwand aber prozentual deutlich zulegen. Dies gilt nicht nur für die Fehlerbeseitigung, sondern auch für die Ergänzung der Systemsoftware.

Vor allem der Sicherheitsaspekt spielt da (auch schon heute) eine große Rolle. Denn auf der einen Seite steigen die Möglichkeiten der Benutzer, sich in verschiedene Netze einzuklinken, mit der Integration von immer mehr Rechnern und Endgeräten in solche Netze enorm an. Wo man „früher über sein Terminal nur auf einen Rechner Zugriff hatte, hat man den heute teilweise schon auf fünf, sechs, sieben Rechner, darunter manchmal auch externe von fremden Dienstleistern oder Rechenzentren". Auf der anderen Seite weist Unix als das Basissystem für die meisten mit Workstations operierende Netzwerke gerade im Sicherheitsbereich große Mängel auf. Ursprünglich für professionelle Programmierer konzipiert, erlaubt es recht weitgehende Veränderungen. Für die Entwickler macht das u. a. den großen Reiz an Unix aus, daß es, wie ein Entwickler es formulierte, „mir alle mögliche Freiheiten gibt, bis fast auf die Betriebsebene drin rumzupfuschen". Für den normalen Endbenutzer beinhalten derartige Spielräume aber erhebliche Risiken, weil die Folgen einer falschen Eingabe unter Umständen gravierend sein können. Solche Gefahren, die bei anderen Systemen wie MS-DOS durch die starke Einschränkung der für den Endbenutzer zugelassenen Befehle weitgehend gebannt werden, müssen durch Ergänzungen, die detaillierte Zugriffsberechtigungen enthalten, so weit wie möglich ausgeschaltet werden. Denn je größer die Anzahl der miteinander verknüpften Terminals, Workstations, Netze etc., um so größer natürlich auch das Risiko, wenn einer der vielen Benutzer einen Fehler macht. All diese Punkte werden den Bedarf an selbst entwickelten Programmteilen in den nächsten Jahren wohl spürbar erhöhen, ohne daß diese Eigenprodukte aber einen Stellenwert erhalten, der dem der selbst erstellten Software im Mainframe-Bereich vergleichbar ist. Dafür ist die Standardisierung der Systemsoftware für PCs und Workstations einfach zu weit fortgeschritten.

Insgesamt ähneln die fachlichen Anforderungen in diesem Tätigkeitsbereich in mancher Hinsicht denen in der Systemberatung der Software-Hersteller. Im Vordergrund stehen die Kenntnisse der vorhandenen und der in Frage kommenden Systeme und gewisse Programmierfähigkeiten, die sich allerdings, wie bei der Systemberatung auch, in doch vergleichsweise engen Grenzen halten – zumindest bislang. Was die Systemkenntnisse betrifft, so fallen sie zugleich weiter und enger aus als in der Systemberatung. Weiter müssen sie sein, weil in der Auswahlphase eine ganze Reihe von Herstellern als mögliche Lieferanten ins Auge gefaßt werden muß, ihre Erzeugnisse also zunächst einmal grundsätzlich bekannt sein und dann auch näher begutachtet werden müssen. Denn eine mit dem Großrechnerbereich vergleichbare Festlegung auf ganz bestimmte Produzenten existiert hier nicht. Enger sind die Anforderungen, weil die ausschließliche Konzentration auf die Gegebenheiten eines Unternehmens die Palette möglicher Fragen und Lösungsvarianten doch erheblich einschränkt. Dies gilt vor allem, wenn wesentliche Systembestandteile oder Teilsysteme schon installiert sind. Je weiter der Installationsprozeß vorangeschritten ist, um so enger werden die Entscheidungsspielräume. Im Augenblick ist diese Gefahr angesichts der weithin vorherrschenden Expansion von dezentralen, vernetzten Systemen allerdings noch nicht sehr groß. Stattdessen ist die Beschränkung auf ein Unternehmen von weitaus größerer Bedeutung. Diese Beschränkung hat aber auch eine positive Seite, soweit es die fachlichen Ansprüche der Arbeit angeht. Sie erfordert eine sehr viel präzisere und detailliertere Analyse der Unternehmensabläufe, als sie von einem externen Systemberater in der Regel geleistet wird und geleistet werden kann. In der Summe bedeutet das, daß das Gewicht der informationtechnischen Kenntnisse verglichen mit der Systemberatung auf Dauer gesehen, geringer ausfällt, das von organisatorischem und z.T. auch kaufmännischem Wissen aber größer ist. Obwohl das langfristig auch eine Reduzierung des relativ hohen Informatikeranteils in den diesbezüglichen Abteilungen bedeuten dürfte, wird die Verteilung der Informatiker innerhalb des Systembereichs davon nicht berührt werden. In den mit dezentralen, vernetzten System befaßten Abteilungen wird die Anzahl der Informatiker absolut wie relativ größer bleiben.

4.1.3   Die Anwendungsentwicklung

In der Anwendungsentwicklung sind in der Regel dreimal so viele Informatiker tätig wie in der Systemtechnik. Sie verteilen sich auf vier größere Aufgabengebiete, die teilweise organisatorisch getrennt sind, teilweise aber auch von ein und derselben Person in unterschiedlichen Phasen des Arbeitsalltags wahrgenommen werden. Es sind dies die Entwicklung neuer Anwendungsprogramme kleineren oder größeren Umfangs, die Portierung von Anwenderprogrammen auf andere Basissysteme (relationale Datenbanken, Netzwerke, etc.), der Einsatz von Standardanwendungssoftware und schließlich die Wartung existierender Programme. Das erste und das letzte Gebiet nehmen dabei derzeit die mit Abstand meiste Zeit in Anspruch.

Die große Bedeutung, die die Entwicklung eigener Anwendungssoftware besitzt, hat einen wesentlichen Grund: Für Großunternehmen mit über 10.000 Beschäftigten gibt es kaum Anwendungsprogramme auf dem Markt, die sich problemlos einsetzen lassen. Denn einmal weisen solch große Firmen eine derartige Unmenge an Besonderheiten sowohl in bezug auf unternehmensinterne Abläufe als auch hinsichtlich der benutzten Hard- und Software auf, daß Standardprogrammen vielfach unzureichend sind. Zum anderen stellt die Masse der in so großen Unternehmen anfallenden Daten oft auch dort ein Problem für die Standardsoftware dar, wo sie aufgrund der stark standardisierten Abläufe normalerweise gut einsetzbar wäre. Welche Probleme allein mit der Datenmenge verbunden sein können, zeigt ein Beispiel aus dem Automobilkonzern. Dort ist vor 5 Jahren zum ersten Mal ein größeres Standardpaket für den kommerziellen Sektor gekauft worden. Es handelte sich dabei um das Kostenrechnungssystem RK von SAP. Diese Software des größten deutschen Anbieters von Standardanwendungsprogrammen – die Firma hat auf diesem Gebiet eine monopolartige Stellung – ist mit fast 1000 Installationen außerordentlich erfolgreich. Sie sollte für die Abrechnung der Gemeinkosten eingesetzt werden, einen Bereich mit einem vergleichsweise hohen Standardisierungsgrad. Dennoch traten bei der Einführung erhebliche Probleme auf, weil die bislang vor allem an Unternehmen mittelständischer Prägung bzw. solche mit nicht mehr als ein paar tausend Beschäftigten vertriebene Software mit der großen Masse der Daten nicht so einfach zurechtkam. Wie der zuständige Projektleiter es ausdrückte, hatte das Programm zwar „alles, was bis zu einer Milliarde ging, im Griff, traten darüber hinaus aber echte Massendatenprobleme auf." Die Verarbeitungsgeschwindigkeit war ungenügend. Trotz vielfältiger Änderungen, die die Leistungsfähigkeit gesteigert haben, ist das System bis heute nicht so schnell, wie es eigentlich sein sollte.

Dazu kamen dann noch andere Probleme. So mußten alle 9000 Konten des Gemeinkostenkontenstamms neu definiert und umnumeriert werden, weil das alte System neunstellige Kontennummern besaß, das neue von SAP aber nur fünfstellige zuließ. Außerdem wurden ca. 50 Erweiterungen „an das System drangebastelt", um spezielle Anforderungen abzudecken, die es standardmäßig nicht bot. Daß das Programm trotz all dieser Schwierigkeiten letztlich doch genommen worden ist, hängt mit zwei Faktoren zusammen. Zum einen war es sowohl schneller einsatzbereit als auch billiger als jede Eigenentwicklung, und zwar um ein mehrfaches. Ein neues System aber mußte her, weil das alte inzwischen 25 Jahre alt war und nur eine Batch-Verarbeitung zuließ. Zum anderen hielten sich in diesem relativ standardisiertem Feld der Kostenrechnung nicht nur die zu berücksichtigenden Besonderheiten in Grenzen, eine Eigenentwicklung versprach im Unterschied zu anderen Sektoren auch keine nennenswerten Wettbewerbsvorteile.

Obwohl der Einsatz von Standardanwendungssoftware in den letzten Jahren deutlich zugenommen hat – über 5000 installierte Systeme von SAP sprechen da eine recht deutliche Sprache – und auch weiter zunehmen wird, dominieren in den Großunternehmen immer noch die Eigenentwicklungen. So wird in dem Chemiekonzern derzeit z.B. ein Programm für die Personalabteilung entwickelt, daß historische Vergleichsübersichten ermöglicht, also anzeigen kann, was zu einem bestimmten Datum vor zwei, drei oder vier Jahren der Stand war, ohne daß, wie bisher, mehrere Bänder dafür geladen werden müssen. In der Versicherungsgesellschaft beschäftigt man sich u. a. mit einem Programm, das die Abrechnung mit anderen Versicherungen übernehmen soll, die aufgrund des Unterschieds zwischen Zentral- und Agenturinkasso vielfach erforderlich ist. Im Automobilkonzern schließlich geht es in einem Pilotprojekt um die Erstellung einer Software, die sich mit Datenfernübertragung und internationalen Standards befaßt. Sie soll gewährleisten, daß die vom Verband der deutschen Automobilindustrie vorgegebenen inländischen Standards in europäische und internationale umgewandelt werden können. Die größten Probleme wirft dabei die Inkompatibilität der Formate auf. Teilweise gibt es drei verschiedene, wo „z. B. der Begriff Lagergruppe so definiert ist, daß er einmal eine Kostenstelle meint, einmal den Oberbegriff für das Lager und einmal noch etwas anderes". Das Programm soll eine Transferierung durch Umsetzer ermöglichen oder, falls das nicht so einfach geht, durch interne Mechanismen Umgehungswege aufzeigen. Oft werden auch Projekte darauf angesetzt, Doppel- und Dreifachfassungen von Daten durch ein neues umfassendes Programm vermeiden zu helfen. Derartige Bemühungen gibt es in fast allen untersuchten Unternehmen. Ebenfalls in fast all diesen Unternehmen gibt es jedoch auch einen Trend, der die Zahl der Eigenentwicklungen reduziert. Immer häufiger werden Entwicklungsaufträge, die durch Standardsoftware nicht abzudecken sind und dementsprechend bislang zumeist von den eigenen EDV-Abteilungen bearbeitet wurden, an Software-Häuser vergeben. Die hohen Kosten, die die internen EDV-Abteilungen verursachen, sollen auf diese Art und Weise gesenkt werden. Man erhofft sich auf seiten der Anwender eine Einsparung durch Preisvergleiche, Konkurrenz und den Fortfall sozialer Folgekosten wie Betriebsrenten, etc., so daß man insgesamt mit geringeren EDV-Aufwendungen rechnet.

Die Verringerung des Eigenanteils bei den firmenspezifischen Anwendungsprogrammen verstärkt noch das Gewicht der Wartungsfunktionen, die heute schon je nach Unternehmen und Abteilung zwischen 50 und 90 % der anfallenden Arbeit ausmachen. So entfielen im Automobilkonzern nur 29 % der für das Jahr 1992 geplanten Aufwendungen auf Neuentwicklungen. Es gibt in diesem wie auch den anderen Unternehmen ganze Abteilungen, die nichts anderes als Pflege und Wartung der vorhandenen Programme machen. Zum Teil müssen sie nur kleinere Änderungen einlesen und in der Hauptsache Fehlerklärung und -beseitigung betreiben. Zum Teil fällt in ihre Zuständigkeit aber auch die Ergänzung der gegebenen Software um größere Programmteile. So wird z. B. im Bereich Vertriebssysteme des Automobilherstellers ein Programm so ergänzt und verändert, daß die Importeure selbst Änderungen an den Vertriebsdaten vornehmen können, um den Zielbahnhof neu zu bestimmen oder die Anzahl der Wagen umzudisponieren. Das war bisher nicht möglich und führte bei den Importeuren zu vermeidbaren Kosten. Im Chemiekonzern ist eine Abteilung damit beschäftigt, die Statistikfunktionen für den Einkauf zu verfeinern, indem tagesaktuelle Daten über das Bestellvolumen der einzelnen Lieferanten durch Ergänzungen des vorhandenen Programms zur Verfügung gestellt werden. Diesen mit umfangreichen Änderungs- und Erweiterungsaufgaben betrauten Abteilungen stehen aber auch welche gegenüber, die nur sehr selten etwas ändern müssen, sondern vor allem kleine Fehler zu korrigieren haben. In der Versicherungsgesellschaft gibt es das z. B. häufiger. Insgesamt kann man davon ausgehen, daß von den Wartungsarbeiten 10 und in eher seltenen Fällen bis max. 50 % auf größere Änderungen oder Ergänzungen entfallen, der Hauptteil der Zeit also auf relativ einfache Pflegetätigkeiten verwandt wird, die sich oft auf recht alte Programme beziehen, die vor 15, 20 oder 25 Jahren in den Firmen selbst „gestrickt" worden sind.

Die fachlichen Anforderungen, die in der Anwendungsentwicklung gestellt werden, ähneln im großen und ganzen denen, die bei den Software-Herstellern in der Individualsoftware-Entwicklung, in der Software-Beratung und in der Software-Wartung anfallen. Die Spanne reicht von anspruchsvollen Analyse- und Designaufgaben auf der einen bis zu reinen Programmier- oder einfachen Fehlerkorrekturfunktionen auf der anderen Seite. Ein grundlegender Unterschied zur Arbeit bei den Hardware-Herstellern und Software-Häusern existiert allerdings. Wie schon in der Systemtechnik sind die Schwerpunkte anders verteilt. Der Umfang der informationstechnischen Kenntnisse fällt in der Regel geringer aus, der der organisatorischen und kaufmännischen Kenntnisse dagegen größer. Denn wenn man von jenen Abteilungen oder Gruppen absieht, die ausschließlich für einfache Fehlerkorrekturen oder Programmiertätigkeiten zuständig sind, trifft überall sonst die Feststellung zu, daß die Ausrichtung auf die Anforderungen eines einzigen Unternehmens das Spektrum des erforderlichen technischen Wissens reduziert, die betriebswirtschaftlich orientierten Wissensbestandteile aber deutlich verstärkt.

Die Ausrichtung auf nur ein Unternehmen, die für die Software-Hersteller unmöglich ist, hat nämlich zwei wesentliche Konsequenzen. Auf der einen Seite hat man es als Anwendungs- oder Organisationsprogrammierer, wie die klassische Bezeichnung lautet, tagein, tagaus mit denselben Systemen zu tun. Da gravierendere Veränderungen nur in größeren zeitlichen Abständen erfolgen, kann man sich auf diese Systeme einstellen und muß dann in technischer Hinsicht nicht mehr sehr viel Neues lernen. Man ist auf „seine Systeme" in einem gewissen Sinne spezialisiert, obwohl diese Spezialisierung nur dann auch als negativ empfunden wird, wenn es sich um sehr alte oder sehr beschränkte Systeme handelt. Dieser Einengung der technischen Kenntnisse steht auf der anderen Seite eine beträchtliche Vertiefung der organisatorisch ausgerichteten Wissenselemente gegenüber, weil die Beschäftigung mit allen Details der unternehmensinternen Abläufe viel intensiver ausfallen muß, aber auch kann, als bei einem externen Entwickler. Diese Vertiefung hat allerdings zwei Seiten, eine positive und eine negative, wie die folgenden Aussagen eines Bereichsleiters aus dem Medienkonzern und einer Entwicklerin aus der Versicherungsgesellschaft zeigen, die vorher bei einem Software-Haus tätig war:

> „In der Anwendungsentwicklung hat in den letzten 10 Jahren ein Umschwung stattgefunden. Früher hat man halt irgendwas codiert. Da hat man sich hingesetzt, einer hat was erzählt, einer hat es aufgeschrieben, ein schönes Pflichtenheft gemalt und dann programmiert. Der Schwerpunkt war Programmierung. Heute ist der Programmierprozeß durch den Einsatz moderner Technologien, wir setzen bei uns auch Generatoren ein, relativ unwichtig geworden. Um Spezifikationsformen, flexible System zu bauen in einer sich schnell ändernden Geschäftswelt, die sich auch anpassen lassen, da muß ich sehr viel zuhören. Da muß ich Geschäftsverständnis entwickeln. Wenn einer hier mal zwei, drei Jahre ein Profitcenter in der EDV geführt hat, dann muß er fast das reale Geschäft in diesem Center führen könne, weil er weiß, wo die kritischen Erfolgsfaktoren in diesem Geschäftszweig liegen."
>
> „Dort haben wir direkt für den Kunden entwickelt. Ich habe auch auf der konzeptionellen Ebene gearbeitet, was hier den Aufgaben eines Gruppenleiters gleichkommt, und auch Tools für die Firma selbst geschrieben. Man hat keinen abgeteilten Bereich gehabt. Hier dagegen gibt es nur Kraftfahrt. Wir machen nur Kraftfahrtprogramme. Da gab es eine Unternehmensberatung. Da wurden Produkte geschrieben für den Kunden, ob es Kostenrechnung war, ob es Materialllagerhaltung war oder ob es Tools waren. Das ist hier halt durchtrennt. Hier gibt es nur Kraftfahrt. Hier gibt es Schaden. Hier gibt es Sach, Unfall und Haftpflicht. Hier gibt es Verfahren und Methoden. Dann gibt es hier Datenmanagement. Das war alles zusammengefaßt. Wer morgens als erster kam, machte die Maschine an, komprimierte die Daten und optimierte sie. Wir haben verschiedene Systeme gehabt. Man mußte wesentlich mehr machen. Man mußte ein größeres Spektrum abdecken."

Ob sich die positiven oder die negativen Aspekte der Vertiefung in betriebswirtschaftliche Prozesse stärker bemerkbar machen, hängt vor allem von dem Umfang und der Komplexität des zu bearbeitenden Gebiets ab. Wenn man wie im Medienkonzern als Entwicklungsgruppe für alle Belange des Geschäftszweiges, seien es die Druckereien, die CD-Fertigung oder ein Verlag, zuständig ist, also vom Finanz- und Rechnungswesen über die Produktions- und Versandsteuerung bis hin zum Vertrieb und zum Marketing alles EDV-mäßig betreut, dann sind die Anforderungen (auch für den einzelnen) durchweg hoch und inhaltlich interessant. Wenn man dagegen wie in der Versicherungsgesellschaft ein stark standardisiertes Massengeschäft[12] mit Software zu versorgen hat, sieht das gänzlich anders aus. Der zweite Fall kommt dem Durchschnitt allerdings sehr viel näher als die außergewöhnliche Situation in dem Medienunternehmen, wo die auf Dezentralisierung setzende Firmenpolitik überall stark durchschlägt. Insofern ist es auch nicht verwunderlich, daß die Anwendungsentwicklung des Medienkonzerns den mit weitem Abstand höchsten Informatikeranteil zu verzeichnen hat. Es waren eben nicht nur die Personalpolitik, Informatiker bevorzugt einzustellen, und die enorme Expansion in den letzten Jahren, die für diese sehr hohe Quote von fast 40 % verantwortlich sind. Den Informatikern

---

12 Zum Ausmaß der Standardisierung in der Versicherungswirtschaft und speziell im
  KFZ-Sektor s. Hartmann 1988, 1990a

konnte in Hinblick auf die fachlichen Anforderungen auch etwas geboten werden.

In all den Großunternehmen, die eine nennenswerte Anzahl an Informatikern in der Anwendungentwicklung aufweisen, gilt ansonsten, daß zwischen 5 und 10 % der in diesem EDV-Bereich beschäftigen Angestellten einen Informatikabschluß haben. Besondere Tätigkeitsschwerpunkte gibt es dabei derzeit nicht. Das dürfte sich aber ändern, wenn jener nicht unerhebliche Prozentsatz junger, erst in den letzten Jahren rekrutierter Informatiker, der jetzt noch überwiegend für die Wartung relativ einfacher Programme eingesetzt wird, seinen Arbeitsplatz wechseln wird. Denn einfache Fehlersuche und -korrektur stellen ebenso wie reine Programmiertätigkeit eine Übergangsstellung dar. In der Regel sind erfahrene Informatiker für die Neuentwicklung und die Wartung umfangreicher und komplexer Programme zuständig. Die Wartung insgesamt repräsentiert dabei im Unterschied zur Lage bei den Software-Herstellern auch für die Informatiker das Hauptarbeitsgebiet. Das wird angesichts der relativ geringen Zahl an Neuentwicklungen bei den Anwendern auch in Zukunft so bleiben.

Der Wartungsanteil dürfte sogar noch zulegen, wenn der Trend zum Einsatz von Fremd- und Standardanwendungssoftware, wie zu erwarten, anhalten wird. Denn bei Fremd- und Standardprogrammen entfällt bei den Anwendern ein wesentlich größerer Teil der Arbeitszeit auf Wartungsaufgaben als bei eigenen Neuentwicklungen. Für die Wartung von Fremd- und Standardsoftware gilt dabei im verstärktem Maße das, was für die Wartung generell gilt. Sie kann ausgesprochen anspruchslos sein, aber auch sehr anspruchsvoll, je nachdem wie umfangreich und komplex die jeweils zu betreuenden Programme sind. So gibt es in den meisten Großunternehmen, die die großen Standardpakete von SAP einsetzen, spezielle Gruppen, die sich ausschließlich um kompliziertere Probleme kümmern, die mit der SAP-Software verbunden sind. Diese Leute sind sehr gesucht und dementsprechend gut bezahlt. Denn sie müssen umfassende Kenntnisse der umfangreichen und komplexen SAP-Programme besitzen und gleichzeitig die spezifischen Bedingungen des jeweiligen Anwenders gut kennen. Die fachlichen Anforderungen, die an sie gestellt werden, sind überdurchschnittlich hoch. Ausgesprochen niedrig sind sie dagegen dort, wo kleine, von externen Software-Produzenten gelieferte Programme routinemäßig gewartet werden müssen. Auch das gibt es. Solch wenig interessante und fordernde Arbeiten fallen bislang aber in der überwiegenden Mehrzahl bei Eigenentwicklungen an, wie überhaupt in der Wartung das durchschnittliche Anforderungsniveau am stärksten durch Eigenentwicklungen von einem mittleren bis einfachen Schwierigkeitsgrad bestimmt wird. Das große Gewicht relativ alter, in Programmiersprachen wie Cobol programmierter Software macht sich hier bemerkbar.

Wartungsaufgaben haben bei den Informatikern deshalb auch keinen besonders guten Ruf. Sie gelten als nicht so anspruchsvoll, routinisiert, langweilig, in technischer Hinsicht hinter der Entwicklung zurückbleibend, kurz und bündig als „nicht so schön", wie es ein Entwickler ausdrückte. Die Informatiker versuchen deshalb aus diesem Bereich herauszukommen. Sie sind aufgrund der großen Bedeutung, die er bei den Anwendern hat, mit diesem Bemühen aber nur z.T.erfolgreich, indem sie schwerpunktmäßig in die Abteilungen gehen, die anspruchsvollere Wartungsaufgaben mit einem relativ hohen Anteil an Änderungen und Erweiterungen wahrnehmen. Aus der Wartung generell herauszukommen, gelingt dagegen sehr viel seltener. Sie bleibt in der Anwendungsentwicklung das Haupttätigkeitsfeld für die in diesem Sektor beschäftigen Informatiker.

4.1.4 Der Bereich „Methoden und Verfahren"

In den meisten Unternehmen gibt es organisatorische Einheiten, die sich u. a. mit der Etablierung und Weiterentwicklung von standardisierten Vorgehensweisen und CASE-Tools befassen. Am ausgeprägtesten ist dies im Automobilunternehmen, der Versicherungsgesellschaft und vor allem dem Stahlkonzern der Fall. Hier sind Gruppen oder gar Abteilungen ausschließlich für diese Fragestellung zuständig. Sie weisen innerhalb der jeweiligen Unternehmen den bei weitem höchsten Informatikeranteil auf. Im Automobilunternehmen liegt der Anteil bei 20 %, in der Versicherungsgesellschaft bei 15 % (allerdings 60 % in der Gruppe Expertensysteme) und im Stahlkonzern bei über 90 %.

Die ungewöhnlich hohen Prozentsätze erklären sich aus der Aufgabenstellung der Abteilungen. Sie sollen durch die Einführung moderner Methoden und Werkzeuge die traditionellen Arbeitsstrukturen aufbrechen. Für diesen Zweck sind Informatiker, vorwiegend mit Hochschulabschluß, nach Ansicht des Managements besser geeignet als die mehr praktisch orientierten und weniger einer abstrakten Vorgehenslogik folgenden sonstigen EDV-Spezialisten. Denn sie haben an den Universitäten die neuesten Methoden und Tools kennenlernen können, was für DV-Kaufleute, Umschüler etc. durchweg nicht gilt.

Von diesen Kenntnissen wird derzeit allerdings in erster Linie das Wissen über die Einführung standardisierter Vorgehensweisen verlangt, während das über den Einsatz konkreter Tools wie beispielsweise Predict CASE oder ADW zumeist noch eine mehr oder minder kleine Nebenrolle spielt. Es geht in den Unternehmen jetzt erst einmal darum, Standards zu entwickeln und Stück für Stück auch durchzusetzen, die für eine Vereinheitlichung der Programmerstellung von der Analyse über die Programmiertechnik bis zur Definition von Datenbankelementen sorgen. Im Vordergrund stehen dabei drei Punkte. Zunächst wird an Richtlinien gearbeitet, wie die Ausgangsdaten erhoben werden sollen. Im Automobilunternehmen werden zu diesem Zweck z.B. Vorschläge erstellt, wie ein Analyseteam zusammenzusetzen ist, nämlich zu jeweils ungefähr 50 % aus Mitgliedern der EDV- und der betroffenen Fachabteilungen. Bisher spielten letztere nur eine Nebenrolle, was der

Qualität der Analyse und der Programme schadete. Sodann werden Regeln erstellt, die eine (auf Dauer zumindest) unternehmensweite Standardisierung des Programmaufbaus garantieren sollen. Die Aufteilung in Einzelprogramme und -module soll mit Hilfe strukturierter Analyse und Programmierung erreicht und als einheitliches Vorgehensmuster für alle Entwickler durchgesetzt werden – dies ist die Vorstellung im Stahlkonzern. Schließlich wird mit Formen der Datenmodellierung experimentiert, die z. B. nach dem Entity-Relationship-Modell für eine Vereinheitlichung der Unternehmensdaten mit dem Ziel der Abschaffung von Mehrfachspeicherungen sorgen sollen. All diese Versuche stecken allerdings noch in den „Kinderschuhen".

Ähnliches gilt auch für jene Gruppe in der Versicherungsgesellschaft, die an der Realisierung eines Expertensystems arbeitet. Obwohl sie im engeren Sinne dem Bereich „Methoden und Verfahren" eigentlich nicht zuzurechnen ist, ist sie doch Bestandteil einer „Systemarchitekturen" genannten und mit Verfahren, Methoden, Datenmodellierung, Standardanwendungsentwicklung und Expertensystemen befaßten Abteilung, weil man sich dort ebenfalls mit den neuesten Erkenntnissen der Software-Entwicklung auseinandersetzen muß. Zur Zeit wird an einem System „gebastelt", das den Außendienstmitarbeitern im schwierigen und von hohen Verlustrisiken geprägten Industriegeschäft ein Risikobewertungsverfahren an die Hand geben soll, mit dessen Unterstützung der Sinn oder Unsinn eines Abschlusses exakt zu bewerten sein soll. Dieses System, das technisch auf Note-Pads umsetzbar sein soll, setzt, um die nötigen Quervergleiche ziehen zu können, eine Vereinheitlichung in der Beschreibung von Industrierisiken voraus. Und daß „der Müller in Hamburg ein Risiko genauso beschreibt wie der Meyer in München", so die Aussage des Gruppenleiters, kann aufgrund der „vielfältigen Richtlinien und Regularien auch nur EDV-gestützt erfolgen." An diesem ersten Schritt sitzen die Entwickler derzeit. Sie hoffen dabei, daß ihr Produkt „Expertensystem" oder, genauer gesagt, „Risikoverteilungssystem" im Gegensatz zu einem ähnlichen Produkt im Bereich der Lebensversicherung, das sie vorher entwickelt haben, nach der Fertigstellung auch wirklich zum Einsatz kommt und der wesentliche Erfolg seitens des Managements nicht schon in der Durchsetzung einer einheitlichen Risikobeschreibung gesehen wird.

Die fachlichen Anforderungen, die in den mit „Methoden und Verfahren" (inkl. Expertensysteme) befaßten Abteilungen vorherrschen, sind im Grundsatz mit jenen vergleichbar, die in den Forschungsbereichen der Hardware-Hersteller und den mit CASE-Tools beschäftigten Abteilungen der Software-Produzenten zu finden sind. Durch die Ausrichtung auf ein Unternehmen unterliegen sie allerdings den gleichen Mechanismen wie die anderen EDV-Bereiche bei den Anwendern auch. Die erforderliche Bandbreite des informationstechnischen Wissens ist ebenfalls geringer und die Bedeutung unternehmensspezifischer Kenntnisse größer. Deshalb ist der Anteil der Informatiker trotz seiner für die Anwender weit überdurchschnittlichen

Höhe[13] auch nicht so groß wie in den entsprechenden Abteilungen der Software- und Hardware-Hersteller.

4.1.5 Abteilungen außerhalb des EDV-Bereichs

Jene durchschnittlich gut 10 % der Informatiker, die nicht in den EDV-Abteilungen tätig sind, kann man eindeutig in zwei Gruppen aufteilen. Der weitaus größere Prozentsatz von ihnen nimmt in den verschiedensten Unternehmensbereichen Funktionen wahr, die denen einer ausgelagerten kleinen EDV-Abteilung oder „Ein-Mann-EDV-Abteilung" entsprechen. Nur ein sehr kleiner Teil hat sein Tätigkeitsspektrum wirklich umfassend geändert und mit Problemen informationstechnischer Art so gut wie nichts mehr zu tun.

Ein Beispiel für diesen bislang äußerst seltenen Typus eines Informatikers, der nur noch wie jeder beliebige Benutzer mit der EDV zu tun hat, bietet ein Fachreferent für Produktplanung im Automobilkonzern. Er hat die EDV-Abteilung, in der er ein Jahrzehnt gearbeitet hat, vor allem wegen fehlender Aufstiegsperspektiven verlassen, „gleich ganz raus aus dem EDV-Bereich". Heute ist er damit beschäftigt, in der Abteilung Konzern-Produktplanung im Vorfeld der Fahrzeugentwicklung Anforderungen zu ermitteln und zu beschreiben, die in den nächsten 10 Jahren von einem Auto erwartet werden. Diese Art von Stabsarbeit hat „mit der Informatikausbildung absolut nichts mehr zu tun", wie er selbst sagte. Einzig die Wahrnehmung einer kleinen, unter 10 % der Arbeitszeit ausmachenden Beratungsfunktion für die PC-Nutzer der Abteilung erinnert noch an sein Studium.

Derartige Betreuungsaufgaben bilden bei der großen Masse der außerhalb der EDV-Abteilung tätigen Informatiker dagegen ein zentrales Element ihrer Arbeit. Zusammen mit Planungstätigkeiten, die sich sowohl auf den Hardware- als auch den Software-Einsatz beziehen, und der Entwicklung kleinerer Programmteile, die man seitens der jeweiligen Abteilungen aufgrund besonderer Spezifika des Arbeitsablaufs und aus Gründen des direkten Zugriffs auf die Entwickler „vor Ort" erledigt haben möchte, bestimmen sie die Arbeit zu über 90 %. Beispiele für solche „ausgelagerten" DV-Tätigkeiten finden sich in allen Großunternehmen, die mehr als 20 Informatiker beschäftigen. So sind in der Großbank sechs Informatiker im Börsenbereich tätig, im Stahlkonzern zwei unmittelbar in der Anlagensteuerung, im Chemieunternehmen jeweils einer in der Qualitätskontrolle, dem Personalwesen, dem Kreditbüro oder der ärztlichen Abteilung und im Automobilkonzern je zwei in den Produktionsabteilungen und im Bereich

---

13 Der Medienkonzern mit seiner völlig außergewöhnlichen Struktur bleibt hier unberücksichtigt, weil bei ihm moderne Verfahren schon sehr stark in den normalen Arbeitsablauf integriert sind. Es sind dort kaum noch traditionelle Arbeitsstrukturen aufzubrechen.

Recht/Revision sowie jeweils einer im Personalwesen, dem Vertrieb und bei Finanzen.[14]

Im einzelnen haben es die Informatiker in diesen Abteilungen vor allem mit folgenden Aufgaben zu tun. Sie sind zunächst der Ansprechpartner für alle Abteilungsangehörigen, wenn technische Probleme wie Programmabstürze oder vom normalen Benutzer nicht identifizierbare und korrigierbare Fehlermeldungen auftreten. Dann sind sie für die Planung neuer Systeme zuständig, d.h. sie müssen die Wünsche und Anforderungen aus der Abteilung aufnehmen, analysieren, auf ihre technische Machbarkeit und den nötigen finanziellen Aufwand hin abklopfen, in Gesprächen mit der eigenen wie der EDV-Abteilung für eine möglichst optimale, einvernehmliche Lösung sorgen und dann zumeist in Kooperation mit Experten aus der EDV-Abteilung die Einkaufsverhandlungen führen oder die Vorgaben für die unternehmensinterne Software-Entwicklung formulieren. Ebenfalls in ihren Arbeitsbereich fällt die Aufgabe, die Abteilungsangehörigen nach der Installation der Systeme, an der sie gleichfalls beteiligt sind, durch Schulungen und weitergehende Betreuungsmaßnahmen in die Veränderungen einzuweisen. Schließlich müssen sie, wenn die Kapazitäten der EDV-Abteilung nicht ausreichen, um Programmanpassungen in einer für die Fachabteilung akzeptablen Zeit zu realisieren, selbst Änderungen und Erweiterungen an der gelieferten oder schon vorhandenen Software vornehmen. All diese Funktionen variieren dabei je nach Tätigkeitsfeld in ihrem Gewicht, sind in der Regel aber nicht isoliert voneinander anzutreffen.

Hinsichtlich der fachlichen Anforderungen bedeutet das, daß sich die mit solchen Aufgaben befaßten Informatiker in einer Doppelrolle befinden. Gegenüber den Kollegen und Vorgesetzten in den Fachabteilungen verkörpern sie die informationstechnische Kompetenz, gegenüber den EDV-Abteilungen stellen sie den auch informationstechnisch beschlagenen Vertreter der Benutzerseite dar. Sie müssen also für ihren Anwendungsbereich soviel anwendungsspezifisches und informationstechnisches Wissen in sich vereinen, daß sie zum einen die Verständigungsprobleme zwischen Fach- und EDV-Abteilung zumindest stark reduzieren, zum anderen konkrete Probleme auch selbst bewältigen können. Sie sind Mittelsmann wie auch Feuerwehr, und zwar je nach Abteilung mal mehr das eine, mal mehr das andere. Die relative Breite fachlicher Anforderungen, die daraus resultiert – es sind immerhin Hardware-, Software- und betriebswirtschaftliche Kenntnis vonnöten –, wird allerdings konterkariert durch die Einengung auf die Probleme nur einer Abteilung oder eines Bereichs. In dieser Hinsicht teilen sie das Schicksal jener Entwickler, die auf eine bestimmte Problematik, Abteilung oder Software spezialisiert sind. Was sie von ihnen unterscheidet, ist das durchweg geringere Maß an konkretem Programmier-

---

14 Abweichungen von den Angaben in Tabelle 4.2 resultieren daraus, daß Informatiker, die wie derjenige in der Produktplanung nicht mehr mit informationstechnischen Fragen befaßt sind, dort nicht berücksichtigt wurden.

wissen auf der einen und das höhere Maß an anwendungsspezifischem wie allgemein informationstechnischem Wissen auf der anderen Seite.

Wenn diese Informatiker für relativ große Bereiche zuständig sind, eröffnen die genannten Anforderungen ein interessantes und fachlich anspruchsvolles Tätigkeitsfeld. Ist das aber nicht der Fall und sind die zu betreuende Abteilung und/oder das zu bearbeitende Problemgebiet eher klein, kann die Arbeit auch ziemlich uninteressant und anspruchslos sein. Ein Beispiel dafür stellt die Arbeit eines Informatikers dar, der die Koordinatenmeßmaschinen eines Werks, die sämtlichst rechnergesteuert laufen, mit den CAD-Rechnern koppeln sollte, um Konstruktionsdaten gleich mehrfach nutzen zu können. Er war mit dieser Aufgabe nicht ausgelastet, so daß er schließlich auch die Betreuung aller Koordinatenmeßmaschinen „am Hals" hatte. Seine Arbeit bestand dann immer mehr in der Beschaffung neuer Software-Versionen desselben Herstellers und vor allem „simplem Operating". Angesichts dieser Situation hat der Informatiker das Werk verlassen und ist in die zentrale EDV-Abteilung übergewechselt, wo er Planungs- und Koordinationsfuntionen für den CAD-Bereich wahrnimmt. Wie dieses Beispiel zeigt, lassen die sehr unterschiedlichen Bedingungen, unter denen die außerhalb der EDV-Abteilungen tätigen Informatiker arbeiten, kaum Verallgemeinerungen hinsichtlich des Niveaus der fachlichen Anforderungen zu. Es bewegt sich zwischen den Polen sehr qualifizierter Software-Beratung und z.T. auch Entwicklung auf der einen und relativ routinisierter Systemberatung wie auch Programmanpassung auf der anderen Seite.

4.2 Arbeitsbedingungen und Kooperationsbeziehungen

Im Unterschied zu den Hardware-Herstellern und den Software-Häusern spielen Arbeitszeitdifferenzen für die meisten Informatiker, die bei den Anwendern tätig sind, keine wichtige Rolle, wenn es um die Arbeitsbedingungen geht. Ihre Arbeitszeit bewegt sich durchweg im tarifvertraglichen Rahmen, mit einer leichten Tendenz auf die 40 Std. zu. Es gibt allerdings zwei wichtige Ausnahmen. Beim Medienkonzern liegt die durchschnittliche Wochenarbeitszeit mit 42–45 Std. deutlich, beim Chemieunternehmen mit 45–50 Std. sogar sehr deutlich oberhalb des Durchschnitts.

Die Gründe dafür sind in beiden Unternehmen zunächst identisch. Es ist der Wunsch, Karriere zu machen. Im Gegensatz zu den meisten anderen Anwendern, wo diesem Wunsch gravierende Hindernisse in den Weg gelegt werden, bieten der Medien- und der Chemiekonzern relativ gute Aufstiegsperspektiven für die Informatiker. Beim Medienunternehmen liegt das sowohl am enormen Wachstum der Anwendungsentwicklung als auch an der stark dezentralisierten Struktur des Gesamtunternehmens, beim Chemiekonzern an der internen Einstufung der im EDV-Sektor beschäftigten Informatiker als „Leitende Mitarbeiter", d. h. per definitionem zukünftige

Führungskräfte. Karrierestreben ist jedoch nicht der einzige Grund. Beim Chemieunternehmen entfallen für die außerhalb der tarifvertraglichen Regelungen stehenden „Leitenden Mitarbeiter" per se alle Arbeitszeitregelungen[15], im Medienkonzern dagegen entsteht eine Art Sog, der an die Situation in den Software-Häusern erinnert. Die EDV-Abteilung ist formal selbständig, als Profitcenter organisiert. Sie muß sich ihre Kundschaft innerhalb der Gesamtfirma also erst besorgen, konkurriert mit Fremdanbietern, obwohl sie natürlich gewisse Heimvorteile genießt. Die starke Kundenorientierung ist zudem verknüpft mit einem für Großunternehmen auffällig partnerschaftlich ausgerichteten, betont wenig hierarchisch und autoritär wirkenden Führungstil. Dies alles ähnelt den Arbeitsbedingungen in großen Software-Häusern und hat in puncto Arbeitszeit auch vergleichbare, nur weniger stark ausgeprägte Konsequenzen. Man arbeitet, wenn es nötig erscheint, eben länger als arbeitsvertraglich vereinbart.

Arbeitsspitzen, die bei den Software-Häusern vor allem im kundennahen Bereich relativ häufig vorkommen, gibt es bei den Anwendern ebenfalls nur selten. Dies gilt für die Firmen, in denen durchweg unter 40 Std. gearbeitet wird, ebenso wie für jene zwei, die diese Grenze deutlich überschreiten. Der zeitliche Rhytmus ist insgesamt recht gleichförmig, wenn man ihn mit dem in den Software-Häusern vergleicht, und zwar unabhängig davon, ob 37,5 oder 47 Std. gearbeitet wird. Wenn Spitzen auftreten, die wirklich spürbar über das Normalmaß hinausreichen, so handelt es sich in der Regel entweder um dienstlich veranlaßte Reisen zu Lieferanten von Hard- und Software, um die Behebung kurzfristig anfallender Fehlfunktionen oder um das Einspielen neuer Programme oder Programmversionen. Solche Aufgaben sind jedoch sehr selten, zumeist auf nur wenige Tage pro Jahr beschränkt. So trifft es die für die Sicherheitssysteme zuständigen Informatiker drei- bis viermal jährlich, daß sie an einem Wochenende notwendige Wartungsarbeiten durchführen müssen. Ähnliches gibt es für die meisten anderen Abteilungen. Einzig in jenen Bereichen, die sich mit den überall stark aufkommenden dezentralen, vernetzten Systemen befassen, sind Überstunden häufiger, weil die Personaldecke in diesen, zumeist noch im Aufbau begriffenen Abteilungen recht knapp ist, die Anforderungen seitens der Fachabteilungen aber ziemlich hoch. Belastungsspitzen, die denen in den Software-Häusern nur annähernd gleichkämen, gibt es aber auch hier nicht. Mit 10–12 Überstunden pro Monat halten sich die zeitlichen Zusatzbelastungen doch in relativ engen Grenzen. Es gibt nur vereinzelte Ausnahmen. So bringen es einzel-

---

15 Die Wirkung von solchen Einstufungen zeigt sich auch in der Großbank, wo in einer Unterabteilung, deren Informatiker zu 80 % AT-Angestellte sind, auch überdurchschnittlich viele Überstunden von einem Teil dieser Informatiker geleistet werden, bis zu mehreren hundert pro Jahr. Neben dem AT-Vertrag spielt hier allerdings auch die chronische Unterbesetzung eine große Rolle. Die anfallenden Aufgaben zwingen angesichts der Personalnot zur Mehrarbeit, der AT-Status erleichtert aber ihre Durchsetzung.

ne AT-Angestellte der Großbank, die auf Unix-Systeme spezialisiert sind, auch mal auf 200, 300 Überstunden pro Jahr. In derselben Unterabteilung gibt es aber genauso Informatiker, die es auf nicht mehr als 20–30 Überstunden im Jahr bringen. Überstundenzahlen wie die genannten 200–300 pro Jahr kommen außerdem bei den Informatikern, die als Tarifangestellte eingestuft sind (und das ist noch die große Mehrzahl) generell nicht vor.

Eine weit größere Bedeutung als die derzeit gültigen Arbeitszeiten haben in den Augen der Mehrzahl der bei Anwendern beschäftigten Informatiker zwei andere Punkte, die mit den internen und externen Kooperationsbeziehungen verknüpft sind. Auf der einen Seite gibt es unter vielen Informatikern eine mehr oder minder ausgeprägte Unzufriedenheit über die sehr hierarchischen Strukturen bei fast allen Großunternehmen. Sie werden nicht nur als Hindernis für das berufliche Fortkommen betrachtet, sondern vor allem auch als spürbare Einengung der persönlichen Handlungsspielräume. Das fängt bei der Klage über den „Papierkrieg" an, der beispielsweise schon bei Dienstreisen erforderlich ist, und hört auf bei Beschwerden über die Schwierigkeiten, die die streng hierarchische Ordnung einer abteilungs- oder bereichsübergreifenden Kooperation und Entscheidungsfindung vielfach in den Weg legt. Die meisten Informatiker gewöhnen sich allerdings auf Dauer an diese „Ärgernisse", obwohl sie sie auch weiterhin als solche ansehen. Nur ein kleiner Teil zieht für sich die Konsequenzen und wechselt zu den weniger hierarchisch strukturierten großen Software-Häusern.

Auf der anderen Seite betrachtet die Mehrzahl der Informatiker einen Prozeß mit großer Skepsis, zu einem Teil sogar mit Sorge, der in puncto Hierarchie sicherlich eine Verbesserung beinhaltet. Es ist dies der Trend zum sog. „Outsourcing", zur Auslagerung von Teilen der EDV-Abteilungen oder gar von kompletten Abteilungen, die derzeit vor allem in der Automobilindustrie betrieben wird. Die Mehrheit der großen Konzerne dort hat diesen Schritt bereits mehr oder minder umfassend vollzogen. Firmen wie Debis (Daimler-Benz Inter-Services), EDS (General-Motors-Tochter) oder Gedas (VW-Tochter) sind dafür ein deutliches Zeichen. Ähnliche Entwicklungen gibt es aber auch in anderen Branchen. So hat der in die Untersuchung einbezogene Versicherungskonzern die Rechenzentren der einzelnen Gesellschaften inzwischen ausgelagert und zu einer unabhängigen Firma zusammengefaßt.

Das Medienunternehmen hat einen ähnlichen Schritt gemacht. Seine zentrale EDV-Abteilung ist eine selbständige GmbH, obwohl sie zu 100 % für die anderen Konzerteile tätig ist[16]. Die Verselbständigung von EDV-Abteilungen oder Teilbereichen löst in den davon betroffenen Teilen die gewohnten hierarchischen Strukturen ein ganzes Stück weit auf. Man operiert intern nicht mehr wie eine Abteilung eines Großunternehmens, sonder

---

16 Dies gilt in den anderen Fällen weitgehend auch. Debis arbeitet zu 75 % für Daimler Benz, und EDS sowie Gedas sind zu noch höheren Prozentsätzen für Opel und VW tätig.

eher in der Art eines großen Software-Hauses, ohne die traditionellen Bindungen und Prägungen aber gänzlich über Bord werfen zu wollen. Denn man bleibt durchweg doch hierarchischer strukturiert als die meisten (auch größeren) Software-Häuser[17]. Das die aber nichtsdestotrotz zweifellos stattfindende Enthierarchisierung bei den von „Outsourcing"-Bestrebungen betroffenen Informatikern nicht dazu führt, daß diese Entwicklung begrüßt wird, sondern eher Befürchtungen weckt, hängt damit zusammen, daß der Zweck der Übung zumeist deutlich erkennbar ist. Es sollen Kosten eingespart werden. Nicht Hierarchieabbau, Personalabbau heißt das Ziel. Außerdem will man von seiten des Managements endlich wieder die Kontrolle über die „ausufernden EDV-Ausgaben" bekommen, wie die folgenden Aussagen eines Unternehmensberaters und einer Bereichsleiterin eines Software-Hauses illustrieren:

> „Ursache für das Outsourcing dürfte sein, daß in den letzten Jahren ständig sehr viel in die Informationstechnik investiert worden ist und die Geschäftsführungen sich in vielen Fällen nicht ganz im klaren darüber sind, was die Vorteile davon sind. Die EDV kommt ihnen in vielen Teilen wie ein schwarzes Loch vor, wo Gelder verschwinden. Es ist ihnen zwar klar, daß sie ohne Informationstechnik nicht bestehen können. Sie denken aber durchaus darüber nach, ob sie das selbst betreiben müssen."
>
> „Der Outsourcing-Trend ist in diesem Zusammenhang zu sehen. Das Management sagt sich in Hinblick auf die EDV: ich kann es nicht überschauen; ich kann es nicht beurteilen; der Rechner muß so groß sein, aber warum gehen die Daten dann nicht drauf; ich verstehe das nicht. Mich interessiert nur eine schöne Oberfläche, aber das ist ja alles so kompliziert, und dann läßt man sich lieber drei Angebote geben und hat dann einen Meßwert."

Die Folgen für die Beschäftigten in den EDV-Abteilungen sind infolgedessen relativ klar. Sie sollen dadurch, daß sie einer verstärkten Konkurrenz durch andere externe Anbieter ausgesetzt werden, unter Druck gesetzt werden, kostengünstiger und auch kostentransparenter zu arbeiten. Es werden damit inhaltliche und zeitliche Spielräume gefährdet oder in Frage gestellt. Verglichen mit dieser Gefahr fällt der Abbau hierarchischer Strukturen in den Augen der meisten Informatiker weit weniger ins Gewicht. Die Einschätzung wird deshalb viel stärker von Ängsten als von Hoffnungen bestimmt, wenn es um „Outsourcing" geht.

---

17 Die Situation beim Medienkonzern taugt als Beleg für eine massive Enthierarchisierung nicht, weil die Realität zwar der in vielen großen Software-Häusern recht nahe kommt, die Struktur in anderen Teilen des Konzerns aufgrund der starken Dezentralisierung aber auch bei weitem nicht so hierarchisch geprägt ist wie in anderen Großunternehmen.

4.3 Professionelle Zuständigkeiten

Betrachtet man die Arbeit der bei den großen Anwendern tätigen Informatikern unter dem Aspekt, in welchem Umfang diese bislang professionelle Zuständigkeiten haben markieren können, so bietet sich zunächst ein Bild, das in seinen Grundzügen an die Situation bei den Hardware-Herstellern erinnert. Die größten Erfolge haben die Informatiker auch bei den Anwendern dort erzielt, wo es entweder um neue Entwicklungsmethoden und -werkzeuge geht oder um Systemsoftware für dezentrale, vernetzte Systeme. Von einer Ausnahme, dem Medienkonzern, abgesehen, werden in den Abteilungen oder Unterabteilungen, die sich mit diesbezüglichen Problemen beschäftigen, die höchsten Anteile an Informatikern erreicht. Während in den Bereichen außerhalb der EDV-Abteilung allenfalls Promille-Werte gemessen werden können und innerhalb die 10 % Marke auch nur höchst selten gestreift wird, der Prozentsatz der Informatiker in der Regel vielmehr um die 4 % schwankt, kommen die Abteilungen, die sich mit Software-Engineering oder Client-Server-Architekturen, Netzwerken etc. befassen, auf über 80 % als Maximum.

Diese 80 %, die eine für Methoden, Tools und Qualitätssicherung zuständige Abteilung des Stahlkonzerns aufweist, stellen allerdings den mit Abstand höchsten Wert dar. Am nächsten kommen ihm noch jene 50 und 60 %, die zwei mit dezentralen, vernetzten Systemen beschäftigte Unterabteilungen des Automobilunternehmens und der Großbank erreichen. Die anderen Abteilungen mit diesen zwei Aufgabenschwerpunkten fallen deutlich ab. Dabei ist bemerkenswert, daß der Bereich Methoden und Verfahren, der allerdings nur noch bei dem Automobilkonzern und der Versicherungsgesellschaft Abteilungsgröße aufweist, generell deutlich über dem Durchschnitt liegt, der Bereich dezentrale, vernetzte Systeme dagegen häufig nur wenig oder gar nicht über das Normalmaß hinausragt. So liegt der Informatikeranteil in den beiden zuerst genannten Abteilungen immerhin noch bei 20 bzw. 15 %, während im anderen Sektor Prozentsätze um die 10 % und z.T. sogar darunter den Durchschnitt ausmachen.

Dieser Unterschied ist in erster Linie auf die Verschiedenartigkeit der fachlichen Anforderungen zurückzuführen. Die für Methoden und Verfahren zuständigen Abteilungen sind geschaffen worden, um die aus der betrieblichen Praxis entstandenen und dadurch vielfältigem „Wildwuchs" unterworfenen Software-Entwicklungsmethoden unter dem Gesichtspunkt neuester Erkenntnisse und Verfahren zu analysieren, zu vereinheitlichen und grundsätzlich zu modernisieren. Es soll mit der Erfahrung ein Stück weit gebrochen werden. An den Universitäten entwickelte und gelehrte Methoden sollen die Basis von systematischer, strukturierter Problemanalyse und Software-Design wie -Programmierung werden. Es ist deshalb verständlich, wenn Informatiker in diesen Abteilungen bevorzugt eingestellt werden. Ihre an Hochschulen erworbene Methodik wie auch ihr Wissen um neue Verfahren und CASE-Tools sollen genutzt werden, um „frischen Wind" in die EDV-Abteilungen zu bringen. Aus diesem Grund sind es auch durchweg Informatiker mit Hochschulabschluß, denen im Unterschied zu den eher praxisnah orientierten Fachhochschulabsolventen eine gründlichere und abstrakter ausgerichtete Ausbildung in methodischen Fragen nachgesagt und eine entsprechende Kompetenz dann auch zugetraut wird. In den mit dezentralen, vernetzten Systemen befaßten Abteilungen spielt die Methodik dagegen eine nicht so zentrale Rolle. Hier kommt es vor allem auf die Kenntnisse von Rechnerarchitekturen, Netzwerken, auf Unix basierenden Systemen etc. an. Diese Anforderungen begünstigen bei manchen besonders komplexen und/oder umfangreichen Fragestellungen zwar auch den Einsatz von Informatikern, tun dies aber bei weitem nicht in gleichem Maße wie bei den auf Methodenprobleme spezialisierten Abteilungen. Denn Kenntnisse über Netzwerke, Unix etc. kann man weit eher auch außerhalb des Informatikstudiums erwerben. Dies gilt ganz besonders, wenn man nur die Belange eines einzelnen Unternehmens im Auge haben muß und der Abstraktionsgrad der Überlegungen hinsichtlich optimaler Architekturen, Netzwerke etc. sich daher in Grenzen hält.

Ungeachtet der Differenz zwischen den beiden angesprochenen Bereichen muß man festhalten, daß der Informatikeranteil in diesen Tätigkeitsgebieten im Durchschnitt weit unter dem liegt, den mit vergleichbaren Fragen befaßte Abteilungen bei den Hardware-Herstellern und Software-Häusern aufweisen. Das hat einen wesentlichen Grund. Durch die Ausrichtung auf die Gegebenheiten eines Unternehmens nimmt die Bedeutung des informationstechnischen Wissens vor allem in der Breite spürbar ab und die der Kenntnis betriebsspezifischer Organisationsstrukturen, Produktionsverfahren, Vertriebsmethoden etc. deutlich zu. Dies gilt für die Abteilungen, die sich mit Methoden und Verfahren befassen, ebenso wie für jene, die es mit Client-Server-Architekturen, Netzwerken auf Host-Basis etc. zu tun haben. Bei letzteren schlägt dies nur stärker zu Buche, weil hier die konkrete Kenntnis bestimmter Systeme generell eine größere Rolle spielt und der Einfluß unternehmensspezifischer Bedingungen daher größer ist als bei den insgesamt doch abstrakter ausgerichteten Methodenproblemen. Die Chancen der Informatiker, sich gegenüber anderen Berufsgruppen durchzusetzen, sind folglich hier auch geringer.

In weit höherem Maße gilt diese Feststellung natürlich für die meisten anderen Bereiche, die mit Systemsoftware befaßt sind, und vor allem für die gesamte Anwendungsentwicklung. Daß hier in der Regel nicht mehr als 3–4 % der Beschäftigten einen Informatik-Abschluß besitzen, deutet an, welches Gewicht der Kenntnis unternehmensspezifischer Gegebenheiten auf der einen und abstrakter Methodik sowie breitem informationstechnischen Wissen auf der anderen Seite zukommt. Denn obwohl die Verteilung der Anforderungen fachlicher Art sich je nach Aufgabengebiet recht unterschiedlich darstellt – bei der Einführung eines neuen, relationalen Datenbanksystems erfährt sie einen starken Ausschlag in Richtung informationstechnischer Kenntnisse und Methodik, bei der Wartung von Routine-

anwendungsprogrammen dagegen weist sie bezüglich dieser Qualifikations-
merkmale genau die entgegengesetzte Tendenz auf – bleibt insgesamt doch
eines als unbestrittene Tatsache festzuhalten: Die ausschließliche Orientierung auf die Probleme eines Unternehmens schränkt das Spektrum des erforderlichen Wissens über moderne Software-Entwicklungsmethoden und die
vielfältigen System- und Anwendungsprogramme wie auch Hardware-
Konfigurationen und System-Architekturen deutlich ein, während es zu
einer Vertiefung der Kenntnis betriebsorganisatorischer Abläufe und der
Spezifika der betrieblichen EDV-Systeme zwingt.

Wenn es um die Markierung professioneller Zuständigkeiten geht, sehen
sich die Informatiker deshalb einer harten Konkurrenz nicht nur mit
Betriebswirten, Mathematikern, Ingenieuren oder umgeschulten Hoch-
schul- bzw. Fachhochschulabsolventen, sondern auch mit betrieblichen
„Eigengewächsen" ausgesetzt. Die große Mehrzahl der in den meisten
EDV-Abteilungen beschäftigten Angestellten sind solche „Eigengewächse".
Klammert man das Operating einmal aus, weil es als Arbeitsfeld für die
Informatiker keinerlei Bedeutung hat, handelt es sich dabei um Industrie-
kaufleute oder Techniker mit einer betrieblichen EDV-Zusatzausbildung,
DV-Kaufleute, Informationselektroniker sowie mathematisch-technische
Assistenten. Sie stellen in der Systemtechnik (unter Ausklammerung des
Operating) und der Anwendungsentwicklung zwischen 40 und 90 % der
Beschäftigten, wobei die Mehrzahl der Unternehmen eher in Richtung 90 %
als in Richtung 40 % tendiert. Diese hohen Prozentsätze sind sicherlich auch
auf die eingeschränkten Möglichkeiten zurückzuführen, die aufgrund der
angespannten Arbeitsmarktlage im EDV-Bereich lange Zeit für die Rekrutierungspolitik der Unternehmen maßgeblich waren. Darauf deutet die
Tatsache hin, daß der Anteil der Hochschul- und Fachhochschulabsolventen in der Regel dort am höchsten und der Anteil der „Eigengewächse"
dementsprechend am niedrigsten liegt, wo es in den letzten Jahren zu
umfangreichen Neueinstellungen gekommen ist. Die starke Bedeutung der
betrieblich ausgebildeteten DV-Kräfte hat aber auch eine gewichtige fachliche Komponente, wie nicht zuletzt das Beispiel der Versicherungsgesellschaft zeigt, die trotz einer enormen Expansion der EDV-Abteilung
einen sehr hohen Prozentsatz an „Eigengewächsen" aufweist. Er liegt selbst
in der Hauptabteilung, die sich mit dezentralen, vernetzten Systemen
befaßt, bei über 80 %.

Die fachliche Komponente besteht darin, daß die im wesentlichen inner-
betrieblich ausgebildeten Angestellten mit EDV-Zusatzausbildung oder einer
speziellen Ausbildung mit EDV-Schwerpunkt (DV-Kaufleute, mathematisch-technische Assistenten) zwei gewichtige Vorzüge gegenüber den
Absolventen, die von Fachhochschulen oder Hochschulen kommen, in die
Waagschale werfen können. Sie sind zum einen erheblich jünger (im Schnitt
so um die 4–5 Jahre) und dementsprechend flexibler und lernfähiger, zum
anderen sind sie mit den Spezifika des jeweiligen Unternehmens vertraut. Wie
entscheidend der letzte Punkt in den Augen vieler Vorgesetzter ist, demon-

striert die folgende Aussage der für die oben erwähnte Abteilung des Versicherungskonzerns zuständigen Hauptabteilungsleiterin:

> „Gegenüber den Leuten vom Markt haben die mathematisch-technischen Assistenten den Vorteil, daß sie eine Bavaria-spezifische[18] Ausbildung haben, daß wir also die Leute relativ schnell einsetzen können, wenn wir ihnen das notwendige Spezialwissen noch vermitteln. Wenn sie jemanden von draußen holen, hat er unter Umständen das Spezialwissen. Aber sie müssen ihm die breite Palette der Bavaria-Umgebung noch beibringen. Das dauert unter Umständen länger, so daß einfach, wenn sie abwägen, wer schneller voll einsatzfähig ist, das dann eigentlich die mathematisch-technischen Assistenten sind.“

Dieselbe Hauptabteilungsleiterin benennt aber auch den nach Ansicht fast aller Befragten entscheidenden Nachteil der betrieblich ausgebildeten DV-Fachkräfte, wenn sie den Universitäts-Absolventen eine erheblich größere Fähigkeit zuspricht, „abstrakt an Dinge heranzugehen, sie zu strukturieren“ und insgesamt einfach „konzeptioneller“ zu denken und zu arbeiten. Die starke Orientierung an einem Unternehmen, dessen Problemen und EDV-Systemen, bewirkt nämlich nicht nur eine Steigerung der Leistungsfähigkeit durch die Vertrautheit mit den betrieblichen Gegebenheiten, sie führt auch zu einer erheblichen Einengung des fachlichen Wissens, was sich immer dann ausgesprochen negativ bemerkbar macht, wenn es um durchgreifende Neuerungen und umfassendere Konzeptionen geht. Denn für solche Aufgaben wird in erster Linie eine abstrakt-logische Arbeitsmethodik verlangt, die nicht nur einen guten Überblick über das Gesamtproblem und eine sachgerechte Analyse und Aufteilung desselben deutlich erleichtert bzw. manchmal sogar erst ermöglicht, sondern auch das Verlassen eingefahrener Gleise durch eine gewisse Abstraktion von den ganz konkreten Bedingungen fördert bzw. überhaupt erst gestattet.

In welchem Umfang sich die Vor- und Nachteile der verschiedenen Berufsgruppen bemerkbar machen und damit zu einem entscheidenden Einstellungskriterium werden, hängt von den konkreten Anforderungen der jeweiligen Tätigkeit ab. So wird die Frage nach der kürzeren Einarbeitungszeit sehr unterschiedlich beantwortet, je nachdem welchen Aufgabenbereich es betrifft und wer die Konkurrenten sind. Es sind die Informatiker immer dann überlegen, wenn es um grundsätzliche Verfahrensprobleme wie die Vereinheitlichung von Software-Entwicklungsmethoden, den Einsatz von CASE-Tools oder Formen objektorientierter Datenmodellierung geht und die Konkurrenz nur aus Angehörigen von DV-Lehrberufen oder Lehrberufen mit EDV-Zusatzausbildung besteht. Auf diesem abstrakt-methodisch ausgerichteten Gebiet haben sie nämlich in erster Linie verwandte Berufe wie Mathematiker und Physiker zu fürchten, z.T. auch noch

---

18 Der Name ist erfunden, um die Anonymität des Unternehmens zu sichern.

Betriebswirte, Ingenieure und mathematisch-technische Assistenten, aber keine DV-Kaufleute und erst recht keine Kaufleute mit EDV-Zusatzausbildung. Ihre Zuständigkeit ist allerdings auch in dieser „Hochburg" weit schwächer, ihre fachliche Überlegenheit weit geringer als in den entsprechenden Abteilungen der Hardware- und Software-Hersteller, weil der enge Bezug zu den Spezifika des jeweiligen Unternehmens hier ebenfalls seine Spuren hinterläßt, wenn auch nicht so deutliche wie in den anderen Bereichen.

Wie instabil und eng begrenzt die Zuständigkeit der Informatiker ist, dafür spricht nicht nur der im Durchschnitt sehr viel niedrigere Informatikeranteil, sondern auch die Tatsache, daß in der einzigen Abteilung, die den bei den Hardware- und Software Produzenten in vergleichbaren Abteilungen üblichen Prozentsatz an Informatikern ungefähr erreicht, die Meinungen über die Notwendigkeit des Informatikereinsatzes deutlich auseinandergehen. Während der zuständige Hauptabteilungsleiter ihre ausschließliche Rekrutierung für so gut wie unumgänglich hält, ist einer der dort tätigen Informatiker der Ansicht, daß „erfahrene Praktiker", worunter er Datenverarbeitungskaufleute, vor allem aber mathematisch-technische Assistenten versteht, das „durchaus auch machen" könnten. Sie bräuchten allerdings wohl eine etwas längere Einarbeitungszeit, weil ihnen eine bestimmte Begrifflichkeit fehle. Gegenüber Mathematikern oder Betriebswirten sei der Vorsprung, den die Informatiker aufgrund ihres Studiums besäßen, sogar noch geringer. Letztere Ansicht vertreten auch die Vorgesetzten und Informatiker aus den beiden anderen mit „Methoden und Verfahren" befaßten Abteilungen. Denn da die Methodik das zentrale Kriterium zugunsten der Informatiker sei, andere mathematisch-naturwissenschaftliche oder überhaupt universitäre Ausbildungen aber in der Regel auch eine gewisse abstrakte Vorgehensweise vermittelten, seien Konkurrenten mit Hochschulabschlüssen und einem passablen, durch ein Nebenfachstudium in Informatik oder eine Umschulung erworbenem EDV-Wissen häufig eine akzeptable Alternative. Denn letztlich komme es in erster Linie auf eine „strukturierte Denkweise" an und „die Bereitschaft, sich mit Themen auseinanderzusetzen, von denen man vorher überhaupt nichts gehört hat", so die Meinung einer auf CASE-Verfahren spezialisierten Informatikerin.

Der Leiter der für Expertensysteme zuständigen Gruppe des Versicherungskonzerns formulierte es noch drastischer:

> „Mir ist völlig egal, ob die Informatik studiert haben. Mir ist bloß wichtig, was für innere Einstellungen die Leute haben, ob sie lernfähig sind und ob sie die springenden Punkte verstehen."

Solche krassen Außerungen zeigen, wie schwach die Position der Informatiker in puncto professionelle Zuständigkeit auch in ihrer „Hochburg" bei den Anwendern ist. Sie dürfen aber nicht dazu verleiten, den Vorsprung, den die Informatiker dennoch in vielen methodische Fragen und auch aufgrund ihres breiten informationstechnischen Wissens besitzten, völlig zu leugnen oder zu ignorieren. Im Bereich Methoden und Verfahren weisen Informatiker in der Regel eine deutlich kürzere Einarbeitungszeit auf als Angehörige anderer Berufe. Nach einigen Jahren ist dieser Vorsprung aber zumeist weggeschmolzen. Manchmal dauert dieser Prozeß nur ein Jahr, wenn ein Nichtinformatiker besonders befähigt oder das Arbeitsgebiet vergleichsweise einfach ist, manchmal auch mehrere Jahre. Von einer stabilen oder auch nur einer halbwegs festen Zuständigkeit wie in vergleichbaren Abteilungen bei den Hardware- und Software-Produzenten kann jedenfalls keine Rede sein[19].

Diese Feststellung trifft in noch stärkerem Maße auf die zweite „Hochburg" der Informatiker bei den Anwendern zu, die mit dezentralen, vernetzten Systemen befaßten Abteilungen. Die oben zitierte Äußerung der für diesen Aufgabenbereich in der Versicherungsgesellschaft zuständigen Hauptabteilungsleiterin hat das schon angedeutet. In den meisten auf dieses Aufgabengebiet spezialisierten Abteilungen stellen die Informatiker nur eine kleine Minderheit dar. Ihr wesentlicher Vorteil, die bessere Kenntnis von Hard- und Software-Architekturen sowie den verschiedenen auf dem Markt befindlichen Typen von Workstations, PCs und vor allem der dazugehörigen Systemsoftware, ist bei weitem nicht so wirkungsvoll wie in den entsprechenden Abteilungen der Software-Lieferanten, weil die diesbezüglichen Anforderungen aufgrund der Einengung durch die firmenspezifische Ausrichtung in der Regel deutlich niedriger liegen.

Einzig zwei Unterabteilungen machen da ein Ausnahme. Sie weisen, da sie es mit äußerst umfangreichen und komplexen Netzwerken zu tun haben, einen Informatikeranteil von 50 bzw. 60 % auf. Bei derartig aufwendigen Systemen schlagen die Vorzüge des Informatikers vergleichsweise stark zu Buche; die Nachteile vor allem hinsichtlich der unternehmensspezifischen Kenntnisse fallen dagegen weniger ins Gewicht, weil es sich um sehr kostspielige und die traditionellen Strukturen verändernde Neuinstallationen handelt. Von festen Zuständigkeiten kann aber auch in diesen zwei Unterabteilungen nicht gesprochen werden. Denn obwohl der Anteil der informationstechnischen Kenntnisse nach Ansicht des Leiters der Bankabteilung z. B. bei 75 % des erforderlichen Fachwissens zu veranschlagen ist, geht er davon aus, daß die Arbeit „auch für Nichtinformatiker zu bewältigen ist", allerdings mit einer längeren Einarbeitungszeit.

Man sucht dementsprechend nicht ausschließlich Informatiker, obwohl man sie in der Regel bevorzugt, sondern entscheidet nach einer Vorauswahl,

---

19 Einen wichtigen Schwachpunkt sieht der für Expertensysteme zuständige Gruppenleiter auch noch darin, daß den Informatikern oft jene Ausdrucksfähigkeit und Gesprächsbereitschaft fehle, die gerade die Durchsetzung neuer Methoden verlange. Sie konnten mit den Ansprechpartnern aus den Fachabteilungen aufgrund ihrer technischen Ausrichtung und ihrer oft introvertierten Einstellung vielfach nicht überzeugend kommunizieren.

die die Kandidaten nach fachlichen Kriterien abklopft, aufgrund des persönlichen Eindrucks. Außen vor bleiben allerdings so gut wie immer die Bewerber ohne Hochschul- oder zumindest Fachhochschulabschluß, weil sie die erforderliche „intellektuelle Flexibilität und das Denken in größeren Zusammenhängen" nach Ansicht des verantwortlichen Vorgesetzten nicht im notwendigen Maße mitbringen. Die früher übliche Einstellung von in der Bank aus dem Operating hochgewachsenen Umschülern unterbleibt deshalb heute. Mathematiker oder Betriebswirte aber haben durchaus gute Chancen. In der Unterabteilung des Automobilunternehmens sind die Bedingungen für die Bewerber ähnlich, nur mit dem Unterschied, daß aufgrund der großen Bedeutung nachrichtentechnischer Fragen neben den Betriebswirten Nachrichtentechniker die zweite Berufsgruppe stellen, die erfolgreich mit den Informatikern konkurriert.

Außerhalb dieser zwei „Hochburgen" gibt es nur noch vereinzelte Aufgabenbereiche, in denen Informatiker eine zumindest im Grundsatz anerkannte fachliche Überlegenheit gegenüber anderen Berufsgruppen aufweisen können. Dies gilt beispielsweise für die Arbeitsgruppen, die sich mit der Umstellung von hierarchischen auf relationale Datenbanken oder der Wartung der SAP-Standardsoftware befassen. In den allermeisten Gebieten der Systemtechnik oder der Anwendungsentwicklung müssen sie sich aber gegen eine harte, oft gleichwertige, manchmal sogar überlegene Konkurrenz von Betriebswirten, Ingenieuren, mathematisch-technischen Assistenten und DV-Kaufleuten behaupten. Ihr breiter und tiefer angelegtes informationstechnisches Wissen und ihre bessere Methodik treffen dann auf genauere Kenntnisse der Firmenspezifika, ein umfassenderes betriebswirtschaftliches Wissen oder auch bessere Kommunikationsfähigkeit gerade gegenüber den Gesprächspartnern aus den Fachabteilungen. Was letztlich den Ausschlag gibt, hängt von den Besonderheiten der einzelnen Positionen ab. Eine als professionelle Zuständigkeit zu bezeichnende Kompetenz besitzen die Informatiker jedenfalls nirgendwo. Ihre Chancen, sich in der Konkurrenz zu behaupten, sind aber generell besser, wenn es um die Entwicklung oder Wartung komplexer Software geht, weil sich in diesen Fällen ihre Methodik und ihr Fachwissen positiv bemerkbar machen. Angesichts der Tatsache, daß die Masse der Arbeiten in den EDV-Abteilungen (das Rechenzentrum aus bekannten Gründen ausgeklammert) auf die Wartung von Programmen einfacher bis mittlerer Schwierigkeit entfällt und immer mehr Programme von externen Firmen entwickelt werden, kann man deshalb aus fachlicher Sicht wohl nicht mit einem größeren „Durchbruch" der Informatiker bei den Anwendern rechnen. Sie werden, soweit derzeit absehbar, einen aufgrund der Arbeitsmarktlage zwar größer werdenden Prozentsatz der Beschäftigten stellen, aber weit weg von einer Etablierung professioneller Zuständigkeiten in größeren Bereichen sein.

Dieses insgesamt recht klare Bild wird nun allerdings stark „getrübt" durch die ganz und gar außergewöhnliche Entwicklung in der zentralen EDV-Abteilung des Medienkonzerns. Zwar hält sich der Bereich Systemtechnik mit einem Informatikeranteil von unter 10 % im Rahmen des Normalen, die Anwendungsentwicklung mit ihrem Anteil von fast 40 % sprengt ihn aber vollkommen. Diese völlige Ausnahmestellung verdankt die Anwendungsentwicklung im wesentlichen vier Ursachen. Erstens setzt die Personalpolitik sehr stark auf die Rekrutierung von Informatikern und in etwas geringerem Umfang auch Betriebswirten, weil man sich von ihnen eine schnellere Einarbeitungszeit als von den DV-Kaufleuten verspricht, die immer noch ein gutes Drittel der Beschäftigten stellen und vor drei Jahren sogar noch mehr als die Hälfte ausmachten. Mathematisch-technische Assistenten mit ihrem höheren Wissenstand werden im Unternehmen nicht ausgebildet, so daß diese in anderen Unternehmen sehr wichtige Berufsgruppe als Konkurrenz für die Informatiker komplett wegfällt. Zweitens konnte diese Personalpolitik aufgrund einer mit 50% außerordentlich kräftigen Personalaufstockung in den letzen zwei Jahren auch praktisch umgesetzt werden, Die Geschäftsleitung konnte angesichts der für sie günstigen Arbeitsmarktlage und des guten Images der Firma, was Bezahlung, Aufstiegschancen etc. betrifft, sehr viele Informatiker einstellen. Drittens zahlte sich die langjährige Zusammenarbeit mit mehreren in der Region angesiedelten Informatik-Fakultäten aus. Viertens schließlich, und das ist der ausschlaggebende und den anderen drei Faktoren erst eine solide Basis verleihende Punkt, sorgt die dezentrale Struktur des gesamten Konzerns dafür, daß die Anwendungsentwicklung wie ein größeres Software-Haus operieren kann und zugleich auch muß. Sie besitzt eine relativ flache Hierarchie, eine große Flexibiliät durch die Organisierung in Projektgruppen und ein vergleichsweise hohes Anforderungsniveaus auf einem breiten Gebiet. Dieses hohe Anforderungsniveau und die breite Streuung der zu behandelnden Probleme rührt u. a. daher, daß einzelne Projektgruppen den zu betreuenden Konzernteil in allen EDV-Fragen beraten, was bei der dezentralen Konzernstruktur in der Regel die EDV-mäßige Unterstützung von der Produktionssteuerung über die Lagerverwaltung bis zum Finanzwesen und zum Vertrieb bedeutet und daß die Beschäftigten zwischen den Projektgruppen wechseln. Außerdem begegnet die Geschäftsleitung einer technischen Spezialisierung auf Mainframe- oder dezentrale Systeme nicht nur durch die umfassende Kundenbetreuung, sondern auch durch eine gezielte Politik der „Mischung von verschiedenem Know-how in den einzelnen Köpfen statt nur in den Projektgruppen". Darüber hinaus machen die Wartungsaufgaben aufgrund der enormen Expansion des Gesamtkonzerns und der damit verbundenen großen Zahl von Neuentwicklungen einen deutlich geringeren Teil der Arbeit aus als sonst üblich.

Erst vor dem Hintergrund dieses hohen fachlichen Anspruchsniveaus, das sowohl den Bedarf an Informatikern als auch die Erfolgsaussichten bei ihrer Rekrutierung und Einbindung ins Unternehmen erhöht, kann die Personalpolitik der Geschäftsführung adäquat beurteilt werden, weil sie erst so eine solide Basis bekommt. Dies gilt in zweierlei Hinsicht. Zum einen sorgen die fachlichen Anforderungen dafür, daß die DV-Kaufleute einen schweren

Stand haben. Ihr Vorteil, die bessere Kenntnis interner Abläufe, wiegt angesichts der starken Dezentralisierung des Konzerns und des daraus resultierenden stetigen Anforderungswechsels nicht so stark wie in anderen Firmen. Ihr Manko, die geringere Breite und Tiefe der informationstechnischen Ausbildung, wiegt dafür um so schwerer, weil die Vielfältigkeit der Problemstellungen, der umfassende Charakter sowohl der technischen wie auch der betriebswirtschaftlichen Aufgaben und der Einsatz modernster Systeme wie auch Verfahren die Mängel vor allem in puncto Methodik und Wissensbreite spürbarer macht als anderswo. Wenn DV-Kaufleute dennoch immer mal wieder gesucht werden, dann deshalb, so der Geschäftsführer, „weil die eher bereit sind, längerfristig Pflege- und Wartungsprozesse zu machen". In der Regel aber werden Informatiker und z.T. noch Betriebswirte rekrutiert.

Daß die Informatiker in so großer Zahl eingestellt und nach den bisherigen Erfahrungen auch dauerhaft gehalten werden können, hängt, dies der zweite Punkt, ebenfalls mit dem hohen Anforderungsniveau zusammen. Die Informatiker bekommen eben nicht nur eine gute Bezahlung, sie erhalten auch anspruchsvolle, interessante und abwechslungsreiche Tätigkeiten sowie vergleichsweise gute Aufstiegschancen. Es lohnt sich für sie zu bleiben. Damit entfällt aber aus Sicht des Managements ein in vielen Firmen für die Rekrutierung von Eigengewächsen sprechendes Argument. In Unternehmen mit weniger hohen Anforderungen wie beispielsweise den zwei Handelshäusern oder dem Maschinenbaukonzern kommt es nämlich häufig vor, daß, wenn Informatiker mal eingestellt werden, diese nach ein, zwei Jahre wieder gehen, um sich zu verbessern, „ihre Marktchancen voll zu nutzen", wie es der EDV-Leiter eines der Handels-Häuser ausdrückte. Sie verlassen das Unternehmen also zu dem Zeitpunkt, wo sie ihren Nachholbedarf an praktischer Erfahrung gedeckt haben und erst wirklich umfassend einsetzbar sind. Daß auf diese Art und Weise gezielt der eigene Marktwert erhöht wird, Unternehmen mit niedrigerem Anforderungsniveau gerade von den guten Informatikern nur als Sprungbrett genutzt werden, illustriert folgende Aussage eines Informatikers aus dem Chemiekonzern:

> „Die Entscheidung für die Versicherung lag darin begründet, daß das Angebot gut war und ich im Studium nichts von Datenbanken gelernt habe, weil das Studium in Bonn sehr theoretisch war. Bei der Versicherung hat man mir die Möglichkeit gegeben, eine volle IBM-Ausbildung auf den Datenbanken, die eingesetzt wurden, zu machen. Ich habe dort eine sehr gute Ausbildung genossen. dB 2 kenne ich von der Installation bis zur Anwendungsprogrammierung komplett. Gegangen bin ich nach zwei Jahren aus finanziellen Gründen."

Angesichts der auch für Informatiker schlechter werdenden Marktlage werden derartige Überlegungen in nächster Zeit allerdings seltener zu realisieren sein, wird das Argument der höheren Fluktuationsrate der Informatiker damit an Gewicht verlieren. Nur für die guten Informatiker wird es auch in Zukunft von erheblicher Bedeutung bleiben.

Trotz all der angeführten Besonderheiten und der mit fast 40% außerordentlich hohen Quote an beschäftigten Informatikern liefert aber auch die Anwendungsentwicklung des Medienkonzerns kein Beispiel für die Eroberung und Etablierung fester professioneller Zuständigkeiten. Gegen eine solche Annahme sprechen nämlich zwei wesentliche Punkte. Zum einen bleibt abzuwarten, ob das hohe Anforderungsniveau erhalten werden kann, wenn die rasante Expansion des Gesamtunternehmens und vor allem der Anwendungsentwicklung einmal stoppt oder sich zumindest deutlich verlangsamt. Der in einem solchen Fall auf Dauer stark zunehmende Teil der Wartungsaufgaben könnte, wie obige Äußerung des Geschäftsführers vermuten läßt, dann zu einer Änderung in der Personalpolitk führen und den Anteil der Informatiker wieder sinken lassen. Zum anderen ist die Position der Informatiker auch heute schon weit instabiler, als ihr Anteil am Gesamtpersonal wie vor allem an den Neueinstellungen annehmen läßt. Sie werden nicht per se für geeigneter gehalten, sondern in der Mehrzahl der Fälle nur für schneller einsatzfähig. Verglichen mit den DV-Kaufleuten oder anderen Berufen mit Fachhochschul- bzw. Hochschulabschluß sei ihr Verständnis von „Rechner-, Programm- und Projektstrukturen" einfach besser, was die „Ausbildungszeit" nach der Einstellung natürlich verkürze. Derselbe Stabsstellenleiter, der hier den wesentlichen Grund für die bevorzugte Rekrutierung benennt, ist allerdings auch der Meinung, daß hinsichtlich des „Technologieverständnisses", das für die Arbeit nötig ist, „wenn jemand zwei Jahre im Unternehmen ist, nicht mehr der Unterschied zu machen ist, ob einer Informatiker ist, Mathematiker oder Physiker oder Wirtschaftswissenschaftler". Der Wissensvorsprung schmilzt nach Ansicht der verantwortlichen Vorgesetzten also recht schnell. Sie sehen, obwohl sie selbst Informatiker sind und derzeit auch fast nur Informatiker einstellen, keine prinzipielle Überlegenheit dieser Berufsgruppe und damit auch keine feste Zuständigkeit. Es ist daher nicht auszuschließen, daß der hohe Anteil an Informatikern in einigen Jahren zumindest teilweise auch als Folge einer Fehleinschätzung bewertet und wie in der Geschäftsstelle des Software-Hauses A als veränderungsbedüftig angesehen werden wird. Die Sonderstellung der Anwendungsentwicklung des Medienkonzerns bietet insofern keinen Anlaß, die oben getroffene Einschätzung über die Position der Informatiker bei den Anwendern zu revidieren.

Standardisierung – Chance und Risiko

5

In fast allen größeren Unternehmen, bei den Software-Anwendern ebenso wie bei den Software-Herstellern, sind derzeit umfassende Standardisierungsanstrengungen zu beobachten. Sie werden überall forciert, um der sog. „Software-Krise" zu begegnen. Diese Krise, die aus den ständig zunehmenden Anforderungen aus den Fachabteilungen sowie der Vielfalt und Komplexität der zu erstellenden wie vor allem der zu wartenden Programme resultiert, soll durch die Vereinheitlichung der Methoden, die Vermeidung von Doppelarbeit sowie die Reduzierung der Programmzahl zumindest eingedämmt werden. Die enorm gestiegenen und noch weiter steigenden Kosten will man so in den Griff bekommen. Denn die hochgesteckten und sehr vielfältigen Wünsche der internen wie externen Kunden haben die Entwicklungs- und Wartungskosten ständig in die Höhe geschraubt. Selbst führende Hardware-Hersteller sind deshalb z. B. dabei, die „eigenen Betriebssysteme zu durchforsten", um sowohl im internen Betrieb als auch bei der Wartung für Kunden Geld einzusparen. Auch der Erfolg der SAP-Standardanwendungssoftware beruht auf solchen Überlegungen. Im Anwendungsbereich ist damit im Gegensatz zum Systembereich, wo die Produktstandardisierung schon sehr weit fortgeschritten ist, allerdings erst ein Anfang gemacht. Hier konzentrieren sich die Bemühungen bislang vorrangig auf die Erstellung und Durchsetzung methodischer Standards. Da die Eroberung und Festigung professioneller Zuständigkeiten ganz entscheidend auf der Standardisierung fachlichen Wissens beruht, stellt sich angesichts dieser Standardisierungsanstrengungen bei Methoden wie Produkten die Frage, welche Folgen Standardisierungsprozesse in der Software-Erstellung für die Informatiker diesbezüglich bisher gehabt haben und vor allem, welche sie in Zukunft vermutlich noch haben werden.

5.1 Die Etablierung des Studiengangs Informatik

In dieser Hinsicht gilt es zunächst die Standardisierung der Ausbildungsgänge zu betrachten. War früher der Praktiker dominierend, der sich das erforderliche Wissen außerhalb des Bildungssystems durch praktische Erfahrung aneignete, beherrschen heute die Absolventen mit staatlich anerkannten DV-Bildungs-abschlüssen vom DV-Kaufmann über den mathematisch-technischen Assistenten bis hin zum Informatiker das Bild. Die Informatiker haben dabei in den letzten Jahren enorm aufgeholt. Die Informatik ist binnen zweier Jahrzehnte zu einem der größten Studiengänge an deutschen Universitäten geworden, und die Absolventenzahlen weisen immer noch jährliche Steigerungsraten von 10 %–20 % auf (vgl. Tabelle 3.2.).

Dieses ganz außergewöhnlich starke Wachstum hat für die Informatiker eine positive und eine negative Seite. Positiv ist unter dem Aspekt der Etablierung professioneller Zuständigkeiten zweierlei zu bewerten. Zum einen zeigt das große Interesse am Studienfach Informatik, daß es in den Augen einer breiten Öffentlichkeit ganz offensichtlich als eine sehr zukunftsträchtige, weil für die Entwicklung der elektronischen Datenverarbeitung zentrale Disziplin anerkannt ist. Zwar wird der Informatik keine ausschließliche Kompetenz eingeräumt, sie wird aber doch wie keine andere Ausbildung mit der EDV identifiziert. Zum anderen wird der Schritt in Richtung öffentlich zugestandener Kompetenz und z.T. auch schon Zuständigkeit dadurch unterstützt, daß die Informatiker aufgrund ihrer erheblich größer gewordenen Anzahl nun auch versuchen können, ihr öffentliches Image in der alltäglichen betrieblichen Praxis um- und durchzusetzen. Denn solange sie nur eine verschwindende Minderheit unter den Beschäftigten der EDV-Firmen und -Abteilungen darstellten, war das unmöglich. Erst jetzt sind sie in die Lage versetzt, ihren Anspruch auf die zentrale Stellung bei der Software-Erstellung auch praktisch anzumelden, Zuständigkeiten auch real reklamieren zu können und sie nicht allein schon mangels Masse abgeben zu müssen bzw. erst gar nicht erringen zu können.

Die enorme Zunahme der Informatikstudenten und vor allem -absolventen hat aber auch eine negative Seite. Sie besteht ebenfalls aus zwei Punkten. Einmal beinhaltet die Möglichkeit, Zuständigkeiten in den Unternehmen umfassend zu reklamieren, natürlich auch das Risiko, daß der Praxistest zumindest in Teilen mißlingt. Konnten sich die Informatiker lange Zeit darauf verlassen, daß ihr Image, die Experten für die Software-Erstellung zu sein, für die meisten Unternehmen und auch die Öffentlichkeit kaum in Frage zu stellen sein würde, weil praktische Erfahrungen mit ihnen nur selten und wenn, dann vor allem in ihnen entgegenkommenden Bereichen bei den Hardware-Herstellern und z.T. noch den größeren Software-Häusern gemacht werden konnten, so ist das heute anders. Firmen, die vor einigen Jahren noch jeden Informatiker unbesehen genommen hätten, hätten sie nur einen bekommen, können heute mehr und mehr aufgrund eigener Erfahrungen über den Einsatz von Informatikern entscheiden. Zwar steckt diese Entwicklung noch in den Anfängen, doch wird sie in wenigen Jahren die beruflichen Aussichten der Informatiker schon deutlich bestimmen. Seit die Mehrzahl der Informatiker nicht mehr im Lehrkörper der Hoch- und Fachhochschulen sowie in den Forschungs- und Entwicklungsabteilungen der großen Software-Hersteller verschwindet, müssen die Informatiker erstmals in größerem Umfang den Test auf ihre praktische „Gebrauchsfähigkeit" bestehen, ihre Zuständigkeit nicht nur in der Theorie oder an der vordersten

Linie der technischen Entwicklung, sondern in der alltäglichen Praxis unter Beweis stellen. Ob sie diesen immer bestehen werden, erscheint allerdings fraglich, wie u. a. das geschilderte Beispiel aus einem der beiden großen Software-Häuser zeigt. Der zweite negative Aspekt der relativ hohen Absolventenzahlen ist darin zu sehen, daß die Informatiker sich uninteressanten, fachlich wenig anspruchsvollen oder aus sonstigen Gründen unattraktiven Tätigkeiten nicht mehr so leicht entziehen können wie in der Vergangenheit. Bisher war es für Informatiker, vor allem solche mit Hochschulabschluß, in der Regel relativ einfach, die Arbeitsstelle zu wechseln, wenn die Arbeit ihren Erwartungen zu sehr widersprach. Anwender aus den nicht so attraktiven Branchen wie Banken und Versicherungen oder unterhalb der Dimensionen eines Großunternehmens waren davon ebenso betroffen wie jene Software-Anwender und z.T. auch -Hersteller, die Informatiker ausschließlich in der Wartung von Programmen einfacher bis mittlerer Komplexität einsetzen wollten. Sie stellten zumeist fest, daß sie für die Informatiker, falls sie überhaupt welche bekamen, nur eine Übergangslösung darstellten, eine ersten Einstieg ins Berufsleben. Erfahrungen, daß Informatiker entweder erst gar nicht zu gewinnen waren oder aber nach kurzer Zeit das Unternehmen wieder verließen, waren in diesen Fällen an der Tagesordnung. Wie die großen Rekrutierungserfolge der Großbank und der Versicherungsgesellschaft zeigen, hat sich in dieser Hinsicht aber schon einiges geändert. Das Angebot an Informatikern ist stark gewachsen, die Nachfrage in den begehrten Bereichen ist aber eher stagnierend, vor allem soweit es die Hardware-Hersteller betrifft. Die Aussichten normaler Großanwender, Informatiker zu bekommen, sind dadurch erheblich besser geworden und werden in Zukunft noch viel besser werden. Die derzeit immer noch relativ guten Möglichkeiten, als berufserfahrener Informatiker in attraktivere Unternehmen oder Positionen zu wechseln, werden sich spürbar verschlechtern, weil sich nicht nur bei Berufsanfängern das Verhältnis zwischen Angebot und Nachfrage weiter zuungunsten der Informatiker verändern wird. Diese Entwicklung ist vor allem deshalb von zentraler Bedeutung, weil sie den Informatikern Stück für Stück die Möglichkeit nimmt, sich möglichen negativen Folgen ihrer eigenen Arbeit, die in den mit der Standardisierung informationstechnischen Wissens und Handelns verknüpften Prozessen der Automatisierung, Arbeitsaufspaltung und Spezialisierung liegen, so einfach wie bisher zu entziehen.

5.2   Die Standardisierung der Arbeitsprodukte und -methoden

Die Bemühungen zur Standardisierung der täglichen Arbeit sind es, die sowohl für die Etablierung professioneller Zuständigkeiten als auch für eventuelle Dequalifizierungs- oder Freisetzungsprozesse auf seiten der Informatiker ausschlaggebend sind. Standardisierung hat dabei eine zweifache Bedeutung. Sie bezieht sich sowohl auf die Arbeitsmethoden wie auch auf die Arbeitsprodukte. Auf beiden Gebieten dominierte traditionell und dominiert in großen Bereichen noch immer eine bunte Vielfalt von firmenspezifischen und/oder „handgestrickten" Versionen. Erst in den letzten Jahren haben die Standardisierungsbemühungen spürbar an Durchschlagskraft gewonnen. Dies gilt sowohl für jene Standardisierungen, die überwiegend auf wissenschaftlichem Erkenntnisfortschritt und institutionellen Übereinkommen basieren, als auch für jene, die vor allem auf der Durchsetzung eines Produkts auf dem Markt beruhen. Beide lassen sich zwar nicht sauber voneinander trennen, da auf der einen Seite ein erheblicher Teil der Forschungskapazitäten immer noch bei den Herstellern angesiedelt ist und in deren Produkte somit auch die Ergebnisse modernster wissenschaftlicher Arbeiten einfließen, auf der anderen Seite die Hochschulforschung wie auch die internationalen Normierungsgremien in der Regel recht eng mit den großen Hardware- und Software-Produzenten zusammenarbeiten. Es können aber eindeutig Schwerpunkte festgemacht werden. Bei methodischen Standards ist das Gewicht firmenunabhängiger wissenschaftlicher Erkenntnisse größer, bei Standardsoftware-Produkten dagegen das der Macht am Markt. Im ersten Fall heißen die Stichworte z. B. ASCII, Entity-Relationship-Modell, objektorientierte Programmierung, Vereinheitlichung der Datenbasis oder zentrale Entwicklungsdatenbank, im zweiten Fall z. B. dB 2, OS/2, SAP-Standardanwendungssoftware oder Windows.

5.2.1 Die Stärkung der Zuständigkeiten

Im Hinblick auf die Etablierung professioneller Zuständigkeiten haben beide Formen der Standardisierung erst einmal positive Konsequenzen für die Informatiker. Wie die Verteilung der Informatiker bei den Software-Herstellern wie auch -Anwendern zeigt, wird ihnen fachliche Überlegenheit in erster Linie bei den Aufgaben zugestanden, die mit Methoden und Verfahren und, hier allerdings in geringerem Maße, mit dezentralen, vernetzten Systemen zu tun haben. Ihnen wird die Kenntnis der oben genannten Methoden wie Produkte ganz offensichtlich eher zugetraut als anderen Berufsgruppen. Das wirkt sich naturgemäß dort am stärksten aus, wo es um die Entwicklung von CASE-Tools, die Erarbeitung und die Durchsetzung einheitlicher Entwicklungsrichtlinien, die Portierung von auf Großrechner ausgerichteter Systemsoftware auf dezentrale vernetzte Systeme, die Konzeptionierung von Client-Server-Architekturen, die Betreuung aufwendiger Standardanwendungs-Pakete oder die Ersetzung hierarchischer durch relationale Datenbanken geht. In Abteilungen, die mit derartigen Aufgaben befaßt sind, haben die Informatiker am ehesten eine Chance, für sich professionelle Zuständigkeiten zu reklamieren und zu erobern, weil ihnen hier von den zuständigen Vorgesetzten und den Unternehmensleitungen häufig ein Kompetenzvorsprung eingeräumt wird.

Halbwegs stabil ist dieser Vorsprung und damit die Chance auf professionelle Zuständigkeit aber nur in den Bereichen, in denen die Methodik eine zentrale Bedeutung hat. Denn die Kenntnis neuer Produkte wie dB 2 oder Unix, die bislang bei Hochschul- und Fachhochschulabsolventen aufgrund einer umfassenderen und (an der Mehrzahl zumindest der Hochschulen) auch am modernsten technischen Stand orientierten Ausbildung weit eher als bei anderen Berufsgruppen vorausgesetzt werden kann, läßt sich erheblich schneller aneignen als eine abstrakt-logische Vorgehensweise, die für Versuche einer objektorientierten Programmierung oder die Anlage einer unternehmensweit verbindlichen Entwicklungsdatenbank unerläßlich ist. Es ist daher nicht überraschend, wenn die Informatiker prozentual am stärksten in den Abteilungen vertreten sind, die sich mit methodischen Fragen befassen, und zwar sowohl bei den Herstellern als auch bei den Anwendern von Software, und ihr wesentlicher Kompetenzvorsprung von den meisten Mangementvertretern wie den normalen Informatikern selbst auch auf methodischem Gebiet gesehen wird.

Charakteristisch für diese Sichtweise sind die folgenden Aussagen zweier Informatiker aus dem Automobilkonzern:

> „Man merkt, wenn Systeme nicht von Informatikern gemacht sind. Es wird sehr viel unlogisch gemacht, weil es immer schon so gemacht wurde und man es so gelernt hat. Das merkt man nicht bei der Bedienung, die oft sehr einfach ist, aber bei der Integration, die oft nicht vorhanden ist. Man macht da noch ein bißchen was dran und da noch. Man hat einen Kern und ein paar Wochen später merkt man, daß da noch was dran muß und da, und fängt dann an anzupfropfen. Der Informatiker würde den Kern schon ganz anders aufbauen. Jede neue Entwicklung wird dann in den Kern integriert. Das sieht dann aus wie ein schön strukturierter, von Satelliten umgebener Kern und nicht so, als wenn die eine Seite so ein bißchen umkippt. Der Informatiker guckt erstmal vom Großen ins Kleine, während der Praktiker, und dazu gehört auch der Ingenieur, sein Problem lösen will und dann einfach von innen nach außen anfängt".
>
> „Das CAD-Programm ist ein Spaghettihaufen und kein strukturiertes Programm. Wenn man nachfragt, warum etwas so und so gemacht worden ist, dann bekommt man Antworten, die es im EDV-Bereich eigentlich nicht gibt, wie: Das mache ich so zur Sicherheit. Auch wenn es schon mal gemacht ist, dann mache ich es lieber nochmal, also Dinge, die in der 1/0-Welt der Informatiker nicht notwendig sind, die nur aufblähen. Wenn man einen Informatiker dransetzt, muß das Ergebnis nicht besser werden, aber die Chance ist größer. Es gibt da einen schönen Spruch: Wenn sie einen Maschinenbauer nach den Gravitationsverhältnissen zwischen Erde und Mond fragen, da berechnet der ihnen das. Wenn sie einen Informatiker fragen, dann haben sie hinterher einen Algorithmus über die Gravitationsverhältnisse zwischen zwei Himmelskörpern."

Diese Äußerungen machen deutlich, daß die Informatiker erst einmal von den Bemühungen der Unternehmen profitieren werden, Methoden und Verfahren zur Software-Erstellung zu standardisieren und die Integration der vielfältigen Einzelprogramme voranzutreiben. Ihre Position in Hinblick auf fachliche Kompetenz und Zuständigkeit wird durch derartige Standardisierungsanstrengungen eindeutig gestärkt[1].

5.2.2 Freisetzungen, Austauschbarkeit und Qualifikationsaufspaltung

Erfolgreiche Standardisierungen haben aber auch eine negative Seite. Sie können auch zur Einsparung von Personal in der Software-Entwicklung und -Wartung, zur leichteren Austauschbarkeit der dort tätigen Arbeitskräfte und zur Qualifikationsaufspaltung in diesem Bereich führen. Was die Reduzierung des personellen Aufwands und damit die Einengung möglicher Tätigkeitsgebiete für die Informatiker angeht, so sind mehrere Faktoren von Bedeutung. Zunächst sorgen alle Maßnahmen, die zu einer Vereinheitlichung der Vorgehensweise bei der Programmerstellung führen, für eine Verringerung der für eine bestimmte Menge an Programmen notwendigen Personalkapazitäten. Dies gilt in doppelter Hinsicht. Zum einen können so jene vielfältigen Datenredundanzen vermindert oder gar vermieden werden, die bislang daraus resultieren, daß, wie es ein Informatiker in der Großbank ausdrückte, jede von vielen einzelnen Entwicklungsgruppen „ihre Felder selbst speichert, modifiziert", was ein „ziemliches Chaos" hervorgerufen habe. Eine Vereinheitlichung mache hier viele Doppelarbeiten in der Entwicklung überflüssig und verringere auch den Wartungsaufwand erheblich. „Manpower" in einem erheblichen Umfang könne so „freigesetzt" werden.

Dasselbe gilt – das ist der andere Punkt – für alle Schritte, die eine stärkere Wiederverwendbarkeit von Programmteilen oder -Bausteinen ermöglichen. Ob die Vermeidung von Redundanzen und/oder die Wiederverwendbarkeit dabei durch strengere Arbeitsregelungen in Form verbindlicher und unternehmensweit gültiger Programmierrichtlinien, die Einrichtung von zentralen Entwicklungsdatenbanken oder den umfassenden Einsatz moderner CASE-Tools erreicht wird, ist unerheblich. Es zählt allein die Tatsache, daß Doppelarbeit reduziert und die Wartung vereinfacht wird, indem beispielsweise ständig wiederkehrende Routinefunktionen wie der Aufbau von Bildschirmmasken oder die Erstellung von Drucklisten einmal entwickelt und dann, zumindest als Programmrahmen, überall genutzt werden können. Im Falle der CASE-Tools wird der Einsparungseffekt durch die automatische Generierung größerer Programmblöcke aus abgespeicherten Programm-

---

1 Dies erklärt auch zu einem erheblichen Teil, warum die Informatiker die Standardisierungsbemühungen in der Regel unterstützen. Außerdem wirkt sich hier ihre starke Orientierung an technisch-formaler Rationalität aus. Typisch ist folgende Aussage eines Informatikers: „Ich bin für mehr Software-Engineering, obwohl das jetzt eine schöne Zeit ist. Man hat Freiheiten, die ein Bauingenieur nicht hat, weil die feste Regeln haben, wie was zu machen ist. Dagegen sagt der Informatiker, wenn er ein Problem hat, heute häufig noch: Ach, wie kann ich das denn mal machen."

bausteinen noch verstärkt. Die Automatisierung von Programmfunktionen macht sich jedoch nicht nur auf diesem direkten Wege bemerkbar. Durch die Entwicklung von Sprachen der 4. Generation, in denen sehr viel Programmierungs-Know-how steckt, wird in Teilbereichen auch insofern Software-Entwicklungskapazität freigesetzt, als die Benutzer selbst einen Teil der Programmierung übernehmen. Das beschränkt sich derzeit allerdings zumeist auf einfache Aufgaben wie die Tabellenherstellung oder die Modifikation wenig komplexer Statistikangaben[2]. Dennoch wird auch auf diesem Wege Personalkapazität in den EDV-Abteilungen eingespart.

Zu diesen mehr mit der Arbeitsmethode verbundenen Faktoren kommen dann noch jene, die mit dem verstärkten Einsatz von Standardprogrammen zusammenhängen. Hier sind vor allem zwei Punkte zu beachten. Zum einen führt allein die zunehmende Verwendung von Standardsoftware in der Systemtechnik wie der Anwendungsentwicklung zu erheblichen Einsparungen. Denn der Effekt von Standardpaketen ist, nur auf größerer Ebene, mit dem der Wiederverwendbarkeit von einzelnen Programmbausteinen vergleichbar. Eine einmal erstellte Software kann in großer Zahl verwendet werden. Welche Konsequenzen das in personeller Hinsicht haben kann, zeigt sich bislang vor allem im Bereich der Systemsoftware. Es gibt nur noch sehr wenige Software-Hersteller, die auch Systemprogramme entwickeln, und zugleich eine deutliche Reduzierung der Ergänzungsarbeiten auf diesem Gebiet bei den Anwendern. Ein typisches Beispiel für die erste Variante stellen Entwicklungsabteilungen eines der Hardware-Hersteller dar. Sie haben früher eigene Betriebssysteme entwickelt, dann Standardbetriebssysteme auf eigene Hardware portiert, arbeiten heute aber nur noch oberhalb der Betriebsebene, weil sie ausschließlich Standardsysteme nutzen. Die klassische Systemprogrammierung ist hier komplett weggefallen. Bei vielen Anwendern geht der Trend in eine ähnliche Richtung. Die Systemprogrammierer, die früher eine sehr starke, vielfach sogar dominierende Stellung in den EDV-Abteilungen innehatten, geraten immer stärker in die Defensive, da die Erweiterungen und Veränderungen der eingekauften Standardbetriebssysteme soweit wie möglich eingeschränkt werden. So erklärte beispielsweise der für die Großrechner-Sicherheitssysteme im Automobilkonzern zuständige Informatiker, daß er damit rechnet, in einiger Zeit „den Berg der Anpassungen" erledigt zu haben und dann „nur noch den Stand halten" zu müssen, weil das Unternehmen dazu übergehe, „bei der Betreuung der Standardsoftware gar nichts mehr selbst programmieren zu lassen, sondern

---

2 Nur relativ selten wird von den Anwendern auch selbst richtig programmiert. Dies erfolgt z.B. im Medienkonzern, wo die Marketingabteilung eines großen Teilunternehmens mit Hilfe von Sprachen der 4. Generation Marktanalysen erstellt, die die Anwendungsentwicklung aufgrund der unstrukturierten Datenbestände und der Tatsache, daß sie das Gewünschte nicht exakt genug vordesignen kann, nicht entwickeln kann oder will. Die für eine solche Eigenprogrammierung nötigen Programmierkenntnisse basieren in der Regel auf dem Gebrauch privater PCs.

nur noch die vorgeschriebenen Verfahren zu nutzen". Selbst jene Sektoren, die heute noch wichtige und unumgängliche Ergänzungen der Standardbetriebssysteme vornehmen, sind in Zukunft bedroht. In stark abgeschwächter Form gilt das auch für den Bereich der Anwendungssoftware. Wie der wachsende Einsatz der SAP-Anwendungsprogramme zeigt, ist auch hier mit spürbaren Veränderungen in Richtung Standardsoftware zu rechnen.

Die verstärkte Standardisierung von Software-Produkte hat noch einen weiteren für mögliche Personaleinsparungen wichtigen Effekt. Sie reduziert die Anzahl der verschiedenen zu betreuenden Systeme und damit auch die Aufgabenvielfalt wie -menge. In der Großbank ist es z. B. das erklärte Ziel des EDV-Managements, durch eine Vereinheitlichung im Datenbank- und Netzbereich „Manpower freizusetzen". Durch die komplette Ersetzung aller alten Systeme durch dB 2 auf der Datenbankseite und SNA auf der Netzseite will man personelle Kapazitäten einsparen. Denn dadurch entfällt einmal das aufwendige Überspielen zwischen Datenbanken verschiedener Couleur wie IMS und Adabas, das auch Entwicklungspersonal für die Erstellung von File-Transfers etc. bindet, zum anderen die Notwendigkeit, für alle genutzten System eigene Spezialisten zu beschäftigen. Allein in der für die unternehmensinternen Netze zuständigen Unterabteilung erhofft man sich davon ein „Einsparungspotential" in Höhe von einem Viertel der dort beschäftigten Entwickler, zu 60 % Informatiker. Das sei der „Hauptvorteil", so der Leiter, der daraus resultiere, daß „keine Spezialkenntnisse mehr vorgehalten werden müssen für eigentlich exotische Systeme wie Transdata." Drittens schließlich kann man durch die Verminderung der eingesetzten Datenbanksysteme immer auch einen „ganzen Rattenschwanz von Hilfsprogrammen" eliminieren, die an jedem Hauptsystem hängen, um z. B. eine Datenbankrecovery nach einem Fehlerabbruch oder einem Systemabsturz fahren oder die Datenbank verdichten zu können. Auch dadurch würden personelle Kapazitäten freigesetzt.

Hinsichtlich der Etablierung professioneller Zuständigkeiten seitens der Informatiker bergen all die aufgeführten Einsparungseffekte in erster Linie eine Gefahr in sich. Sie reduzieren das Spektrum wie vor allem den Umfang der potentiellen Betätigungsfelder und vermindern damit zugleich den Spielraum, den die Informatiker bei der Wahl ihres Arbeitsplatzes haben. Sie erhöhen also den Druck, auch weniger ansprechende Aufgaben zu übernehmen. In welchem Maße diese Tendenz tatsächlich wirksam wird, hängt allerdings davon ab, inwieweit die erreichten oder erreichbaren Einsparungen durch zusätzliche Anforderungen gleich wieder „aufgefressen" werden. Bislang ist das zumeist noch der Fall. Die Standardisierung führt vor allem in der Anwendungsentwicklung bisher nur relativ selten zu einer Verringerung der absoluten Anzahl der Entwickler. Sie dient vielmehr vorrangig dazu, Kapazitäten für neu auftretende Aufgaben freizumachen. Dies gilt z. B. ganz besonders dort, wo die Endbenutzer mit Hilfe von Sprachen der 4. Generation kleinere Probleme selbst lösen können. Eine derartige Tätigkeitsverlagerung gefährdet bisher kaum einen Informatiker- oder Entwicklerarbeitsplatz.

Daß die Lage aber nicht so bleiben muß, zeigt die Entwicklung in der Systemprogrammierung. In diesem Bereich hat es aufgrund der außergewöhnlich weit fortgeschrittenen Standardisierung bei den Betriebssystemen teilweise schon beachtliche absolute Personaleinsparungen gegeben, und zwar nicht nur bei den Operatoren, die in manchen Unternehmen wie z.B. dem Medienkonzern schon „arg gerupft" worden sind, sondern auch bei den Systemprogrammierern[3]. Letzteres ist gerade für die Informatiker bedeutsam, weil die Systemprogrammierung lange Zeit ihr wichtigstes oder zumindest eines ihrer wichtigen Bestätigungsfelder war. Inwieweit die Standardisierungserfolge in puncto Personalfreisetzung zu einer echten Bedrohung für die Informatiker werden, bleibt deshalb abzuwarten. Daß sie die Spielräume bei der Arbeitsplatzwahl einschränken werden, ist aber mit Sicherheit anzunehmen. Allein das Ausmaß dieses Trends ist nicht genau zu bestimmen und muß derzeit noch offen bleiben.

Die Einengung der Spielräume ist vor allem deshalb von großer Bedeutung für die Informatiker, weil sie das Gefahrenpotential, das die Standardisierungsmaßnahmen in bezug auf die Aufteilung der anfallenden mehr oder minder anspruchsvollen Aufgaben beinhalten, erheblich erhöht. Das Risiko, bei einer möglichen Aufspaltung in hoch qualifizierte und eher routinisierte Tätigkeiten auch bei den letzten zu landen, besteht für die Informatiker ja nur, wenn sie sich dieser Bedrohung aufgrund der begrenzten Zahl alternativer Arbeitsplätze nicht mehr entziehen können. Diese Gefahr aber steigt, wenn die Folgen der stark steigenden Absolventenzahlen für den Arbeitsmarkt durch die Freisetzung personeller Kapazitäten qua Standardisierung noch verstärkt werden.

Das zweite Risiko, das Standardisierungen für die Informatiker in sich bergen, liegt darin, daß sie die Austauschbarkeit des einzelnen erheblich erleichtern, Dieser Effekt kann dabei sowohl durch organisatorische Maßnahmen als auch durch die Reduzierung der eingesetzten Software-Typen erreicht werden. Was die erstgenannte Ursache angeht, so ist ein wesentliches Ziel der Unternehmen bei der Standardisierung der Arbeitsmethoden, die enge Bindung einzelner Programme an bestimmte Entwickler zu lockern oder gar aufzubrechen. Denn dadurch, daß viele Programme bis heute ohne die Orientierung an verbindlichen Regelungen geschrieben werden, läuft die jeweilige Firma nicht nur Gefahr, beim Weggang eines Beschäftigten auch einen großen Teil des Wissens über die von ihm erstellten Programme zu verlieren und dementsprechende Wartungs- und Änderungsprobleme zu bekommen, sie ist auch bei Urlaub, Krankheit etc. außerordentlich stark von einzelnen Entwicklern abhängig. Selbst bei den beiden Hardware-Herstellern kommt es immer wieder vor, daß der Ausfall von einzelnen System- oder Anwendungsprogrammierern ganze Gruppen zur Untätigkeit verdammt, weil niemand den von dieser Einzelperson vor Jahren erstellten „Spaghetti-Code" ent-

---

3 Ein Rechenzentrumsleiter eines der beiden Hardware-Hersteller sprach in dieser Beziehung von einer „drastischen Reduzierung".

ziffern und sinnvoll bearbeiten kann. In noch stärkerem Maße trifft das auf die meisten Anwender zu. Ein Entwickler beschrieb diesen Sachverhalt mit der Feststellung, daß die Firma, in der er früher tätig war, durch seinen Weggang auf dem von ihm bearbeiteten Datenbanksektor „das gesamte Know-how verloren" habe.

Die bislang in vielen Fällen sehr enge Verbindung zwischen dem einzelnen Entwickler und „seinem" Programm aufzubrechen, ist das Ziel von Maßnahmen, die für eine Vereinheitlichung der Arbeitsweise sorgen. Bei dem einen Hardware-Hersteller wird z. B. die Genauigkeit, mit der die Leistungsbeschreibung formuliert wird, dadurch deutlich gesteigert, daß sie zugleich die Grundlage des Vertrages mit den firmeninternen Kunden wie z. B. der Systemplanung darstellt[4]. Bei dem anderen ist man dabei, für alle eigenen Rechenzentren die Standardisierung der Betriebssysteme soweit voranzutreiben, daß die Systemprogrammierer in diesen Rechenzentren keine Möglichkeit mehr haben, wie bisher üblich, größere Änderungen an den Systemen vorzunehmen. Das soll nur noch von einer zentralen Stelle des Konzerns aus möglich sein. Der Effekt solcher Standardisierungsmaßnahmen, die in vielfältiger Form auch bei den Anwendern fast überall zu beobachten sind, liegt darin, daß die Vereinheitlichung des Vorgehens durch Zentralisierung der Kompetenzen und/oder vor allem die Vorgabe verbindlicher Richtlinien zur Programmentwicklung und -Dokumentation die Ersetzbarkeit des einzelnen bedeutend erleichtert. Wenn eine Entwicklung strukturiert durchgeführt und sorgfältig dokumentiert ist, verringert das den Einarbeitungsaufwand für neues Personal enorm und löst die Abhängigkeit von einzelnen „Programmierkünstlern" beträchtlich. Am effektivsten ist das sicherlich durch die Verwendung von CASE-Tools zu gewährleisten, die eine derartige Vorgehensweise praktisch erzwingen. Da ihr Einsatz sich aufgrund mancher, später noch zu erörtender Probleme bisher aber in Grenzen hält, versucht man es in der Regel mit organisatorischen Regelungen wie der Erstellung von Programmierrichtlinien oder einer einheitlichen Datenmodellierung für das gesamte Unternehmen.

Es gibt allerdings auch noch eine ganz andere Möglichkeit, die Abhängigkeit von einzelnen Entwicklern zu reduzieren. Man ändert nicht die eignen Entwicklungsmethoden, sondern kauft gleich standardisierte Software ein. Der Effekt bei diesem Vorgehen ist ein dreifacher. Zum ersten weisen Standardprodukte in viel größerem Maße als Eigenentwicklungen einen wenigstens halbwegs gut strukturierten Aufbau der Programme auf, sind dementsprechend in Relation zu vergleichbaren firmeninternen Individuallösungen zumeist leichter zu warten und verringern in der Regel auch die Einarbeitungszeiten. Dies gilt selbst für komplexe Software wie die von SAP. Diese wird zwar zur Zeit von sehr gesuchten und hochbezahlten Spezialisten

---

4 Ungenauigkeiten, die dort früher üblich waren, sind deshalb so gut wie ausgeschaltet. Sie gefährden jetzt unmittelbar die Aufträge, auch wenn diese nur von internen Stellen kommen.

gewartet, ist im Vergleich zu ähnlich umfangreichen Eigenanwendungsprogrammen aber dennoch besser zu warten. Außerdem, dies der zweite Punkt, erlauben sie die Rekrutierung externer Kräfte, die sich mit dieser Standardsoftware schon in anderen Firmen befaßt haben. Je verbreiteter eine Standardlösung ist, um so einfacher geht das. So gibt es bei Systemen wie IMS, die schon lange auf dem Markt sind, keinen Mangel an erfahrenen Fachkräften. Bei relativ neuen Systemen wie der Anwendungssoftware von SAP oder auch auf Unix basierenden Rechnernetzen ist das noch anders. Verglichen mit eigenen Entwicklungen ist es aber für die Unternehmen auf jeden Fall ein Fortschritt, wenn es überhaupt eine nennenswerte Anzahl von Entwicklern auf dem Arbeitsmarkt gibt, die sich in dem bestimmten Programm auskennen. Drittens schließlich erhöht sich der Grad an Austauschbarkeit einzelner Beschäftigter auch dadurch, daß die Zahl der zum Einsatz kommenden Systeme mit der Etablierung von Marktstandards verringert wird. Die davon ausgehende Wirkung auf die Ersetzbarkeit des einzelnen schildert ein bei der Großbank tätiger Informatiker wie folgt:

> „Früher war's halt so, daß es 100 Systeme gab, und man konnte sich nicht in allen Systemen auskennen. Also gab es jeweils Spezialisten für drei, vier Systeme, und das war's dann ja auch. Heute ist es so, daß, wenn wir vom Standard her drei, vier Systeme haben, dann die im Prinzip von jedem abgedeckt werden können. Wenn wir alle in der Gruppe das jeweils nur zu 50 % wirklich können, ist jeder ersetzbar. Der dritte Mann muß, wenn zwei krank oder in Urlaub sind, das abdecken können. Man kann es sich nicht leisten, für jeden einzelnen ein spezielles Backup einzuführen. Das ist zu teuer."

Die entscheidende Gefahr, die für die Informatiker mit der Standardisierung von Methoden und vor allem Produkten verbunden ist, liegt aber weder in der Freisetzung personeller Kapazitäten noch in der leichteren Austauschbarkeit der in Entwicklung und Wartung tätigen Personen. Sie wird von diesen beiden Standardisierungsfolgen nur unterstützt und geht vielmehr aus von der Aufspaltung der anfallenden Arbeiten in einen Teil, der aus anspruchsvollen, interessanten Tätigkeiten besteht, und einen, in dem vorwiegend Routineaufgaben anfallen.

Ihre größte Wirksamkeit hat diese Entwicklung bislang dort gehabt, wo auch der Standardisierungsprozeß am erfolgreichsten gewesen ist: in der Systemprogrammierung bei den Anwendern. Die Systemprogrammierung galt lange Zeit als das Arbeitsgebiet mit den höchsten fachlichen Anforderungen und den größten Spielräumen (Hartmann 1981, 105 ff). Hier saßen (und sitzen bei vielen Anwendern immer noch) die „freischaffenden Künstler", die „Könige des Rechenzentrums", ohne die nichts lief bzw. läuft. Dieser Status wird durch die Standardisierung der Arbeitsverfahren und der Systemsoftware aufgebrochen. Bei einer Reihe von Anwendern, deren Rechenzentren nicht die Dimensionen der Großkonzerne mit mehreren hundert Beschäftigten aufweisen, ist es inzwischen so, daß die Aufgabe der Systemprogrammierer nur noch in der Generierung von Standardprogrammen wie IMS, MVS oder BS 2000 und der Fehlerkorrektur besteht. Eine eigenständige Entwicklung im Sinne umfangreicher Änderungen oder Ergänzungen findet dort nicht mehr statt. Von dieser Entwicklung sind auch Informatiker betroffen, obwohl sie sich dieser relativ anspruchslosen Tätigkeit bislang in der Regel noch durch einen Arbeitsplatzwechsel entziehen können. In den Rechenzentren der Großkonzerne gibt es derartige Standardisierungsfolgen auch, sie prägen das Bild in der Systemprogrammierung aber nicht so eindeutig, weil die Größe des Unternehmens doch immer noch viele Änderungen und Ergänzungen der Standardsoftware erforderlich macht (Sicherheitssysteme etc.). Es gibt jedoch auch in den Großunternehmen, wie das Beispiel des Automobilkonzerns zeigt, verstärkt Bemühungen, die eingekaufte Systemsoftware nur noch zu installieren, also auf jede Art von nennenswerten Ergänzungen oder Veränderungen zu verzichten. Damit aber würde sich die Situation dort der in den anderen Firmen zumindest ein Stück weit angleichen. Die Wartung der Systemprogramme würde zum größten Teil zu einer reinen Routinetätigkeit. Nur in kleinen Bereichen fielen noch anspruchsvollere Entwicklungsaufgaben an.

Welche Bedeutung solche Aufspaltungsprozesse in Zukunft ganz generell bekommen werden, also auch in jenen Bereichen der Systemprogrammierung, die heute noch durch den Typus des „freischaffenden Künstlers" bestimmt werden, zeigt sich besonders deutlich in den Rechenzentren eines der Hardware-Hersteller. Hier wurde bis vor kurzem noch so gearbeitet wie vor „10 Jahren". Der Systemprogrammierer war der „freischaffende Künstler", der die Standardprogramme mit vielen kleinen und großen Ergänzungen versah und sich dabei nach Ansicht des Managements häufig „verkünstlerte". Dem soll nun ein Ende gemacht werden, wie die beiden folgenden Aussagen eines zuständigen Entwicklungsleiters und eines Rechenzentrumsleiters deutlich zeigen:

> „Wir haben hier einen Bereich geschaffen, der für ganz Europa Plattformen erstellt. Da sind die Künstler zu einem gewissen Prozentsatz noch drin. Wir machen Plattformen für die verschiedensten Betriebssysteme, die dann irgendwo miteinander verheiratet werden. Unser erklärtes Ziel ist es, daß diese Truppe die Plattform erstellt, auf einem Rechner installiert, dort so standardisiert, tuned und zum Laufen bringt, daß sie über die Leitung auf alle Rechner in Europa installiert werden kann, so daß die Systemprogrammierer in den Rechenzentren ausschließlich ein spezielles Customizing machen, banale Dinge wie den national unterschiedlichen Briefkopf oder spezielle Tuningmaßnahmen für spezielle Programme. Das Ziel ist es, daß die Software-Bestände in den Rechenzentren nicht mehr so selbständig verändert werden dürfen, die ganzen Modifikationen, die ganzen PTFs, die ganzen Fehlerbereinigungscodes zentral eingespielt werden. Das funktioniert momentan noch nicht, ist aber eindeutig Strategie. Wir versprechen uns entsprechende Synergieeffekte und Einsparungen an Mitarbeitern und Home-Skill, der nicht mehr so weit gesät ist dann."

> „Die Rechenzentren und die Systemprogrammierer sind gehalten, das zu installieren, was wir machen und vorher mit den Rechenzentren abgestimmt haben. Das wird unterstützt durch das Management, das kontrolliert, inwiefern diese abgesprochenen

Standards auch wirklich eingeführt werden. Ansonsten würde es vermutlich auch nicht funktionieren, weil das Künstlertum noch sehr im Bewußtsein der Leute lebt. Das führt natürlich schon zu Frustrationen bei manchen Leuten. Die versuchen dann in andere Bereiche zu gehen, wo sie glauben, kreativer arbeiten zu können. Das Bild des Systemprogrammierers, das wird sich wandeln vom kreativen Allroundman hin eigentlich mehr zu jemand, der den Rechenzentrumsbetrieb kennt und gewisse Probleme beheben kann. Der eigentlich kreative Teil, der wird stärker zentralisiert werden."

Die erste der beiden Aussagen zeigt, wohin die Entwicklung gehen wird, die zweite, wo sie jetzt schon praktisch realisiert werden kann[5]. Die Trennung zwischen der Entwicklung von Software und ihrer Wartung wird immer stärker forciert. Sämtliche anspruchsvollen Funktionen werden immer mehr konzentriert und zentralisiert, die übrigen Wartungstätigkeiten dagegen mehr und mehr routinisiert, ihrer interessanten und fachlich fordernden Elemente beraubt. Die Zentralisierung der anspruchsvollen Funktionen kann dabei auch dergestalt erfolgen, daß sie beim Software-Hersteller stattfindet und die Routineaufgaben beim Anwender bleiben. So fallen z. B. durch die Portierung von Systemsoftware auf alle möglichen Plattformen, wie sie in einem der Software-Häuser geleistet wird, „bei den Kunden viele Fummeleien, die dort von den Programmierern bisher zu machen waren, weg". Dadurch, so der zuständige Abteilungsleiter, sei „die Aura des Mystischen dort bei den Systemprogrammierern weg."

Dieser Prozeß bleibt nicht auf die Systemprogrammierung beschränkt. In der Anwendungsentwicklung gibt es verschiedene vergleichbare Prozesse. So

---

5 In der Einschätzung, was das weitere Schicksal der Systemprogrammierer sein werde, stimmten im übrigen alle befragten Informatiker und Managementvertreter, die sich dazu äußerten, überein. Sie wurde sehr pessimistisch beurteilt. Die einzige Ausnahme bildet der Rechenzentrumsleiter des Chemiekonzerns, der der Meinung war, daß es sich bei dem Gefühl der Systemprogrammierer, ihre alten Spielräume zu verlieren, weniger um die Veränderung fachlicher Anforderungen handele als um eine Einengung ihrer Handlungskompetenzen: „Das Gefühl hat damit zu tun, daß man es (das Arbeiten im Programmsource) nicht mehr im laufenden Betrieb machen darf. Das habe ich früher bei Honeywell-Bull auch so gemacht. Ich war da König als Systemspezialist, bekam die Konsole im Rechenzentrum und durfte mit der Maschine alles machen, was ich wollte. Ich kämpfe den Kampf hier im Moment, weil wir zwischen Systementwicklung und Produktion trennen wollen. Da muß eine vernünftige, automatisierte Übergabe stattfinden, um etwas, was fertig ist, abzugeben. Die sind alle nicht willens, ihr Betriebssystem anderen zu übergeben, nämlich demjenigen, der die Maschine fährt. Wir haben auch schon zwei Kündigungen gehabt, weil die gesagt haben: Wir fühlen uns eingeengt, sind nicht mehr die freien Künstler. In den Rechnerarchitekturen, wo die dann hinfliehen, ist man wieder freier Künstler und nicht erfolgsgebunden. Systemprogrammierer waren früher eigentlich relativ schwach erfolgsgebunden, weil sie nur Sorge tragen mußten dafür, daß die Maschine lief. Dann wurde denen verziehen, weil kein zweiter die Maschine wieder in Gang bekam. Aber heute sagt man: Ich brauche 100 % Verfügbarkeit, und da haben sie diese Spielräume nicht mehr."

ist beispielsweise in einer Hauptabteilung eines der Hardware-Hersteller, die für interne Anwendungsprogramme zuständig ist, die Wartung in sich dergestalt aufgegliedert worden, daß die große Mehrzahl der dort tätigen Angestellten, darunter auch einige Informatiker, nur noch reine Programmierung im Sinne der Code-Erstellung macht. Ergänzungen oder Änderungen im Design dieser zumeist älteren Programme werden ihnen von einer speziellen Design-Gruppe vorgegeben. Die qualifizierten Beschäftigten wie etwa die Informatiker erfahren diese Arbeitsaufspaltung als einen Prozeß massiver Dequalifizierung und versuchen deshalb, so schnell wie möglich in andere Abteilungen zu kommen. Bisher ist ihnen das nach ein, zwei Jahren auch durchweg gelungen. Ob das aber so bleiben wird, ist angesichts der großen Umstrukturierungen und des geplanten umfangreichen Personalabbaus fraglich.

Derartige Aufspaltungsprozesse werden durch den zunehmenden Einsatz von Standardanwendungssoftware in Zukunft deutlich forciert werden. In welche Richtung das gehen wird, läßt sich besonders gut beim Einsatz von SAP-Paketen für den Anwendungsbereich erkennen. In vielen Unternehmen, die SAP-Software verwenden, stellen die SAP-Spezialisten zur Zeit gesuchte und hochbezahlte Fachkräfte dar, die vielfach in eigenen Pools oder Gruppen organisiert sind. Sie sind unentbehrlich für das reibungslose Installieren, Anpassen und Funktionieren der SAP-Programme. Ohne sie läuft in manchen Bereichen fast nichts. Vom Status wie auch vom Anforderungsniveau her sind sie insofern mit den Systemprogrammierern vergleichbar.

Ihr weiteres Schicksal könnte allerdings auch ähnlich sein und Parallelen mit dem Schicksal der Systemprogrammierer aufweisen. Erste Anzeichen dafür sind schon zu sehen. So hat der für die Erstinstallation eines SAP-Programms im Automobilunternehmen zuständige Informatiker die Abteilung auch deshalb nach erfolgreicher Installation verlassen, weil er die anschließende Wartungsarbeit „zunehmend unerfreulich fand", ohne „Erfolgserlebnisse" oder „Veränderungsperspektiven". Vergleichbar waren auch die Erfahrungen eines heute in einem der beiden großen Software-Häuser tätigen Informatikers. Er hat früher in einer großen Pharma-Firma SAP-Software betreut und danach in einem mittelgroßen Keramik-Unternehmen die Einführung eines SAP-Programms als Projektleiter organisiert. Er ist jeweils nach ungefähr 3 Jahren gegangen, weil die fachlichen Anforderungen seinen Vorstellungen nicht mehr entsprachen. Im zweiten Fall war der Beweggrund auch der Übergang von Planung und Installation zur Wartung. Im ersten Fall waren es die Erfahrungen, die er mit der Betreuung von SAP-Software gemacht hat. Seine Arbeit, wie auch die seiner Kollegen, bestand ganz überwiegend aus Wartungsarbeiten. Es galt, Fehler aufzunehmen, sie selbst im System noch mal nachzuvollziehen, d. h. z. B. die Problemstellung zu detaillieren, sie dann an SAP weiterzugeben, wo die Korrekturen gemacht wurden, die eventuell zugesandten Vorabkorrekturen zu testen und in das System einzubauen sowie kleinere Listen selbst zu programmieren. Diese Tätigkeit empfand er auf Dauer als relativ anspruchslos und routinisiert. Daher ist er gegangen.

Sein Beispiel ist insofern besonders interessant und aussagekräftig, weil das Pharma-Unternehmen sich außerordentlich stark in der Standardisierung von Anwendungssoftware engagiert hatte. Von 150 Beschäftigten in der EDV-Abteilung waren allein 20 für die Betreuung von SAP-Standardprogrammen zuständig. Dieser den normalen Rahmen vollkommen sprengende Prozentsatz deutet an, wie weit die Durchdringung mit Standardsoftware dort vorangekommen war. Denn wenn man das Personal des Rechenzentrums und der restlichen Systemtechnik ausklammert, so entfiel gut ein Viertel der Beschäftigen in der Anwendungsentwicklung auf den SAP-Bereich. Unter ihnen waren viele Mathematiker, aber auch fünf Informatiker, d. h. immerhin 25 % der SAP-Spezialisten. Sie alle machten SAP-Betreuung in der geschilderten Art und Weise. Wie bei den Betriebssystemen gibt es also eine Tendenz, die kreativen Aufgaben zu zentralisieren, in diesem Fall beim Software-Hersteller, und nur die Routinefunktionen vor Ort lassen. Denn obwohl die Situation in anderen Unternehmen, die Standardanwendungssoftware einsetzen, noch nicht so ist, weil sie sich noch in der Installationsphase befinden oder, wie die Großkonzerne, noch einige Ergänzungen vornehmen, zeigen beide genannten Beispiele doch, wohin der Trend geht.

Den SAP-Spezialisten droht in der Tendenz dasselbe Schicksal wie den „freischaffenden Künstlern" aus der Systemprogrammierung. Daß die in den SAP-Gruppen weit überproportional vertretenen Informatiker sich dieser Entwicklung durch das Ausweichen in andere Bereiche nur noch teilweise werden entziehen können, dafür sprechen nicht nur die erheblichen Veränderungen auf dem Arbeitsmarkt und die mit den verschiedenen Standardisierungsmaßnahmen verbundenen Freisetzungspotentiale. Wichtig ist in diesem Zusammenhang auch die Tatsache, daß es in der Programmierung von firmenspezifischen Anwendungslösungen ja ebenfalls klare Tendenzen in Richtung Aufspaltung gibt und die Informatiker, die nach Aussage eines Entwicklers[6] immer noch zu einem erstaunlich hohen Prozentsatz „nur programmieren", davon ebenfalls betroffen sein werden.

5.3 Spezialisierungstendenzen

Die Tendenz zur Aufspaltung wird in ihren Auswirkungen erheblich verschärft, wenn sie mit stabilen Spezialisierungen einhergeht. Diese treten dabei nicht nur in Zusammenhang mit speziellen, von den Anwendern selbst entwickelten Anwendungsprogrammen auf, sondern durchaus auch in Verbindung mit der Verbreitung von Standardsoftware. So kommt es z. B. bei der Betreuung von SAP-Software oft vor, daß der einzelne Entwickler nur noch dann in andere Aufgabenbereiche wechseln kann, wenn er zugleich „die Firma verläßt, weil man in der eigenen Firma doch nur artverwandte Projekte

---

6 „Das hat mich auch gewundert, als ich gesehen habe, wieviele meiner damaligen Studienkollegen nur programmieren. Das ist aber immer noch eine Hauptaufgabe für Informatiker."

bekommt, wieder mit SAP", so die Feststellung eines lange Jahre mit SAP-Betreuung befaßten Informatikers. Was für SAP-Programme gilt, trifft auch auf andere Standardprodukte wie MVS, IMS, BS 2000 oder Adabas zu. Zwar ist eine solche Spezialisierung in ihren Konsequenzen nicht mit der auf einzelne firmenspezifische Programme zu vergleichen, weil die weite Verbreitung von Standardprodukten wie IMS oder BS 2000 der Abhängigkeit von einer einzigen Firma doch deutlich entgegensteht, eine Einengung der Arbeitsmöglichkeiten bewirkt sie aber dennoch.

Geht es um neue und anspruchsvolle Software wie die SAP-Programme oder dB 2, wird das nicht als Problem, sondern vielfach sogar eher als Vorteil empfunden. Diese Einstellung ändert sich jedoch, wenn die jeweilige Software in die Jahre kommt und man den rechtzeitigen Absprung verpaßt oder nicht geschafft hat. Dann wird die Spezialisierung auf 10–20 Jahre alte Produkte zu einer Belastung und Gefahr. Man hat den Anschluß an die Entwicklung verloren und veraltet in seinen Qualifikationen mit dem jeweiligen Programm, gerät beruflich in eine Sackgasse. Spezialisierung wird dann gleichbedeutend mit Routinearbeit und fehlenden Perspektiven. Man kennt zwar jeden einzelnen Winkel seines Programmteils, „das 3. Bild hinten links", wie es ein Entwickler ausdrückte, „ist ansonsten aber vollkommen versaut, ein Fachidiot, der gar nicht mehr weiß, daß es auch anders geht."

Derartige Spezialisierungen werden von den Unternehmen trotz aller methodischen Standardisierungsbemühungen durchaus auch gefördert. Denn die Firmen wollen durch Standardisierung zwar eine leichtere Austauschbarkeit zwischen den einzelnen Beschäftigten erreichen, da die Bedeutung von Spezialwissen dadurch aber nicht aus der Welt zu schaffen ist, sind sie gleichzeitig auch daran interessiert, einmal rekrutierte oder ausgebildete Spezialisten dort einzusetzen, wo ihre speziellen Kenntnisse voll zur Geltung kommen. Das bedeutet auch, daß man sie solange im Unternehmen halten will, wie ihr Wissen benötigt wird. Erst wenn Systeme wie IMS oder BS 2000 ganz ersetzt werden, bracht man sie nicht mehr. Das Risiko der Überalterung des Spezialwissens wird damit relativ einseitig auf die einzelnen Personen abgewälzt. Sie verlieren an Wert auf dem Arbeitsmarkt und damit an Chancen, sich einen anderen Arbeitsplatz zu suchen. Ein Informatiker drückte diesen Sachverhalt mit den Worten aus: „Wenn einer mit alten Produkten arbeitet, ist er für den Arbeitsmarkt nicht mehr so attraktiv." Diese Gefahr ist um so größer, je spezialisierter der einzelne ist. Generell gilt: Wo es um die Entwicklung und Wartung von Softwareprodukten mit hoher Lebensdauer geht, bedingt das ein relativ hohes Maß an Spezialisierung und damit auch an Risiko für die dort tätigen Angestellten[7].

Die Spezialisierung auf bestimmte Software-Produkte wird durch zwei Tatsachen enorm begünstigt. Zum einen treten relativ häufig Widersprüche

---

7 Für die Entwicklung von Standardprodukten ist folgende Aussage eines Informatikers aus dem Software-Haus A symptomatisch: „Bei den Kernprodukten findet eine sehr starke Spezialisierung statt in der Entwicklung."

zwischen der Standardisierung der Methoden und der von Produkten auf, zum anderen erweisen sich die größeren und komplexeren „Altsysteme" vielfach als erstaunlich „modernisierungsresistent", wie es ein Abteilungsleiter nannte. Was den ersten Punkt betrifft, so handelt es sich bei allen Produktstandards um auf dem Markt erfolgreiche De-facto-Standards, aber nicht um eine Vereinheitlichung im strikt wissenschaftlichen Sinne. Jeder Hersteller ist bemüht, sein Erzeugnis möglichst oft zu verkaufen und damit zum Standard zu machen. Was sich dabei durchsetzt. ist durchaus nicht immer das technisch ausgereifteste und durchdachteste System. Ähnlich wie bei den Videorecordern, wo sich mit VHS das in technischer Hinsicht schlechteste System durchgesetzt hat, spielen Marktmacht des Unternehmens, Preis- und Lizenzpolitik, Werbung etc. eine entscheidende Rolle für den Erfolg. So hat die Dominanz von MVS, IMS und dB 2 mit der traditionell starken Position von IBM bei den Großrechnern zu tun, nicht unbedingt mit der konkurrenzlosen Qualität all dieser Systeme. DOS und Windows sind durch die Allianz von Microsoft und IBM so beherrschend geworden. Die Firmen, die schon seit langem IBM-Rechner nutzen, blieben der Marke z.T. aus Tradition, z.T. aus der Überlegung, was Anpassungen bei dem Wechsel auf neue Systeme anderer Hersteller kosten, eben doch oft treu, wenn die Preisdifferenzen und Qualitätsunterschiede nicht zu gravierend waren. Dies war und ist z.T. immer noch die Basis des IBM-Industriestandards.

Durch den Bedeutungsverlust der Mainframes hat sich die Situation in den letzten Jahren allerdings entscheidend verändert. Zwar setzt IBM immer noch viele De-facto-Standards, der Einfluß ist aber stark zurückgegangen, wie nicht zuletzt die Auflösung der Allianz zwischen IBM und Microsoft und das neue Bündnis zwischen IBM und Apple zeigen. Viele Kunden wollen sich aus der Abhängigkeit von einem einzigen Hersteller in zunehmendem Maße befreien. Unix als herstellerunabhängiges System bietet diese Möglichkeit und ist dementsprechend auf dem Vormarsch, wenn es um vernetzte Systeme mit Workstations geht. Das ist vor allem im technischen Bereich der Fall, während im kommerziellen Sektor die Bedeutung von Unix noch nicht so groß ist. Auch das ändert sich allerdings in dem Maße, in dem die verschiedenen betrieblichen Systeme miteinander verbunden werden und dann auch miteinander kommunizieren können müssen. Trotz seiner relativ leichten Portierbarkeit auf die verschiedensten Systeme weist aber auch Unix einen wesentlichen Mangel auf, den es mit den meisten herstellerabhängigen („proprietären") Systemen teilt. Es ist ebenfalls nicht nach streng wissenschaftlichen Maßstäben entworfen worden. Die Sprache C, in der es programmiert worden ist und die dementsprechend am „Siegeszug" des Systems teilnimmt, ist wie viele ältere Programmiersprachen nicht besonders gut strukturiert und daher relativ kompliziert. Sie ist von ihrer Konzeption her für den „freischaffenden Künstler" in der Systemprogrammierung gedacht. Ihr Durchbruch als Standardsprache erfolgt aber dennoch, weil der Erfolg von Unix sie automatisch mitzieht. Weiterentwicklungen wie C+ oder C++ ändern dabei auch nichts Grundsätzliches an der vergleichsweise komplizierten Struktur der

Sprache mit der daraus folgenden schlechten Lesbarkeit des Programm-Codes. Die rasche Verbreitung von Unix hat deswegen neben dem positiven Aspekt der Vereinheitlichung durch Herstellerunabhängigkeit auch den negativen, daß eine Sprache sich mit durchsetzt, die nach den Maßstäben moderner Software-Gestaltung in vielerlei Hinsicht veraltet ist und den Bemühungen um methodische Standardisierung nicht eben entgegenkommt[8].

Ähnliches gilt auch für die SAP-Standardanwendungssoftware. Sie hat auf dem deutschen Markt zwar eine fast monopolartige Stellung auf ihrem Gebiet, ist vom Aufbau her aber alles andere als gut strukturiert, wie alle befragten Informatiker übereinstimmend meinten. Einer sprach sogar davon, daß die in Assembler programmierten Programme „als Software-System ein Chaos" darstellten. Ihr Erfolg ist nicht auf eine gut durchdachte und an wissenschaftlichen Standards ausgerichtete Struktur zurückzuführen, sondern auf die weitgehende Berücksichtigung der konkreten Kundenbedürfnisse. Dies macht ihre Stärke aus, aber auch ihre Schwäche, weil die enge Kundenbindung zu vielen Zugeständnissen geführt hat, die auf Kosten der Struktur der Software gegangen sind. Standardisierung auf der Produktebene und methodische Standardisierung gehen auch in diesem Fall nicht Hand in Hand.

Der zweite Sachverhalt, der Spezialisierungstendenzen begünstigt, besteht darin, daß besonders die großen Unternehmen nicht so einfach von umfangreichen und komplexen Systemen wie z. B. IMS auf andere mit vergleichbaren Dimensionen wie dB 2 umsteigen können oder auch wollen. Sie können es aus zwei Gründen nicht. Zum einen hängen an derart großen Programmen sehr viele Unterprogramme, die zudem in großem Maße Eigenentwicklungen ohne standardisierten Aufbau sind. Zum anderen sind auch die vorhandenen Anwendungsprogramme auf bestimmte Datenbanken

---

8 Dieses Problem wird noch dadurch verschärft, daß die großen Hardware-Hersteller wie IBM oder Siemens-Nixdorf es nicht dabei belassen, ihre Unix-Versionen wie AIX oder SINIX mit den notwendigen kleinen Anpassungen an die eigene Hardware zu versehen, sondern weit darüber hinausgehen. Ein Informatiker sprach in diesem Zusammenhang davon, daß die Unterschiede zwischen den verschiedenen Versionen nur „zu 5 % notwendige Zugeständnisse an die Rechnerarchitektur, wie die Platten segmentiert sind und so", darstellen. Das Motiv für ein derartiges Vorgehen ist Konkurrenzdenken. Die Unternehmen, so der Geschäftsführer der Anwendungsentwicklung beim Medienkonzern, „dürfen einen Standard gar nicht zulassen, weil dann die Masse der heutigen Firmen pleite" ginge. Obwohl diese Aussage überzogen ist, trifft sie doch den Kern der Sache. Die Bereitschaft der Hersteller, unabhängige Standards zu akzeptieren, ist bisher nicht sehr groß. Sie geraten allerdings zunehmend unter den Druck der Anwender, die bei Ausschreibungen in wachsendem Maße die Einhaltung von internationalen, durch Gremien wie ANSI gesetzten Standards verlangen. Denn die Anwender wollen nicht nur intern herstellerunabhängiger und damit flexibler werden, sie benötigen die Standards wegen der zunehmenden Bedeutung unternehmensübergreifender Prozesse auch. Wenn Automobilzulieferer wie Bosch, Hella oder VDO ihre Konstruktionsdaten mit den verschiedenen Automobilherstellern abgleichen oder austauschen wollen, müssen die Systeme wenigstens halbwegs kompatibel sein.

oder Betriebssysteme in einem gewissen Umfang ausgerichtet und müßten dementsprechend geändert werden. Der Aufwand ist daher bei solchen Umstellungen groß und der Umstellungsprozeß zumeist langwierig. Ein paralleles Arbeiten mit verschiedenen Systemen auch über längere Zeit ist in Großunternehmen unvermeidlich. So wird in fast allen Großunternehmen mit mehreren Datenbanken operiert, zumeist mit IMS, Adabas und dB 2.

Teilweise handelt es sich dabei nur um ein Übergangsstadium, d. h. die komplette Umstellung auf dB 2 ist geplant. Teilweise ist die parallele Benutzung verschiedener Systeme aber auch um eine Dauerlösung, weil eine völlige Umstellung aus Sicht des Unternehmens zu aufwendig und in bestimmten Bereichen auch nicht nötig ist. Dies gilt besonders für den kommerziellen Sektor, wo die Systeme eine längere Lebensdauer haben, weil es in den normalen Verwaltungsabläufen seltener grundlegende Änderungen gibt als im Produktionsbereich. Die Beibehaltung alter Systeme wie IMS hat dann natürlich Konsequenzen für die internen EDV-Abteilungen. Sie müssen weiterhin Personal, und d.h. auch Spezialisten, für diese „veralteten" Programme sowohl auf der System- als auch auf der Anwendungsseite vorhalten. Die Folgen reichen oft aber noch weiter. Wenn große Kunden wie die Automobil- oder Chemiekonzerne sich für die Weiternutzung solcher Altsysteme entscheiden, verlangen sie von den Software-Herstellern auch die Fortsetzung ihrer Wartung. Selbst große Hardware-Hersteller können sich solchen Wünschen ihrer Großkunden nicht widersetzen und müssen, ihren eigenen Vereinheitlichungsbestrebungen zuwider, Personal für die Wartung abstellen. Außerdem müssen sie bei neuen Entwicklungen immer die Kompatibilität mit den alten Systemen im Augen haben. Standardisierungsbestrebungen werden dadurch natürlich erheblich erschwert, Spezialisierungstendenzen wird dagegen Vorschub geleistet.

5.4 Standardisierung, Knowledge Gap und professionelle Zuständigkeit

Im Unterschied zu den bisher geschilderten negativen Folgen des fortschreitenden Standardisierungsprozesses ist eine andere, in einer Reihe von Veröffentlichungen als schwerwiegend bezeichnete Gefahr (Greenbaum 1976; Kraft 1977, 1979, Kraft/Dubnoff 1982, 1986; Orlikowski 1988; Orlikowski/ Baroudi 1989) bislang ohne die erwartete oder befürchtete Durchschlagskraft geblieben: die deutliche Verringerung des Wissensvorsprungs der Informatiker auf informationstechnischem Gebiet durch den Einsatz von Software-Tools und die Verbreitung von PCs in der gesamten Gesellschaft. Die Entwicklung und Verwendung von Programmiersprachen der 4. Generation hat zwar in einigen Fällen die Verlagerung von Programmieraufgaben zu den Benutzern ermöglicht, und die private Nutzung von PCs hat diesen Prozeß auch unterstützt, eine wirklich durchgreifende Verringerung des Knowledge Gap ist aber nicht eingetreten. Vor allem haben sich die Erwartungen, daß der

Einsatz der CASE-Tools die automatische Generierung großer Programme ermöglicht, bislang nicht erfüllt. Befürchtungen von Informatikern, daß die „klassischen Organisationsprogrammierer dann zu Fließbandarbeitern degradiert" würden, wie es ein Projektleiter des Software-Hauses B drastisch formulierte, haben bis heute keine Nahrung bekommen.

Denn beim Einsatz von CASE-Tools wie auch von neuen Entwicklungsmethoden wie der objektorientierten Vorgehensweise existiert neben den praktischen Schwierigkeiten, die allen Standardisierungen entgegenstehen, ein grundsätzliches Problem. Trotz aller Fortschritte bleibt die Differenz zwischen den Programmabläufen und den realen Abläufen in den Unternehmen immer noch sehr groß und es gelingen nur halbwegs brauchbare Annäherungen, wie folgende Äußerung einer Bereichsleiterin aus einem der Software-Häuser deutlich illustriert:

> „Das Kernproblem ist die Trennung von Daten und betrieblichen Funktionen. Erst hat man in der Software-Entwicklung gesagt: Prima, wenn wir Datenbanken haben, kriegen wir die Daten von den Funktionen getrennt. Da gibt es den Datenadministrator, und die Funktionen können wir weiterentwickeln, wunderbar. Dann hat man aber die Funktionen nicht in den Griff bekommen. In den ganzen Methodenansätzen gibt es so Bäumchen und so ein paar Abläufe, aber weiter sind sie nicht gekommen. Der Kern der fachlichen Funktionen ist nicht integriert worden. Deswegen versucht man es jetzt mit Objektorientierung. Da gibt es auch so Sprachen wie Small-Talk oder Prolog, wo die Idee ist, daß man auf dem Bildschirm die Objekte hat, die anklickt, denen irgendwelche Nachrichten gibt, die dann sofort ablaufen läßt. Das funktioniert. Aber die Nachrichten, die da ausgetauscht werden, sind alles noch sehr einfache Fälle, keine komplexen Funktionen wie im betrieblichen Ablauf, also keine kommerziellen Anwendungen. Denn solche Vererbungsregeln zwischen Objekten sind dann doch sehr einfache Beziehungen wie: Sind abhängig von oder besteht aus. Das ist es dann schon. Modularisierung ist auch so was. Modularisierung wäre natürlich schön, wenn man wie bei einem Baukasten alle benötigten Module kaufen könnten. Meistens findet man die aber so nicht. Konfigurierung von Software-Komponenten, das wäre schön, wenn es das gäbe. Aber da sind wir doch noch weit von entfernt. Vielleicht gibt es das ja mal, daß man Funktionen wirklich kapseln kann."

All diese grundsätzlichen Schwierigkeiten treten teilweise zwar auch bei rein methodischen Veränderungen wie etwa der objektorientierten Programmierung auf, sie bestimmen aber in erster Linie den Einsatz von CASE-Tools. Weil das den Anwendern in der Regel nicht gesagt worden ist, ist die CASE-Euphorie der letzten Jahre schlagartig verflogen, hat einer deutlichen Ernüchterung und in einigen Fällen sogar einer spürbaren Enttäuschung Platz gemacht. CASE ist manchmal schon in Gefahr, von einem Zauberwort zu einem Synonym für unhaltbare Versprechungen zu werden. Darüber wird oft vergessen, welche Fortschritte in puncto Verfahrensstandardisierung auf diesem Wege schon erreicht worden sind und noch erreicht werden können. Hoffnungen auf eine durchgängige, durch alle Phasen des Entwicklungsprozesses reichende CASE-Unterstützung werden allerdings in absehbarer

Zeit nur Hoffnungen bleiben. Selbst in der Entwicklung von CASE-Tools tätige Informatiker räumen im Gespräch ein, daß sich „geschlossene CASE-Umgebungen, wie wir sie derzeit anbieten, nicht durchsetzten" werden, sondern nur „Teilbereiche" davon.

Damit haben sich auch die Träume von einer umfassenden Automatisierung des Entwicklungsprozesses als völlig unrealistisch erwiesen. Es gibt zwar Generatoren, die Programmteile aus gespeicherten Bausteinen automatisch generieren, ihr Einsatz ist aber noch auf relativ wenige Gebiete beschränkt und geht zudem in der Regel auf Kosten der Leistungsfähigkeit des Programms. Letzteres hängt damit zusammen, daß die CASE-Tools alle Eventualitäten berücksichtigen müssen, die bei einem breiten Einsatz als Standard-Tool auftreten können. So etwas erfordert häufig Programmschleifen, die bei einem normal erstellten Programm überflüssig sind. Dadurch sinkt dann die Effizienz des Programms und steigen die Antwortzeiten. Die Leistungsfähigkeit („Performance") spielt aber eine zentrale Rolle in den Unternehmen. So hat die EDV-Abteilung des Automobilkonzerns sich gegen den Einsatz von Generatoren entschieden, weil die Performance zu schlecht war. Das CASE-Tool wird derzeit nur in der Phase der Problemanalyse eingesetzt. Im Software-Haus A setzen sogar alle dort bearbeiteten Ausschreibungen bestimmte Antwortzeiten auf Basis der beim jeweiligen Auftraggeber gegebenen Hardware voraus. Dadurch wollen die potentiellen Kunden sicherstellen, daß die gewünschte Reaktionsgeschwindigkeit auch mit der vorhandenen Hardware erreicht werden kann und die Verwendung von CASE-Tools aufgrund der geringen Performance nicht einen zusätzlichen Hardware-Bedarf erzeugt.

Obwohl es in dieser Hinsicht wie auch generell viele Ernüchterungen und Enttäuschungen gegeben hat[9], halten die meisten Unternehmen aber dennoch am Einsatz von CASE-Tools fest. Unter den in die Untersuchung einbezogenen Firmen gibt es diesbezüglich z. B. nur zwei Ausnahmen: eines der beiden Handelshäuser und den Maschinenbaukonzern. Alle anderen Unternehmen experimentieren mit CASE-Tools oder planen zumindest deren zukünftigen Einsatz. In noch weit stärkerem Maße als für die CASE-Tools gilt das für methodische Standardisierungsbemühungen. Sie werden überall stark forciert. Dieses Verhalten der Firmen hat zwei wesentliche Gründe. Zum einen muß die Standardisierung einfach vorangetrieben werden, um der Software-Krise Herr zu werden, zum anderen stellen sich ja auch sichtbare Erfolge ein, in der Regel nur eben nicht so groß, wie erwartet, erhofft oder erwünscht.

Generell gilt dabei, daß die Erfolge dort am größten sind, wo die Entwicklung „auf der grünen Wiese" anfangen kann, also nicht oder nur wenig

---

9   Enttäuschungen resultieren teilweise auch aus unüberlegten, von Technikfaszination bestimmten Käufen. So berichtete ein Informatiker, wie der EDV-Leiter der Versicherungsgesellschaft, in der er früher tätig war, darauf bestanden habe, ein Normalisierungstool für 100.000 DM zuzüglich 10% Wartungskosten pro Jahr zu kaufen, ohne daß dieses sinnvoll einsetzbar gewesen sei. Es wurde in der gesamten Zeit von niemand benutzt.

eingeengt ist durch Vorgaben in puncto Hard- und Software, die aus der Existenz alter Systeme herrühren. Solche Bedingungen sind aber eher selten. Die Regel sind Projekte, die auf vielfältige EDV-Strukturen Rücksicht nehmen müssen. Dies gilt vor allem für die Anwender, wo man, wie es ein auf Netzwerke spezialisierter Informatiker plastisch formulierte, ja „eine Stadt nicht von heute auf morgen umkrempeln kann, nur um die Verkehrswege zu verbessern." Bei den Software-Produzenten gibt es dagegen wenigstens hin und wieder ganz neu aufsetzende Entwicklungsprojekte, wo man wirklich alles von Beginn an strukturiert und auch von CASE-Tools unterstützt angehen kann. Es ist aber auch dort eine Ausnahme. Der Einsatz von CASE-Tools bleibt daher in seinen Auswirkungen insgesamt doch weit hinter den Erwartungen oder Befürchtungen zurück, die vielerorts daran geknüpft worden sind.

Dies ist ein wesentlicher Grund dafür, daß sich auch die Prognosen von einer massiven Reduzierung des „knowledge gap" zwischen Informatikern und Laien als unrealistisch, als weit überzogen herausgestellt haben. Es gibt jedoch noch eine weitere wichtige Ursache für das Ausbleiben einer solchen Entwicklung. Von den meisten Betrachtern wurde und wird die Bedeutung von intensiven PC-Kenntnissen über- und die einer systematischen Methodik unterschätzt. Ein begeisterter PC-Freak ist nicht zugleich auch ein guter Software-Entwickler. Oft gilt sogar eher das Gegenteil. Warum das so ist, illustriert folgende Aussage eines Gruppenleiters aus dem Chemiekonzern:

> „Die PC-Spielereien an den PCs zuhause von den Kindern finde ich schlecht, weil sie zu Spielereien verleiten. Es gibt wenige, die konzeptionell was tun. Die, die anfangen, Spiele zu programmieren, verlieren sich in Kleinigkeiten wie Bildschirmaufbau und -Design. Die lernen aber nichts Vernünftiges wie, sich mit Datenbanken oder Sprachen richtig auseinanderzusetzen. Bei der Versicherung waren sehr viele Ältere, die von dem Programmbild von vor 20 Jahren geprägt waren, möglichst wenig Code, viele GOTOs mit Outer-Befehlen in Cobol, um die Einstiegspunkte sogar noch zu manipulieren, also ein Code, der nicht mehr pflegbar ist und heute wirklich komplett neu geschrieben werden muß. Bei den PC-Freaks hier habe ich immer das Gefühl, daß sie auf eine Quick-and-dirty-Lösung aus sind. Was sie nicht machen, sind Systemmodelle, die dann vervielfältigt werden können, sondern sie machen für ein Problem eine Lösung, schnell, sieht nach außen gut aus, aber für jedes Problem eine neue Lösung. Das ist aber sehr hinderlich, weil sie einen Wust von Unterprogrammen und Anwendungen bekommen, den kaum einer pflegen kann, statt zu sagen, wir kopieren das immer wieder und arbeiten im Hause hier mit einem Standardmodell."

Die PC-Freaks weisen den gleichen Nachteil auf wie die Programmierer alter Schule. Sie verlieren sich im technischen Detail, denken selten an den Gesamtzusammenhang, in dem ihr Programm steht. Das mangelhaft strukturierte Herangehen und der fehlende Überblick sind ihr Handicap. In dieser Hinsicht sind ihnen die Informatiker deutlich überlegen. Das macht sich gerade unter den heutigen Bedingungen besonders bemerkbar, wo es den meisten größeren Unternehmen in erster Linie um eine Vereinheitlichung der Software-Entwicklung geht und nicht um ausgefallene Lösungen, seien sie im Einzelfall auch noch so gut oder interessant.

Der Vorteil der besseren Methodik könnte sich für die Informatiker auf Dauer allerdings als eine höchst zwiespältige Angelegenheit herausstellen. Denn in dem Maße, in dem sie mit ihren methodischen Standardisierungsbemühungen erfolgreich sind (bzw. sein werden), schmilzt ihr Vorsprung gegenüber anderen Berufsgruppen dahin. Zwar werden sie in den Abteilungen, die für die Einführung und Weiterentwicklung standardisierter Entwicklungsverfahren zuständig sind, die quantitativ oder zumindest qualitativ dominierende Berufsgruppe bleiben, sie werden wichtige Teile ihres methodischen Vorsprungs aber überall dort einbüßen, wo sie in der Entwicklung (inkl. Wartung) normaler Software eingesetzt werden. Die Standardisierung der Vorgehensweisen hat nämlich eine wesentliche Konsequenz. Auch jene Entwickler, die von ihrer Ausbildung her weniger methodisches Know-how mitbringen, müssen sich den Vorgaben anpassen, die zum Zwecke einer vereinheitlichten Software-Entwicklung erarbeitet worden sind. Damit aber wird der Spielraum für individuelle Lösungen stark beschnitten, hält eine auf Vereinheitlichung und gute Software-Strukturen gerichtete Entwicklungsmethodik, quasi zwangsweise, auch bei den methodisch weniger geschulten Entwicklern Einzug. Die Informatiker drohen in dieser Hinsicht Opfer ihres eigenen Erfolgs zu werden.

Ihr entscheidender Konkurrenzvorteil, die bessere Methodik, ist jedoch nicht nur auf diese Art und Weise gefährdet. Er verliert auch durch die fortschreitende Standardisierung der Software-Produkte an Bedeutung. Das gilt in zweierlei Hinsicht. Einmal verstärken diese Standards den Trend zur Vereinheitlichung der Programme, schieben den oben angesprochenen Spielereien also zumindest in Teilen einen Riegel vor. Zusätzlich sorgt die mit ihnen einhergehende Tendenz einer Spezialisierung auf einzelne Standardprogramme dann aber auch noch dafür, daß allgemeine methodische Kenntnisse gegenüber programmspezifischen Detailkenntnissen und dem Wissen um die jeweiligen betrieblichen Einsatzbedingungen an Gewicht einbüßen.

Betrachtet man alle geschilderten Standardisierungseffekte im Zusammenhang, so bleibt in Hinblick auf die Markierung professioneller Zuständigkeiten seitens der Informatiker folgendes festzuhalten: Die Folgen der Standardisierungsprozesse sind zwar von großen Widersprüchen geprägt, lassen aber dennoch ein relativ eindeutiges Bild erkennen. Aussichten auf eine erfolgreiche Reklamierung professioneller Zuständigkeiten haben die Informatiker nur in jenen wenigen Bereichen, in denen ihre überlegene Methodik von zentraler Bedeutung ist, also in Teilen der Forschung bei den Hardware-Herstellern, in der Entwicklung von CASE-Tools und standardisierten Verfahren sowie in einzelnen mit der Portierung von Systemsoftware auf Rechnernetze befaßten Abteilungen. In allen übrigen Tätigkeitsfeldern sind sie dagegen einer mehr oder minder scharfen Konkurrenz durch Angehörige anderer Berufsgruppen ausgesetzt. Denn die Standardisierung von Entwicklungsmethoden wie vor allem Software-Produkten sorgt dort dafür, daß ihr methodischer Vorsprung an Gewicht verliert, ihre wesentliche Schwäche, die mangelnde Kenntnis der den Programmen zugrundeliegenden realen betrieblichen Prozesse, aber stark an Bedeutung gewinnt.

Diese Schwäche macht sich in erster Linie gegenüber solchen Konkurrenten bemerkbar, die sich entweder wie die Betriebswirte im Studium zugleich wichtige Fachkenntnisse über betriebliche Abläufe und eine gewisse abstrakte Arbeitsmethodik angeeignet haben oder aber wie die mathematisch-technischen Assistenten ein detailliertes Wissen über einzelne Unternehmen und deren EDV-Systeme aufweisen. Den EDV-Praktikern ohne spezielle Ausbildung und den meisten DV-Kaufleuten gegenüber spielt sie eine weit geringere Rolle, da in diesen Fällen die methodische Überlegenheit der Informatiker doch zu groß ist, als daß sie durch die Standardisierungsprozesse entscheidend verringert werden könnte. Die beiden letztgenannten Gruppen verlieren in den großen Unternehmen in jüngster Zeit allerdings auch ganz massiv an Gewicht, so daß die Informatiker in immer größerem Maße auf eine besser ausgebildete Konkurrenz treffen. So machen die Hochschul- und Fachhochschulabsolventen in den EDV-Abteilungen der Großbank und des Medienkonzerns inzwischen schon 60–65 % der Beschäftigten aus und in der EDV-Abteilung des Stahlkonzerns, wo die angelernten Praktiker und die DV-Kaufleute heute noch 60 % der Arbeitskräfte stellen, ist eine Reduzierung auf max. 20 % in den nächsten 4–5 Jahren geplant. Die zunehmende Konkurrenz durch andere hochqualifizierte Berufsgruppen wird für die Informatiker vor allem durch die Verknüpfung von zwei Entwicklungen außerordentlich bedrohlich. Die Standardisierung der Methoden und Produkte reduziert nämlich nicht nur die Bedeutung ihres Wissensvorsprungs auf informationstechnischem Gebiet in den meisten Arbeitsbereichen, sie drängt durch die enorme Ausweitung des Studiengangs Informatik und die geschilderten Aufspaltungstendenzen in der Entwicklung und Wartung von Software auch immer mehr Informatiker in Tätigkeitsbereiche wie etwa die Wartung von Standardprogrammen, in denen ihre methodischen Vorzüge nicht so zum Tragen kommen.

Mittel- und langfristig ist daher damit zu rechnen, daß die Informatiker auf der einen Seite in den meisten Tätigkeitsgebieten keine auch nur halbwegs stabile professionelle Zuständigkeit erringen können, sie sich auf der anderen Seite intern aber einer erheblichen Differenzierung in Hinblick auf Arbeitsanforderungen und Aufstiegschancen gegenübersehen werden. Eine (stetig kleiner werdende) Minderheit wird sich weitgehend konkurrenzlos auch weiterhin mit ausgesprochen anspruchsvollen Aufgaben wie etwa der Konzeptionierung neuer Methoden beschäftigen, eine (ständig größer werdende) Mehrheit wird dagegen konkurrierend mit Angehörigen anderer Berufsgruppen in der Entwicklung und Wartung von Programmen mittlerer bis gehobener Komplexität sowie in der Software-Beratung tätig sein.

Berufliche Karriere und soziale Herkunft von Informatikern

6

6.1 Die Karrierewünsche und -chancen der Informatiker

Berufliche Karriere im herkömmlichen Sinn, also innerhalb der klassischen Führungshierarchien, spielt auch für die Informatiker eine zentrale Rolle. Entgegen der verbreiteten Ansicht, sie seien fast ausschließlich technikverliebte Tüftler und Bit-Friemer, streben die meisten Informatiker einen klassischen Aufstieg vom Sachbearbeiter oder Spezialisten über den Projekt- oder Gruppenleiter bis zum Abteilungsleiter an. Selten gehen die Vorstellungen darüber hinaus, weil der Mehrzahl klar ist, wie dünn der Flaschenhals ab dort wird[1]. Bis zum Abteilungsleiter wollen es aber immerhin 60 % der befragten Informatiker bringen (bzw. haben es schon gebracht). 18 % sind sich noch nicht sicher, ob sie lieber eine Management- oder eine fachbezogene Laufbahn einschlagen möchten, und nur ganze 22 % streben keinen Aufstieg in Positionen mit größerer Personalverantwortung an. Das überwältigende Gewicht einer klassischen Aufstiegsperspektive wird noch deutlicher, wenn man zwei weitere Punkte berücksichtigt. Zum einen dürften unter den 22 % auch manche sein, für die der Abschied von Karrierevorstellungen zumindest z.T. auch ein durch die tatsächliche Entwicklung erzwungener war, so daß es sich bei ihnen teilweise also nur um eine nachträgliche Legitimation des sowieso Unvermeidlichen handelt. Zum anderen muß man die in vieler Hinsicht völlig aus dem Rahmen fallende Stellung des Software-Hauses A ausklammern, wo nur 25 % eine klassische Karriere machen wollen, 75 %

---

1 Die verschiedenen Hierarchiestufen sind in den einzelnen Unternehmen nicht einheitlich benannt. So gibt es im Stahlkonzern zwischen Gruppenleiter und dem eigentlichen Abteilungsleiter noch eine Zwischenstufe, die als Abteilungsleiter bezeichnet wird, es aber nach der Anzahl der unterstellten Personen faktisch nicht ist. Im Automobilunternehmen gibt es auf vergleichbaren Positionen Unterabteilungsleiter, bei einem Hardware-Hersteller Hauptgruppenleiter etc. Im folgenden werden die Bezeichnungen Sachbearbeiter, Gruppenleiter und Abteilungs-, Hauptabteilungs- und Bereichsleiter verwandt, um die wesentlichen hierarchischen Stufen zu erfassen. Der Abteilungsleiter umfaßt dabei nur solche Positionen, die im klassischen Sinne eine solche Einstufung rechtfertigen, also keine Unterabteilungs-, Hauptgruppen- oder nur formellen Abteilungsleiter.

aber noch unschlüssig sind. Informatiker, die es ausdrücklich ablehnen, eine Führungslaufbahn einzuschlagen, stellen eine kleine Minderheit dar.[2]

Am ausgeprägtesten sind die Karrierewünsche in den Unternehmen, die zu den Anwendern zählen und zugleich (wie der Stahl- oder der Chemiekonzern) eine sehr starke hierarchische Staffelung aufweisen oder (wie der Medienkonzern) den Ruf guter Aufstiegschancen besitzen. Hier liegt der Prozentsatz der ins Management strebenden Informatiker zwischen 80 und 90 %. Am geringsten ist er in den beiden Software-Häusern. Allerdings weist nur das schon erwähnte Software-Haus A eine klare Mehrheit von Informatikern auf, die nicht auf jeden Fall den klassischen Aufstieg anstreben. Andere Unterscheidungskriterien wie die zwischen Fachhochschul- und Hochschulabschluß, die Examensnote oder die soziale Herkunft spielen keine erkennbare Rolle, wenn es um die Karrierewünsche der Informatiker geht. Absolventen mit Einser-Examen streben den Aufstieg ins Management nicht signifikant häufiger an als solche mit schlechteren Abschlußnoten, die Kinder von höheren Beamten, leitenden Angestellten oder akademischen Freiberuflern nicht stärker als die aus Arbeiter- oder normalen Angestelltenhaushalten. Ob und inwieweit diese verschiedenen Merkmale die Chance, das angestrebte Ziel zu erreichen, beeinflussen, ist damit allerdings noch nicht beantwortet.

Die Gründe für die starke Karriereorientierung sind vielfältiger Natur. Im Vordergrund stehen dabei zwei Motive. Zum einen geht es ganz profan um's Geld. In der Regel kann man in den Bereich mit mehr als 100.000,– DM Jahreseinkommen nicht gelangen, wenn man in der Unternehmenshierarchie nicht aufgestiegen ist. Zwar gibt es in einigen Firmen wie einem der beiden Hardware-Hersteller, beiden Software-Häusern und dem Medienkonzern eine spezielle Fachlaufbahn, die einen rein fachlichen Aufstieg beispielsweise zum Chefberater ermöglicht, durch den einkommensmäßig mit den Führungskräften der mittleren Ebene, z. B. mit den Abteilungsleitern gleichgezogen werden kann, ohne Personalverantwortung übernehmen zu müssen, doch stellt dieser Karrierepfad keine wirkliche Alternative dar. Dafür ist er viel zu eng. Die höheren Positionen sind in dieser zweiten Laufbahn sehr viel rarer gesät als in der normalen Führungshierarchie. Außerdem existiert sie bislang nur in wenigen Unternehmen; in den meisten Unternehmen wird allenfalls über ihre Einführung nachgedacht.

Auch die zweite Alternative, als berufserfahrener Spezialist für bestimmte Systeme in den Bereich eines sechsstelligen Jahreseinkommens zu gelangen, erweist sich, abgesehen von den Software-Häusern, als ausgesprochen schwer zu realisieren. Denn die großen Unternehmen haben fast durchweg ein festes internes Gehaltsgefüge, das im oberen Bereich eng mit den jeweiligen Führungsebenen verknüpft ist. So war es z. B. selbst der sehr gut zahlenden

---

2 In der gesamten Untersuchung waren es zwei. Eine Informatikerin ist im Zusammenhang mit einem Frauenförderungsprogramm nach eigener Aussage sogar „massiv" gedrängt worden, eine „Karriere im „üblichen Sinne" zu machen. Sie hat sich dagegen entschieden, weil ihr die fachliche Arbeit mehr Spaß mache, sie die fachliche Weiterentwicklung einfach stärker interessiere.

Großbank nicht möglich, einzelne dringend gesuchte Spezialisten, die unter 100.000,– DM nicht abzuwerben waren, mit einem derartigen Gehalt einfach einzustellen. Um den normalen Gehaltsrahmen nicht durchbrechen zu müssen, wurden diese Spezialisten als AT-Angestellte eingestuft, was im Maximum ca. 90.000,– DM Jahreseinkommen bedeutet, und ihr Gehalt wurde durch eine sog. Jahresgratifikation auf den notwendigen Betrag angehoben, den sie normalerweise nur als Prokurist mit Personalverantwortung hätten erreichen können[3]. Gerade für langjährig berufserfahrene Spezialisten aus den größeren Software-Häusern stellt das relativ starre Gehaltsgefüge der deutschen Großunternehmen ein großes Problem dar, wenn sie wechseln wollen. Folgende Äußerung eines solchen Spezialisten beleuchtet das sehr schön:

> „Ich wollte aus der Systementwicklung auch deshalb raus, weil Sie da auf Dauer ein Gehaltsniveau erreichen, mit dem Sie woanders kaum landen können und diese Schere geht immer weiter auseinander. Das habe ich bei Bewerbungen erlebt. Da fragt man Sie, wenn Sie 130.000,– DM gehabt haben, wieviel Leute Sie denn gehabt hätten, und wenn Sie dann sagen, keine, dann geht das eben nicht."

Die dritte Möglichkeit schließlich, der Weg in die Selbständigkeit, erscheint den meisten Informatikern als weniger aussichtsreich denn riskant, verglichen mit dem Aufstieg in einem Großunternehmen. Die große Zahl an Pleiten, die im Software-Bereich zu beobachten ist, die steigenden Anforderungen an Kapitalausstattung und umfassendes Marketing sowie die Fusions- und Übernahmewelle, die derzeit in diesem Sektor über die Software- Häuser hereinbricht, all das schreckt ab. Die Gründung einer eigenen Firma war für keinen der befragten Informatiker ein Thema. Niemand wollte diesen Schritt machen.

Will man ein sechsstelliges Einkommen erzielen, bleibt deshalb in der Regel nur der übliche Weg des Aufstiegs in die Führungsebenen. Man beginnt als Trainee oder normaler Entwickler bzw. Berater mit einem Jahresgehalt von 60.000,– bis 75.000,– DM, in einzelnen Firmen auch schon mal als AT-Angestellter oder „Leitender Mitarbeiter" mit 75.000,– bis maximal 90.000,– DM, kommt als Gruppenleiter oder Unterabteilungsleiter erstmals in den sechsstelligen Bereich oder zumindest in dessen Nähe[4], um dann in den höheren Positionen ab Abteilungsleiter aufwärts „richtig Geld zu verdienen", wie es ein Informatiker bündig formulierte.

Der zweite wesentliche Grund für die Karriereorientierung der meisten Informatiker ist in dem Wunsch zu suchen, in größerem Maße eigenverant-

---

3 Der Prokurist entspricht bei dieser Großbank dem Unterabteilungsleiter, ist also nicht vergleichbar mit einem Prokuristen in der Industrie.

4 In der Großindustrie bewegt man sich als Gruppenleiter in der EDV um die 100.000 DM Jahreseinkommen, bei den Banken ebenfalls, während das in den großen Handelshäusern und den großen Versicherungskonzernen trotz oft gesonderter, höherer Tarife für den EDV-Bereich nur selten erreicht wird. Die Einstiegsgehälter liegen im Handel auch am niedrigsten.

wortlich tätig zu sein, als dies die normale Entwicklungstätigkeit innerhalb der betrieblichen Hierarchien zuläßt. Der eingeschränkte Entscheidungsspielraum, das Gefühl, der Anweisungsbefugnis von formal wie auch inhaltlich schlechter qualifizierten Vorgesetzten zu unterstehen, die mangelnde Delegation von Verantwortung, all das ärgert viele Informatiker vor allem bei klassischen deutschen Großunternehmen. Sie wollen aus dieser Lage raus, und der einzige Weg dahin führt in der Regel über den Aufstieg in der innerbetrieblichen Führungshierarchie. Ihn schlagen deshalb auch Leute ein, die sich nicht unbedingt nach Personalverantwortung drängen, aber keine andere Lösung sehen, um das gewünschte Maß an Eigenverantwortlichkeit und natürlich auch an Einkommen zu erreichen.[5]

Die ausgeprägte Karriereorientierung der großen Mehrzahl der Informatiker steht nun allerdings in einem starken Kontrast zu den realen Aufstiegsmöglichkeiten. Vor allem bei den großen Anwendern sind diese nämlich bei weitem nicht so gut wie erhofft. Besonders deutlich kann man das am Beispiel des Automobilkonzerns erkennen, weil dieser nicht nur eine überdurchschnittlich große Anzahl von Informatikern beschäftigt, sondern das im Unterschied zu den anderen Anwendern auch schon seit über 10 Jahren macht, so daß die durchschnittliche Dauer der Betriebszugehörigkeit (seit dem Examen) im Automobilunternehmen bei etwas über 10 Jahren, mit einer Spannweite von 6 bis 15 Jahren und einem Schwerpunkt zwischen 10 und 12 Jahren liegt.

Angesichts dieser relativ langen Betriebszugehörigkeit sind die Erfolge der Informatiker in puncto Karriere doch ziemlich ernüchternd. Zwei Drittel sind normale Sachbearbeiter, das restliche Drittel Gruppen- oder Unterabteilungsleiter. Ein Unterabteilungsleiter, dem sieben Angestellte unterstehen, das ist bislang die höchste Position, die ein Informatiker in diesem Unternehmen erreicht hat. Obwohl das Bild nicht bei allen Anwendern so düster ist – beim Stahl- und Chemiekonzern gibt es vereinzelt Informatiker als Hauptabteilungsleiter, beim Medienkonzern mit seiner völlig untypischen Struktur sind es immerhin ein paar Führungskräfte oberhalb des Gruppenleiters[6] – so ist die Situation im Automobilkonzern doch insofern charakteristisch, als die Gründe für die relativ geringe Repräsentanz auch für die meisten anderen Anwender Gültigkeit besitzen.

Zuungunsten der Informatiker wirken sich in erster Linie drei Faktoren aus. Zunächst liegt das Durchschnittsalter der Informatiker in der Regel

---

5   Ähnliche Gründe dürften das hohe Interesse an einer sog. „Linienposition" auch bei einer Umfrage unter hochqualifizierten Angestellten (85 % Fachhochschul- oder Hochschulabschluß) erklären und ausschlaggebend dafür sein, daß über 54 % einen Managementaufstieg und nur gut 22% eine Stabsposition anpeilten (Manager-Magazin 1986, 129).

6   In anderen, nicht in das Untersuchungssample aufgenommenen Unternehmen ist die Situation ähnlich. So haben bei einem führenden Versicherungskonzern ganze 2 von ca. 100 dort beschäftigten Informatikern die Position eines Gruppenleiters erreicht, bei einem zweiten Versicherungskonzern, der außergewöhnlich viele Informatiker beschäftigt, ist kein einziger „Leitender Angestellter".

(mehr oder minder deutlich) unterhalb des Alters anderer Berufsgruppen mit Hochschul- oder Fachhochschulabschluß. Dieser Unterschied ist nicht weiter überraschend, da es den Studiengang Informatik erst seit gut 20 Jahren in Deutschland gibt. Er hat aber zur Konsequenz, daß den Informatikern gerade in den großen Unternehmen, in denen der hierarchische Aufstieg normalerweise längere Zeiträume in Anspruch nimmt, oft ältere Angehörige anderer Berufe „im Wege stehen". Das niedrige Durchschnittsalter allein reicht als Erklärung für die bescheidenen Karriereerfolge der Informatiker aber bei weitem nicht aus. Denn dieser Nachteil wird zu einem großen Teil dadurch kompensiert, daß alle mit der Entwicklung und Betreuung von Software befaßten Abteilungen in den letzten Jahren eine enorme Expansion erlebt und insofern weit überdurchschnittlich gute Aufstiegschancen geboten haben und vielfach auch noch bieten. Den Informatikern als den Software-Spezialisten standen also trotz ihres niedrigen Alters prinzipiell durchaus gute Karrieremöglichkeiten offen.

Daß sie bislang dennoch nur in relativ geringem Umfang in wirkliche Führungspositionen vorgestoßen sind, ist denn auch in hohem Maße auf zwei andere Faktoren zurückzuführen: ihr Image als „technische Tüftler" und ihre Unentbehrlichkeit als Spezialisten. Was den ersten Punkt betrifft, so macht sich hier vor allem die fehlende Tradition dieser Fachdisziplin bemerkbar. Die Informatiker können im Unterschied zu anderen akademischen Berufsgruppen kaum vom traditionellen Image des Akademikers als Teil der gesellschaftlichen Elite profitieren, das es den Juristen beispielsweise bis heute erlaubt, von ihrem Ruf, auf fast allen Gebieten für Führungsaufgaben prädestiniert zu sein, zu zehren und in abgeschwächter Form auch auf die technischen Berufe wie Chemiker und Ingenieure zutrifft. Die beiden letzteren, die ja ebenfalls mit dem Problem zu kämpfen haben, als technikverliebt zu gelten, können nämlich immerhin einen Teil des alten Akademikeranspruchs auf Führungsfunktionen für sich nutzen, weil sie als Berufsgruppe schon zu Zeiten in die Unternehmen eingetreten sind, als ein Akademiker in der Regel noch automatisch für Führungsaufgaben vorgesehen war. Durch diese Tradition, die sich u. a. in der Besetzung von Führungspositionen durch Angehörige der jeweiligen Disziplin niederschlägt, werden sie in ihren Aufstiegsambitionen eindeutig begünstigt. Denn man billigt ihnen von seiten des Managements nicht nur generell ein höheres Maß an Führungsfähigkeit zu als den Informatikern, sie erfahren im Unterschied zu diesen häufig auch eine (mehr oder minder große) konkrete Unterstützung durch schon in Führungspositionen sitzende Angehörige der eigenen Berufsgruppe (Hartmann 1990a).

Zu diesem entscheidenden Manko der Informatiker gesellt sich ein zweites: die „Unabkömmlichkeit" der Informatiker als Spezialisten. Angesichts der großen Probleme, die die Entwicklung und Wartung von Software in den Großunternehmen heute aufwirft, sind die meisten Abteilungen froh, wenn sie einen der bislang immer noch relativ rar gesäten Informatiker in ihren Reihen haben, und wollen ihn nicht dadurch für die konkrete Arbeit verlieren, daß er höhere Führungspositionen innerhalb oder außerhalb der Abteilung übernimmt. Sie wollen ihn als Spezialisten, der bei der unmittelbaren Bewältigung von Problemen hilft, und nicht als Führungskraft, die fast zwangsläufig immer weniger von der fachlichen Seite versteht, weil sie überwiegend mit kommunikativen, administrativen oder finanziellen Problemen befaßt ist. Charakteristisch für diese Situation ist folgende Äußerung eines Informatikers aus dem EDV-Bereich:

> „Hier im Design gibt es die verschiedensten Leute, den Designer, den Modelleur, den Entscheidungsträger, den Dienstleister für den EDV-Bereich. Insofern ist man hier Fachmann, z.T. auch unentbehrlich. Aber wenn es um das Produkt selbst geht, um Projektentscheidungen, um das weitere Vorgehen, dann ist man doch außen vor. Man hat dann nur die Aufgabe, nach den gefällten Entscheidungen das umzusetzen, obwohl man vielleicht auch bei der Entscheidung etwas hätte beitragen können. Das ist die Schattenseite hier."

Die beiden genannten Faktoren, das Interesse der Unternehmen und ihrer Fachabteilungen an den Informatikern als kompetenten „Dienstleistern" und die Einstellung der meisten Verantwortlichen im Management, daß die Informatiker im Vergleich zu akademischen Berufsgruppen wie Juristen, Betriebswirten oder Ingenieuren zu schwach entwickelte Führungsqualitäten aufweisen, sind besonders bei den Anwendern wirksam. Wollen Informatiker bei ihnen beruflich Karriere machen, bleiben sie bisher ausschließlich auf die EDV-Abteilungen beschränkt, weil sie in den anderen Bereichen der Unternehmen ihr Handicap fehlenden oder nicht zuerkannten „Führungswillens" durch ein Plus an informationstechnischem Wissen nicht einmal teilweise wett machen können und sie zudem als „Dienstleister" vor Ort oft sogar noch stärker gefragt sind als im unmittelbaren EDV-Sektor.

Aber auch in den EDV-Abteilungen selbst haben die Informatiker oft das Problem, daß ihr Ruf als „Technikfreak" ohne betriebswirtschaftliches Know-how und ohne die notwendige Kommunikationsfähigkeit ihre Eignung für höhere Positionen vom Abteilungsleiter aufwärts in Frage stellt, weil die beiden ihnen fehlenden oder einfach nur nicht zugesprochenen Fähigkeiten für die Wahrnehmung der Personal- und Budgetverantwortung von entscheidender Bedeutung sind, technische Kenntnisse dagegen mit der Höhe der hierarchischen Position kontinuierlich an Gewicht verlieren. Vor allem die Betriebswirte haben deshalb auch in den EDV-Abteilungen recht gute Chancen, in Spitzenpositionen aufzurücken. Man muß eben, wie es ein Geschäftsstellenleiter formulierte, in den höheren Hierarchieebenen bezüglich des Budgets „die Zahlen nicht nur verstehen, sondern sie auch nutzen können", was dem Betriebswirt in der Regel leichter falle, als dem Informatiker, zumal wenn er, wie in großen Teilen der Anwendungsentwicklung, auch von der normalen Arbeit viel verstehe.

Angesichts der schlechten Aufstiegschancen innerhalb der EDV-Abteilungen, die vor allem von den älteren Informatikern durchweg auch wahrgenommen werden[7], gibt es inzwischen vereinzelt Fälle, in denen Informatiker nach langen Jahren in der EDV-Abteilung sich bewußt von jeglicher Verbindung zu informationstechnischen Problemen und damit auch zu ihrer spezifischen Ausbildung lösen, um in ganz fremden Abteilungen und Arbeitsgebieten einen neuen Karriereanlauf zu versuchen.

Die beschränkten Karriereperspektiven der Informatiker werden auch in zwei in den 80er Jahren entstandenen Management-Studien erwähnt. So stellen Evers/v.Landsberg (1982) in ihrer Literaturstudie fest, daß Informatiker, Mathematiker und Naturwissenschaftler die schlechtesten Karriereaussichten hätten, Juristen die besten, gefolgt von den Betriebswirten und den Ingenieuren. So bekleideten unter den 25–34 jährigen Angestellten mit Hochschulabschluß 11,7 % der Betriebswirte und 10,9 % der Juristen Spitzenpositionen (Geschäftsführer und Hauptabteilungsleiter), aber nur 3,6 % der Physiker und gar nur 0,6 % der Informatiker. Demgegenüber seien fast 60 % der Informatiker und Physiker als qualifizierte Angestellte ohne Führungsaufgaben eingestuft, aber nicht einmal 40 % der Juristen und Betriebswirte (Evers/v. Landsberg 1982, 29).

Eine empirische Erhebung von Meister (1988) in vier bayerischen Großkonzernen förderte ein ähnliches Bild zutage. So hatten es in einem großen Elektrounternehmen alle Berufsgruppen außer den Pädagogen und den Informatikern geschafft, in der Altersgruppe zwischen 40 und 45 Jahren wenigstens 1 % in die obere Führungsebene vom Abteilungsleiter aufwärts zu bringen. Bei den Betriebs- und Volkswirten waren es sogar 3 % bzw. 4 % und bei den Juristen sogar 9 %. Die Informatiker waren dagegen gerade mal mit einem Prozent auf der mittleren Führungsebene angelangt (Meister 1988, 131). Bei den jüngeren Altersgruppen sah es für die Informatiker zwar besser aus, aber auch nur in der mittleren Führungsetage.

Vergleichbar ist es auch in den Bereichen, in denen die Masse der Informatiker sitzt, den EDV- und F&E-Abteilungen. Sie bieten die geringsten Aufstiegschancen, so das Fazit von Witte/Kallmann/Sachs (1981) aus einer Umfrage unter Führungskräften. Beispielsweise sei die Anerkennung als leitender Angestellter in diesen beiden Bereichen am schwersten durchzusetzen. Hier sei ca. 12 % der Befragten die Anerkennung von vornherein verweigert und 6–8 % wieder entzogen worden, während die Vergleichswerte für die Personal- und Rechtsabteilung nur zwischen 1 und 6 % lägen (Witte/Kallmann/Sachs 1981, 54 f.). Die Tatsache, daß die Zufriedenheit mit den eigenen Aufstiegschancen in den beiden Abteilungen EDV sowie F&E deutlich niedriger als in allen anderen ist, wie eine Umfrage unter hochqualifizierten Angestellten ermittelte (Manager-Magazin 1986, 89), kann daher nicht verwundern.

---

7   Das trifft selbst auf jene zwei Unternehmen zu, die Informatiker ausschließlich als potentiellen Führungsnachwuchs rekrutieren: den Chemie- und den Stahlkonzern. So äußerte sich z.B. ein als „Leitender Mitarbeiter" eingestufter, noch relativ junger Informatiker aus dem Chemieunternehmen sehr skeptisch über seine Aufstiegschancen: „Ich orientiere mich an der Managementperspektive, sehe die Chancen aber als relativ gering an, sowohl hier als auch in den Fachabteilungen".

Bei den Hardware-Herstellern und den Software-Häusern sind die Chancen der Informatiker, Führungspositionen zu erreichen, zwar deutlich besser als bei den Anwendern, grundsätzlich anders ist die Lage aber auch dort nicht. So schlägt sich die große Bedeutung der Softwareentwicklung und -beratung in den Führungsetagen auf der einen Seite zumindest ein Stück weit zugunsten der Informatiker nieder. Beispielsweise haben beim Hardware-Hersteller A immerhin 6 % der dort beschäftigten über 700 Informatiker die Ebene des Abteilungsleiters erreicht, und 1,1 % sind sogar noch weiter vorangekommen. Dieser relative Erfolg stellt auf der anderen Seite aber noch lange keinen wirklichen Durchbruch für die Informatiker dar. Dies zeigt sich daran, daß insgesamt nur ganze 2,1 % der Abteilungsleiter und ganze 1,3 % der noch höher angesiedelten Führungskräfte einen Informatik-Abschluß aufweisen können. Informatiker bleiben bislang auch bei den Hardware-Herstellern eine kleine Minderheit in den oberen Etagen. In den großen Software-Häusern ist ihr Anteil nach Einschätzung der Interviewpartner zwar größer, ein entscheidender Erfolg ist ihnen aber bislang auch dort noch nicht gelungen.

6.2 Die Voraussetzungen einer erfolgreichen Managementlaufbahn

Angesichts der eingeschränkten Aufstiegsperspektiven fragt sich, welche Informatiker es denn nun schaffen, Karriere zu machen, welche Kriterien letztlich für den Erfolg ausschlaggebend sind. Betrachtet man unter diesem Gesichtspunkt zunächst, an welchen Fachhochschulen oder Universitäten die Informatiker studiert und welche Abschlußnoten sie dabei erzielt haben, so zeigt sich, daß diese beiden Punkte für einen Aufstieg ins Management offensichtlich weitgehend bedeutungslos sind. Nur in einem einzigen Fall hat ein Manager eine Universität als negatives Kriterium benannt, weil sie ihm im Fach Informatik nicht leistungsorientiert genug schien. Ansonsten spielen Zufälle, vor allem aber regionale Verbindungen zu nahegelegenen Universitäten die ausschlaggebende Rolle für den Studienort der Beschäftigten. Eine Rangliste mit Wirkung auf die Einstellungs- wie die Aufstiegschancen besteht nicht.

Auch die Examensnoten besitzen in puncto Karriere keinen spürbaren Einfluß. Ermittelt man die Durchschnittsnoten jener Informatiker, die in der Hierarchie nicht aufgestiegen sind, jener, die es bis zum Gruppenleiter gebracht haben, und jener, die zumindest den Rang eines Abteilungsleiters bekleiden, so ist kein Unterschied erkennbar (s. Tabelle 6.1).

Tabelle 6.1 Durchschnittsnote und hierarchische Position

Hierarchische Position	Sachbearbeiter (Spezialist)		Gruppenleiter	Abteilungsleiter und höher
	Insg.	bis Jahrgang 1959		
Durchschnittsnote	1,7	1,5	1,7	1,6

Quelle: Angaben der interviewten Informatiker[8]

Die hierarchisch am höchsten angesiedelten Informatiker weisen zwar eine minimal bessere Durchschnittsnote auf als die anderen, vergleicht man sie jedoch mit den Sachbearbeitern, die den gleichen Jahrgängen (bis 1959) entstammen, ändert sich das Bild wieder, und sie schneiden sogar etwas schlechter ab. Ein Informatiker mit einem guten bis sehr guten Abschluß kann also ebensogut als qualifizierter Angestellter in einer Entwicklungsabteilung sitzen wie auf der Position eines Gruppen- oder Abteilungsleiters. Eine sehr gute Examensnote prädestiniert ihn nicht für Führungsaufgaben. Sie ist zwar in der Regel eine unverzichtbare Voraussetzung für einen Aufstieg in solche Positionen, ähnliches gilt in den großen Unternehmen aber auch für die meisten anderen Tätigkeiten, die Informatiker wahrnehmen. Ohne einen guten oder sehr guten Studienabschluß läuft in diesen Firmen generell nicht sehr viel.

Ein gänzlich anderes Bild bietet sich, wenn man die Art des Examens, ob an einer Fachhochschule oder einer Universität bestanden, und die unterschiedliche soziale Herkunft der Informatiker als Selektionskriterium für eine Managementkarriere ins Auge faßt. In beiderlei Hinsicht lassen sich große Differenzen feststellen zwischen den Informatikern, die den Sprung ins Management geschafft haben, und den übrigen, die nicht so erfolgreich waren. Was den ersten Punkt betrifft, so ist auffällig, daß kein einziger Abteilungs-, Hauptabteilungs- und Bereichsleiter bzw. Geschäftsstellenleiter oder Geschäftsführer einen Fachhochschulabschluß aufweist. Sie haben bis auf zwei Gesamthochschulabsolventen sämtlichst an einer Universität oder einer technischen Hochschule studiert und ihr Examen gemacht, klammert man das Software-Haus A aus, das aufgrund seiner besonderen Historie und Struktur sowohl bei den Examensnoten als auch bei der sozialen Herkunft vollkommen aus dem Rahmen fällt[9]. Die weitaus besseren Chancen von Hochschulabsolventen, in Führungspositionen vom Abteilungsleiter aufwärts zu gelangen, zeigt auch ein Überblick über die Abschlüsse aller Informatiker beim Hardware-Hersteller A (s. Tabelle 6.2).

Tabelle 6.2 Examensart und hierarchische Position der Informatiker beim Hardware-Hersteller A:

Führungsebene	Examensart					
	Universitätsexamen		Fachhochschulexamen		gesamt	
ohne Führungsposition	432	91%	321	95,8%	753	93,0%
Abteilungsleiter	38	8%	10	3,0%	48	5,9%
Hauptabteilungsleiter und höher	5	1%	4	1,2%	9	1,1%
gesamt	475	100%	335	100 %	810	100 %

Quelle: Angaben der Personalabteilung

---

8 Es sind allerdings nicht alle Informatiker erfaßt, weil es auf allen hierarchischen Ebenen Informatiker gab, die auf diese Frage nicht geantwortet haben, und einige Abschlüsse mit der sog. Boolschen Benotung, also ohne konkrete Note, besitzen.
9 Zu den Gründen für diese Sonderrolle s. weiter unten.

Diese Zahlen zeigen zweierlei sehr deutlich. Der vergleichsweise hohe Anteil der Fachhochschulabsolventen auf den höheren Führungsebenen ab Hauptabteilungsleiter deutet an, daß aufgrund des allgemeinen Mangels an Informatikern in den frühen 70er Jahren auch Fachhochschüler noch sehr gute Chancen hatten, in der Führungshierarchie aufzusteigen. Der drastische Abfall bei den Abteilungsleitern belegt, daß diese Möglichkeit im wesentlichen vorbei ist, wenn das Angebot an Hochschul-Informatikern groß genug ist, um die meisten Führungspositionen mit ihnen zu besetzen. In Zukunft dürften es Fachhochschulabsolventen daher immer schwerer haben, wollen sie in der Konkurrenz mit Hochschülern eine der begehrten Führungspositionen erreichen.

Diese Feststellung wird auch durch die genannten Management-Untersuchungen bestätigt. So ist Evers/v. Landsberg (1982) zufolge der Anteil der Universitätsabsolventen auf der höchsten hierarchischen Ebene (Geschäftsführung/Vorstand) zwischen 1972 und 1981 von 40% auf 48% gestiegen (Evers/v. Landsberg 1982,26). Witte u. a. kamen bei ihrer Befragung von Mitgliedern der ULA (Union der leitenden Angestellten) sogar auf einen Hochschüleranteil von 51% (Witte/Kallmann/Sachs 1981, 48). Generell gilt dabei, daß der Akademikeranteil um so höher liegt, je höher die Führungspositionen sind. So haben z.B. in einer deutschen Großbank 54% der Spitzenmanager einen Universitätsabschluß, aber nur 37% des mittleren Managements und 21% der untersten Führungsebene (Hartmann 1990, 98).

Speziell in bezug auf das Verhältnis zwischen Fachhochschul- und Universitätsabsolventen liefert Meister interessante Angaben. So zählt in den von ihm untersuchten Großunternehmen jeder 6. Absolvent einer wissenschaftlichen Hochschule zur obersten Führungsebene, aber nur jeder 20. Fachhochschüler, während letztere bei den qualifizierten Sachbearbeitern und Spezialisten noch ein Übergewicht besitzen (Meister 1988, III, 46). Besonders deutlich fällt die Dominanz der Hochschulabsolventen bei Naturwissenschaftlern, Mathematikern und Informatikern aus. Für die Informatiker nennt Meister Zahlen des schon erwähnten Elektrokonzerns, denen zufolge dort nur 8% derjenigen, die an einer Fachhochschule Informatik studiert haben, aber 20% derer, die das an einer Universität taten, die mittlere Führungsebene[10] erreicht haben.

Bemerkenswert an dieser Tatsache ist, daß die Überrepräsentanz der Akademiker sich nicht auf das Top-Management beschränkt, sondern für die jeweils höchste Führungsebene Gültigkeit besitzt, die eine Berufsgruppe erklommen hat. So dominieren die Hochschulinformatiker in diesem Konzern auf einem hierarchischen Niveau, das sich ansonsten durch ein fast ausgewogenes Verhältnis von Hochschul- und Fachhochschulabsolventen auszeichnet, für sie allerdings im Unterschied zu den anderen hochqualifi-

---

10 Die mittlere Führungsebene reicht in diesem Konzern nur bis zum Hauptgruppenleiter, während sie in den meisten Unternehmen erst mit oder sogar oberhalb dieser Stufe beginnt.

zierten Berufsgruppen die höchste bisher erreichte Ebene darstellt. Akademiker kommen also nicht nur zu einem größeren Prozentsatz in die höheren Führungsetagen, sie machen auch schneller Karriere als die Fachhochschüler.

Der deutlich höhere Anteil der Informatiker mit Universitätsabschluß in den Führungsetagen weist auf das zweite, das eigentlich ausschlaggebende Unterscheidungsmerkmal hin, die soziale Herkunft der Kandidaten für Managementpositionen. Denn traditionell zeichnen sich die Hochschul- gegenüber den Fachhochschulstudenten durch eine gehobenere soziale Rekrutierung aus. Dies gilt in ihrer Gesamtheit wie auch speziell auf die Informatiker bezogen (s. Tabellen 6.3 und 6.4).

Die Angaben in der Tabelle 6.3. lassen die unterschiedliche soziale Herkunft der Hochschul- und Fachhochschulstudenten erkennen. Auffallend sind die Unterschiede vor allem bei drei Berufsgruppen: den Arbeitern, wo der Anteil bei den Fachhochschülern fast doppelt so hoch liegt wie bei den Universitätsstudenten, und bei den höheren Beamten und Freiberuflern, vorwiegend Akademiker, wo es sich genau andersherum verhält. Auch bei den leitenden Angestellten haben die Hochschulanfänger ein leichtes Übergewicht, während es bei den kleinen Selbständigen umgekehrt ist.

Tabelle 6.3 Studienanfänger nach Hochschulart und Beruf des Vaters (der Mutter)

Beruf des Vaters (der Mutter)	Studienanfänger insg. im WS 19.. (in Prozent)			
	90/91		89/90	
	Uni	FH	Uni	FH
Selbständige	19	19	22	21
Kleinere Selbständige (z. B. Einzelhändler mit kleinerem Geschäft, Handwerker, kleiner Landwirt)	7	11	8	10
Mittlere Selbständige	5	4	6	7
Größere Selbständige(z. B. Fabrikbesitzer)	1	1	2	1
Freie Berufe, selbständige Akademiker	6	3	6	3
Angestellte	42	40	41	41
Ausführende Angestellte (z. B. Verkäufer, Schreibkraft)	2	3	2	4
Qualifizierte Angestellte (z. B. Sachbearbeiter, Buchhalter)	16	16	16	17
Leitende Angestellte (z. B. Abteilungsleiter, Dir.)	24	21	23	20
Beamte	24	15	24	17
im Einfachen/Mittleren Dienst	5	5	5	6
im Gehobenen Dienst	9	5	8	6
im Höheren Dienst	10	5	11	5
Arbeiter	12	21	10	18
Ungelernte Arbeiter	1	1	0	1
Angelernte Arbeiter	2	4	2	4
Facharbeiter mit Lehre	9	16	8	13
nie berufstätig/keine Angabe/ Hausfrau,-mann	3	5	3	3
Insgesamt	100	100	100	100

Quelle: Studienanfängerbefragungen der HIS-GmbH

Tabelle 6.4 Studienanfänger im Fach Informatik nach Hochschulart und Beruf des Vaters (der Mutter)

Beruf des Vaters (der Mutter)	Studienanfänger im Studienfach Informatik im WS 19.. (in Prozent)									
	90/91		89/90		88/89		87/88		86/87	
	Uni	FH	Uni	FH	Uni	FH	Uni	FH	Uni	FH
Selbständige	20	8	19	14	20	18	22	14	15	21
Kleinere Selbständige (z.B. Einzel-händler mit kleinerem Geschäft, Handwerker, kleiner Landwirt)	11	5	10	9	10	9	13	7	7	9
Mittlere Selbständige	6	1	6	2	4	4	4	5	6	7
Größere Selbständige (z.B. Fabrikbesitzer)	1	0	1	1	0	2	1	0	1	1
Freie Berufe, selbständige Akademiker	2	2	2	2	6	3	4	2	1	4
Angestellte	41	48	43	43	50	40	39	46	50	37
Ausführende Angestellte (z.B. Verkäufer, Schreibkraft)	3	2	5	8	2	3	4	4	1	6
Qualifizierte Angestellte (z.B. Sachbearbeiter, Buchhalter)	20	21	19	15	20	16	18	23	26	17
(z.B. Abteilungsleiter, Dir.)	18	25	19	20	28	21	17	19	23	14
Beamte	20	13	26	16	18	16	18	15	24	14
im Einfachen/Mittleren Dienst	6	6	7	8	5	6	1	5	8	6
im Gehobenen Dienst	6	6	9	4	7	4	10	5	5	4
im Höheren Dienst	8	1	10	4	6	6	7	5	11	4
Arbeiter	17	25	11	24	11	24	19	25	10	28
Ungelernte Arbeiter	1	0	1	2	0	1	0	2	1	2
Angelernte Arbeiter	2	9	1	3	3	2	5	3	2	9
Facharbeiter mit Lehre	14	16	9	19	8	21	14	20	7	17
nie berufstätig/keine Angabe/ Hausfrau,-mann	2	6	1	3	1	2	2	0	1	0
Insgesamt	100	100	100	100	100	100	100	100	100	100

Quelle: Sonderauswertung der Studienanfängerbefragungen der HIS-GmbH

Für die Studienanfänger im Fach Informatik zeigen die Angaben zweierlei. Zum einen kommen sie verglichen mit dem Durchschnitt aller Studienanfänger zu einem höherem Prozentsatz aus unteren und mittleren Bevölkerungsschichten. So liegt der Arbeiteranteil deutlich höher, ebenso der qualifizierter Angestellter, während Freiberufler, leitende Angestellte und höhere Beamte unter den Eltern seltener vertreten sind. Zum anderen ist auch bei den Informatikern ein soziales Gefälle zwischen Universitäten und Fachhochschulen feststellbar. Es ist nur weniger deutlich ausgeprägt. Bildet man für die vergangenen Jahre einen Durchschnittswert, was angesichts der starken Schwankungen in diesem jungen und rasch expandierenden Fach unerläßlich ist, so ist erkennbar, daß der Anteil der mittleren Selbständigen und höheren Beamten bei den Universitätsanfängern deutlich, der der Freiberufler und leitenden Angestellten etwas höher liegt als bei den Fachhochschulanfängern. Kinder von Arbeitern und kleinen Angestellten sind dagegen unter den Fachhochschülern stärker vertreten. In der Tendenz ist die Differenz zwischen Universitäten und Fachhochschulen also mit dem allgemeinen Sozialgefälle zwischen den beiden Ausbildungsinstitutionen vergleichbar, der Unterschied fällt nur geringer aus und ist erheblich größeren Schwankungen unterworfen.

Die Tatsache, daß abgesehen von dem Software-Haus A keiner der befragten Informatiker, die auf der Abteilungsleiter- oder einer höheren hierarchischen Ebene sitzen, einen Fachhochschulabschluß besitzt, sie vielmehr bis auf die zwei Gesamthochschulexamen sämtlichst ein Universitätsdiplom besitzen, läßt angesichts der oben angeführten Zahlen schon vermuten, in welcher sozialen Umgebung die meisten Führungskräfte mit Informatik-Diplom aufgewachsen sind. Das Maß, in dem sie sich aus den höheren Gesellschaftsschichten rekrutieren (s. Tabelle 6.5.), überrascht dann aber doch erst einmal.

Tabelle 6.5 Soziale Herkunft der auf den verschiedenen hierarchischen Ebenen tätigen Informatiker (außer Software-Haus A)

Beruf des Vaters (der Mutter)	hierarchische Position		
	Sachbearbeiter (Spezialist)	Gruppenleiter	Abteilungsleiter und höher
Selbständige	21%	27%	50%
Kleinere Selbständige	17%	13%	0%
Mittlere Selbständige (Unternehmer mit 10–100 Beschäftigten)	2%	7%	8%
Größere Selbständige (Unternehmer ab 100 Beschäftigte)	0%	0%	25%
Akademische Freiberufler	2%	7%	17%
Angestellte	22%	46%	42%
Ausführende und qualifizierte Angestellte ohne akad. Titel	15%	20%	0%
Angestellte mit akad. Titel, aber ohne Leitungsfunktion	0%	13%	17%
Leitende Angestellte	7%	13%	25%
Beamte	17%	20%	8%
im Einfachen bis Gehobenen Dienst	7%	13%	0%
im Höheren Dienst	10%	7%	8%
Arbeiter	40%	7%	0%
Gesamt	100%	100%	100%

Quelle: Angaben der interviewten Informatiker[11]

11 Auf die Frage nach dem Beruf des Vaters bzw. der Mutter haben sieben Informatiker, überwiegend Sachbearbeiter, nicht geantwortet. Außerdem sind die Angaben von drei Informatikern, die aus dem osteuropäischen Ausland stammen, wegen der grundlegend unterschiedlichen Sozialstrukturen in den früheren Ostblockländern nicht berücksichtigt worden.

Wie aus der Tabelle leicht abzulesen ist, sind hinsichtlich der sozialen Herkunft der Informatiker die Unterschiede zwischen den einzelnen Hierarchieebenen außerordentlich groß. Während die höheren Führungskräfte zur Hälfte aus den Familien von Unternehmern mit mehr als 10 Beschäftigten (darunter 75 % mit mehr als 100 Beschäftigten) und akademischen Freiberuflern und zu jeweils einem Viertel aus denen von leitenden Angestellten und denen von höheren Beamten sowie Angestellten mit akademischer Ausbildung, aber ohne höhere Leitungsfunktion kommen, stammen die Sachbearbeiter zu 40 % aus Arbeiterhaushalten und zu 32 % aus normalen Angestellten- und kleineren Selbständigenfamilien. Die Gruppenleiter liegen in der Regel zwischen den höheren Führungskräften und den Sachbearbeitern. Es gibt nur eine Ausnahme – wie bei den Sachbearbeitern sind auch unter ihnen keine Kinder größerer Unternehmer zu finden.

Der wesentliche Grund für diese krasse soziale Differenzierung läßt sich erschließen, wenn man die in den Unternehmen herrschenden Vorstellungen über Führungsfähigkeit als die entscheidende Voraussetzung für eine Managementkarriere näher betrachtet. Für die Kriterien, die den Konzernen bei der Besetzung von Führungspositionen als ausschlaggebend erscheinen, sind folgende Äußerungen von Managementvertretern typisch:

> „Ich möchte den Informatiker nicht als die klassische Führungskraft titulieren. Er ist in der Regel der Schlappen-Typ. Es geht eben um Gestaltung und Auftreten. Es kommt dann das Thema Charisma dazu. Da haben sie schon Probleme mit Informatikern. Das haben sie beim Juristen weniger." *(Bereichsleiter der Großbank)*
>
> „Wir suchen Informatiker im wesentlichen als Führungskräftenachwuchs. Wir erwarten daher von einem Informatiker, daß er bereit ist, Verantwortung im Führungsbereich zu übernehmen und das auch durch sein Verhalten, durch sein Auftreten und seine Karriereplanung deutlich macht. War er z.B. bereit, eine Führungsfunktion in der Hochschule, in Jugendvereinen oder ähnlichem zu übernehmen? Wie klar ist sein Auftreten, sein Rüberbringen seiner Persönlichkeit? Es gibt ja verschlossene Typen oder offene. Das sind so die wesentlichen Kriterien." *(Hauptabteilungsleiter des Stahlkonzerns)*
>
> „Für die Management-Laufbahn ist entscheidend die soziale Kompetenz." *(Abteilungsleiter eines der Hardware-Hersteller)*
>
> „Beim Management kommt dazu, daß man mit Menschen kann. Es gibt hier kein ausgeklügeltes Programm, wie Sie jetzt auf Personalmanagement vorbereitet werden. Da ist sehr viel intuitiv, aus dem Bauch heraus. Wie Sie sich auf ein Gespräch vorbereiten, kann Ihnen kein Lehrbuch vermitteln. Das müssen Sie aus der Situation heraus machen." *(Hauptabteilungsleiter eines der Hardware-Hersteller)*
>
> „Bei den Kunden findet man in den fachlichen Bereichen die Ingenieure und die Betriebswirte. Das hängt damit zusammen, daß man, wenn man in der Hierarchie ist, neben der technischen auch Führungsverantwortung hat, also Budget-Verantwortung, was ein gewisses betriebswirtschaftliches Wissen voraussetzt, damit man die Zahlen nicht nur verstehen kann, sondern damit man die Zahlen auch wirklich nutzen kann. Das ist der Grund für den Einsatz der Betriebswirte in höheren Positionen. Die Informatiker haben ein bißchen das Image des Technik-Tüftlers." *(Geschäftsführer eines Software-Hauses)*

> „Wenn ich bei Einstellungsgesprächen z. B. frage, ob er weiß, was mit Schiller und Goethe eigentlich los war, und die fragen dann, ob die mal ein Programm geschrieben haben, dann habe ich damit natürlich ein Problem, weil ich dann auch die Führungsfähigkeit nicht mehr finde. Denn sie müssen mit den Leuten aus den anderen Bereichen kommunizieren können, d.h. mit dem Geschäftsführer, dem Abteilungsleiter, dem Betriebswirt oder dem Marketingmann. So, und da kann man nicht nur fachlich reden. Man muß den anderen auch verstehen. Trifft er z. B. auf einen Künstler oder einen Künstler-Promoter aus dem Musikgeschäft, dann will der nicht die ganze Zeit nur über EDV reden, sondern auch mal über Kunstgeschichte, Musikgeschichte und solche Sachen. Wenn der Informatiker dann immer ganz hölzern ankommt, dann versteht der ihn nicht, dann hat er dort keine Akzeptanz. Dann kann ich mein Konzept von der Anwendungsentwicklung nicht verwirklichen. Und das ist es, was ich von meine Führungskräften erwarte. Sie müssen in der Lage sein, mit ihren Kunden vernünftig zu kommunizieren. Dazu gehört auch, daß er nicht als Software-Freak rumlaufen darf mit blauen Haaren." *(Geschäftsführer des Medienkonzerns)*

Unter Führungsfähigkeit wird von den Managern ganz offensichtlich vor allem dreierlei verstanden: die Fähigkeit, die eigenen Mitarbeiter führen und in Hinblick auf die Unternehmensziele ausreichend motivieren zu können, die Fähigkeit, in ökonomischen Zusammenhängen denken und dementsprechende Entscheidungen fällen zu können, und die Fähigkeit, mit internen und externen Kunden angemessen „kommunizieren" zu können[12]. All dies wird dem Informatiker in erheblich geringerem Maße zugetraut als etwa dem Juristen oder dem Betriebswirt. Informatiker gelten als technikverliebt, eher introvertiert, nicht besonders sprachgewandt und in ihrem Auftreten wie auch ihrem Aussehen nicht gerade Führungswillen verbreitend. Für die große Mehrzahl der Informatiker trifft diese Charakterisierung im Kern sicherlich auch zu. Sie sind zur Informatik gekommen, weil sie klare logische Zusammenhänge schätzen und „Geschwafel" nicht mögen. Ihre Art zu arbeiten, auch ihre Art mit anderen zu „kommunizieren", ist eher „digital", wie es ein führender Manager der Bank formulierte.

Diese eher an technischen Abläufen denn an zwischenmenschlichen Beziehungen und am wirtschaftlichen Geschehen auf den Märkten orientierte Denk-, Sprech- und Handlungsweise vieler Informatiker weist zwar einen großen Vorteil auf: die klar strukturierte Arbeitsmethodik. Sie beinhaltet aber auch schwere Nachteile, die sich vor allem in der mangelnden Kommunikationsfähigkeit und der fehlenden oder unzureichenden Berücksichtigung kaufmännischer Gesichtspunkte niederschlagen. Diese Schwächen gewinnen in dem Maß an Gewicht, wie die technischen Aspekte einer Tätigkeit an

---

12 In einer Studie über Führungskräfte ermittelte Ramme (1990), daß Fachaufgaben nur 40% der Arbeitszeit in Anspruch nehmen, Führungsaufgaben wie Planung, Kontrolle und Mitarbeiterführung dagegen 60 % der täglichen Arbeit ausmachen (Ramme 1990, 160ff.). Da von den 710 befragten Führungskräften die Mehrzahl auf unteren Führungsebenen und in kleineren Unternehmen tätig war, dürfte der Anteil der Führungsaufgaben in den höheren Etagen großer Unternehmen noch deutlich höher liegen.

Bedeutung verlieren. Sie sind daher vergleichsweise irrelevant, wenn es um
das „Fummeln" an irgendwelchen Fehlern eines Betriebssystems geht,
machen sich aber deutlich bemerkbar, wenn umfassende Verhandlungen mit
Kunden geführt werden oder personal- und unternehmenspolitische Entscheidungen zu treffen sind. Wollen Informatiker sich in diesen, für eine
Managementlaufbahn zentralen Aufgabenbereichen durchsetzen, müssen sie
die oben angesprochenen Führungsqualitäten, die ihnen das Informatik-
studium nicht vermittelt, daher aus ihrem Elternhaus, als Resultat familiärer
Sozialisationsprozesse mitbringen.

Die soziale Auslese der Managerkandidaten basiert damit ganz entscheidend auf persönlichen Eigenschaften. Wie diesbezügliche Befragungen (Kruk
1972; Pross/Boetticher 1971; Eberwein/Tholen 1990) zeigen, beantworten
Top-Manager die Frage nach den für ihre Tätigkeit ausschlaggebenden Qualifikationen denn auch stets mit dem Verweis auf persönlichkeitsbezogene und
nicht auf fachbezogene Eigenschaften. So waren in der Untersuchung von
Eberwein/Tholen nur 9 % der Meinung, die fachlichen Qualifikationen seien
wichtiger, knapp zwei Drittel hielten dagegen die persönlichkeitsbezogenen
Eigenschaften für entscheidend, wobei die fachliche Qualifikation von vielen
als selbstverständliche Grundlage vorausgesetzt wurde (Eberwein/Tholen
1990, 103).Unter den persönlichen Eigenschaften steht dann die Fähigkeit, die
eigenen Mitarbeiter in Hinblick auf die Unternehmensziele zu motivieren
stets an erster Stelle, gefolgt von der Fähigkeit zu kommunizieren. Bei Eber-
wein/Tholen entfallen auf diese beiden Eigenschaften 54 % aller Nennungen
davon allein 36 % auf die erstgenannte (Eberwein/Tholen 1990, 106).[13]

Es dominieren also Fähigkeiten, die sich die einzelnen in hohem Maße im
familiären Zusammenhang angeeignet haben. Das fängt bei der Ausdrucksfähigkeit an, die bei einem Arzt- oder Managerkind durch die Sozialisation
ganz anders entwickelt wird als bei einem Arbeiterkind. Man wächst eben in
einer Welt auf, in der viele Bücher zur normalen Wohnungsausstattung
gehören und der Sprachstil demjenigen entspricht, der von Führungskräften
in der Wirtschaft, zumindest bei größeren Unternehmen, erwartet wird.
Letzteres bezieht sich nicht allein auf die Beherrschung der Sprache mit ihren
vielfältigen Ausdrucksformen, es schließt auch die Kunst des gekonnten
Ausweichens oder der nicht erkennbaren Lüge ein. Ein kleiner Verwaltungs-
angestellter hat in der Regel einen viel engeren Begriff von „Wahrheit" als die
Mehrzahl der Unternehmer, Manager oder Freiberufler, wie schon so alltäg-

---

13 Wenn von Motivation der Mitarbeiter die Rede ist, darf allerdings nicht vergessen werden, daß die Kehrseite der Motivationsfähigkeit die Fähigkeit ist, die Interessen der
Firma, wenn nötig, auch gegen die Mitarbeiter durchzusetzen. Wenn man die erwünsch-
ten oder erforderlichen Ziele mit Motivation allein nicht mehr erreicht, muß aus Sicht
des Unternehmens eben auch zu härteren Mitteln gegriffen werden. Diese Anforderung
zu erfüllen, gelingt dabei durchaus nicht jedem, der ansonsten ein Motivationskünstler
ist. Ein erfolgreicher Manager muß beide Varianten der „Personalführung" beherrschen. Es ist deshalb nicht verwunderlich, daß die Manager die Entscheidung über personelle Maßnahmen mit 22% klar an die Spitze der wichtigsten Arbeitsbelastungen
setzten (Eberwein/Tholen 1990, 125).

liche Dinge wie der Umgang mit den Steuergesetzen oder Schwachpunkten der eigenen Biographie zeigen.

Ergänzt wird der in jeder Hinsicht „gekonntere" Umgang mit der deutschen Sprache dann noch durch die in der Regel besseren Fremdsprachenkenntnisse. Man hat sein Englisch oder Französisch eben nicht nur auf der Schule gelernt, sondern durch längere Auslandsaufenthalte während der Schul- und Studienzeit auch verbessern und vertiefen können. Ein paar Semester in Berkeley, an der Sorbonne oder einer Business School in England, den USA oder der Schweiz zu verbringen, ist Kindern aus den höheren Gesellschaftsschichten sehr viel häufiger vergönnt als solchen von normalen Sachbearbeitern oder gar Arbeitern. Fremdsprachenkenntnisse gewinnen aber gerade bei großen Unternehmen aufgrund der zunehmenden Internationalisierung des Geschäfts eine immer größere Bedeutung. Dies gilt besonders für deutsche Firmen, wie eine internationale Umfrage der Harvard Business Review von 1990 zeigt. Deutsche Führungskräfte sind danach am „weltoffensten; mehrsprachig und auslandsfest möchten sie, daß ihre Unternehmen mit Zulieferern und Kunden in allen Winkeln der Welt kooperieren können" (Harvard Studie 1991, 64).

Der zweite wichtige Punkt liegt in der Fähigkeit, über den Tellerrand des eigenen Fachgebiets hinauszublicken. Wer ins Management aufsteigen will, muß in der Lage sein, sich auf verschiedenste Gesprächspartner einzustellen. Er muß ihre Sprache (im übertragenen Sinne) sprechen können und darf nicht in seinem ureigensten Metier, der Welt der Gesetze, der Maschinen oder der EDV stecken bleiben. Auch in dieser Hinsicht hat der Nachwuchs der „besseren Kreise" deutliche Vorteile. Einmal ist die Beschäftigung mit einer breiten Palette von Dingen, die vom privaten Musikunterricht über ausgefallenere oder teuerere Hobbys wie Reiten oder Fliegen bis zum alltäglichen Umgang mit einem breiten Literaturangebot reichen, hier sehr viel verbreiteter als in normalen Durchschnittshaushalten. Einer Einengung auf die rein fachbezogenen Aspekte der Sache zu entgehen, fällt ihm daher leichter, auch wenn das „reichhaltige" Angebot nicht von jedem einzelnen gleich genutzt wird und es erhebliche individuelle Unterschiede gibt. Zum zweiten betreibt man das Studium in der Regel auch weniger fachborniert als die Kinder aus den normalen oder den unteren gesellschaftlichen Schichten. Im Unterschied zu ihnen kann man sich eine lockerere Herangehensweise leisten, weil man durch die familiäre Vorprägung nicht nur in der Regel bessere Lernvoraussetzungen hat, sondern ein schnelles und nur auf die Examensnote konzentriertes Studium auch nicht so entscheidend für das weitere Leben ist. Eventuelle Schnitzer können aufgrund der gehobenen sozialen Herkunft leichter ausgebügelt werden. Der Blickwinkel bleibt daher durchweg weiter[14].

---

14 Die Fähigkeit, über den eigenen Tellerrand hinauszusehen, ist auch wesentlich mit für die höhere Mobilität von Führungskräften aus einem gehobenen sozialen Milieu verantwortlich. Pippke/ Wolfmeyer (1976) stellen in ihrer Untersuchung über Führungskräfte fest, daß Arbeiterkinder bei Führungskräften die geringste Mobilität aufweisen, Kinder von Selbständigen die höchste.

Entscheidend ergänzt wird dieser Vorteil dann noch dadurch, daß solche „betuchten" Kinder sich seit frühester Kindheit in einer Umgebung bewegen, die durch unternehmerisches Denken und Handeln geprägt ist. Denn schon als Kind und erst recht als Jugendlicher bekommen sie, ob nun durch die Eltern bewußt angestrebt oder eher beiläufig, einen mehr oder minder großen Einblick in die Arbeit eines Unternehmers, Managers oder Freiberuflers. Durch Gespräche zwischen den Eltern, den Besuch von Geschäftspartnern oder Kunden sowie die Unterhaltungen bei Familienfeiern etc. vermittelt sich ihnen zumindest ein Gefühl für und auch eine gewisse Kenntnis von Zusammenhängen und Entscheidungskriterien, die für das Handeln als Führungskraft in großen Unternehmen unerläßlich sind. Wird dieser Prozeß bewußt forciert, um dem eigenen Nachwuchs wichtiges Wissen für die Berufslaufbahn mitzugeben, sind Kenntnisse über und Gespür für wesentliche ökonomische Fragen natürlich besonders stark entwickelt. Aber auch wenn das nicht der Fall ist, Geschäft und Familie strikter voneinander getrennt gehalten werden, wird der Sohn eines Steuerberaters oder mittelständischen Unternehmers in seinem normalen Alltag ungleich mehr von dem mitbekommen. was für eine Führungsposition in größeren Unternehmen wesentlich ist, als der Sohn eines Werkzeugmachers oder Angestellten am Einwohnermeldeamt.

Der dritte ausschlaggebende Vorteil der Kinder aus den höheren Gesellschaftsschichten ist schließlich darin zu sehen, daß sie sich in ihrer Kindheit und Jugend in vielerlei Hinsicht daran gewöhnt haben, nicht zu den normalen Leuten zu gehören. Oft unbewußt, teilweise aber auch gezielt spielen sich ihre sozialen Kontakte zu einem großen Prozentsatz innerhalb der „besseren Kreise" ab. Das hängt sowohl mit der Verfügung über bestimmte finanzielle Mittel zusammen als auch mit der alltäglich stattfindenden Integration in die Welt und die damit verbundenen gesellschaftlichen Kontakte der Eltern. Auch wenn all das hierzulande nicht so krasse Formen annimmt wie in Großbritannien oder Frankreich, so ist es nichtsdestotrotz sehr wirksam. Die Zugehörigkeit zu einer Schicht, die es gewohnt ist, über wichtige gesellschaftliche Angelegenheiten und auch über Menschen zu entscheiden, prägt das eigene Verhalten in all seinen Facetten. Zum einen lernt man von Kindesbeinen an, wie man sich in den gehobenen Gesellschaftsschichten bewegt, und ist auch daran gewöhnt, daß Manager, Unternehmer, Anwälte oder andere Angehörige der besseren Kreise im Haus ein- und ausgehen. Zum anderen findet man die Haushaltshilfe, das Au-Pair-Mädchen oder auch den Chauffeur und das Dienstpersonal ebenso normal wie die Tatsache, daß der Vater in der Firma Leute beschäftigt bzw. ihm solche unterstehen und er auch über ihre beruflichen Perspektiven entscheidet oder sie zumindest wesentlich bestimmt, während das Kind des Normalbürgers die Welt eher aus der umgekehrten Perspektive wahrnimmt. Die Übernahme von informellen oder formellen Führungspositionen in der Schule, im Verein oder an der Universität, die für Vorgesetzte bei Einstellungen ein wichtiges Indiz für potentielle Führungsqualitäten darstellt, ist daher unter den Kindern aus den besseren Kreisen auch verbreiteter. Man hat es von Kindesbeinen an eben eher als andere gelernt, zu führen, anzuordnen und zu entscheiden.

Warum die in der Familie erworbenen „Führungseigenschaften" eine so große Bedeutung für die Managementkarriere von Informatikern besitzen, verdeutlicht die völlig andersartige Situation im Software-Haus A. Dieses Software-Haus besaß bis 1990 trotz einer dreistelligen Beschäftigtenzahl keinerlei klassische Hierarchiestrukturen. Es gab neben dem Vorstand nur Projektleiter und Mitarbeiter. Jeder konnte mit seinen Problemen unmittelbar zum Vorstand gehen. Diese aus der Tradition eines von Technikbegeisterten gegründeten und dann sehr schnell gewachsenen Software-Hauses geborene Struktur ist außergewöhnlich lange beibehalten worden. Der große Erfolg der erstellten Standardsoftware ließ Veränderungen nicht als erforderlich erscheinen. Man mußte ja, wie es ein Informatiker formulierte, „die Produkte nicht wirklich verkaufen, sondern im Grunde nur an die vielen Interessenten verteilen." Dadurch blieben Mängel in der Kundenbetreuung wie in anderen innerbetrieblichen Fragen unter der Oberfläche.

Erst die zunehmenden Probleme auf dem Software-Markt haben in den letzten 10 Jahren zu einem langsamen Kurswechsel geführt. Obwohl sich auch heute noch viele alteingesessene Angestellte direkt an den Vorstand wenden, dessen Mitglieder sie ja seit Jahren gut kennen, hat man die Strukturen doch insofern verändert, als zwei Hierarchieebenen Stück für Stück zwischen Vorstand und einzelnem Entwickler eingezogen werden. Diese Neuerung prägt das Klima im Unternehmen aber noch nicht entscheidend, weil zum einen die Abteilungs-, Bereichs- und Geschäftstellenleiter in der Regel identisch sind mit den ehemaligen Projektleitern und zum anderen die stark technische Orientierung angesichts des immer noch großen Erfolgs der Standarderzeugnisse nur allmählich einer stärker auf den einzelnen Kunden ausgerichteten Firmenpolitik weicht.

Noch wichtiger ist, daß sich in der Firmenpolitik den Angestellten gegenüber noch nichts Gravierendes geändert hat. Personaleinsparungen oder eine spürbare Einschränkung der großen inhaltlichen wie zeitlichen Spielräume sind noch kein Thema. Es dominiert in der gesamten Firma immer noch der technische Tüftler, der „Schlappentyp", was an der Kleidung auch oberflächlich leicht zu erkennen ist. Die Haltung ist geprägt durch eine quasi professionelle Orientierung zur Arbeit wie zu den Kollegen. Hierarchie wird klein, Kooperation groß geschrieben. Die Anforderungen an die Führungskräfte werden dementsprechend immer noch stark von technischen Aspekten bestimmt. Führungsqualitäten in dem Sinne, daß man Entscheidungen fällen und/oder durchsetzen muß, die bei den Beschäftigten auf größeren Unmut stoßen, werden äußerst selten bis überhaupt nicht verlangt. Denn noch verschafft der wirtschaftliche Erfolg hinreichend Spielraum, traditionelle Verhaltensformen beizubehalten, und Direktiven seitens einer übergeordneten Konzernspitze gibt es hier auch nicht.

Ihren Niederschlag finden diese besonderen Strukturen und Bedingungen zum einen darin, daß das Interesse an einer klassischen Führungshierarchie in diesem Unternehmen so gering ist wie in keinem anderen, zum anderen in der völlig anders gelagerten sozialen Rekrutierung der Führungskräfte und der Entwickler. In grundsätzlicher Differenz zu den übrigen Firmen kommen die befragten Abteilungsleiter nämlich zur Hälfte aus Arbeiterfamilien und zu je einem Viertel aus Familien von mittleren Beamten und Selbständigen, während die Gruppenleiter zu jeweils einem Drittel einen höheren Beamten, einen akademischen Freiberufler und einen kleinen Selbständigen und die Entwickler zu jeweils 50 % einen leitenden Angestellten und einen Angestellten mit Universitätsexamen zum Vater haben. Die Lage ist der in den anderen Unternehmen fast entgegengesetzt, was sich auch darin ausdrückt, daß die Hälfte der in Abteilungsleiterpositionen sitzenden Informatiker einen Fachhochschulabschluß aufweist[15].

Der scharfe Kontrast zwischen dem Software-Haus und den anderen Unternehmen, soweit es die Führungsstruktur und die soziale Rekrutierung der Führungskräfte betrifft, macht deutlich, warum Informatiker aus den höheren sozialen Schichten auf den höheren Hierarchieebenen so ungleich stärker vertreten sind als die übrigen Angehörigen dieser Berufsgruppe. Solche Ausnahmen werden in Zukunft allerdings noch seltener werden, als sie es bisher schon waren. Denn die Entwicklung des Software-Marktes wird zum einen zu Einschränkungen traditioneller Spielräume, Personaleinsparungen bei einem Teil der Firmen und Fusionen gerade unter den Software-Häusern führen, zum anderen eine Abkehr vom stark technisch orientierten Denken und eine Hinwendung zum Kunden zur Folge haben. Mit der Zunahme von personalpolitischem Konfliktstoff und kaufmännischen Anforderungen aber werden die Chancen des durchschnittlichen Informatikers, in eine höhere Führungsposition zu gelangen, weiter sinken. Die geschilderte soziale Selektion bei der Besetzung von Managementposten dürfte daher die Schärfe behalten, die sie in den großen Unternehmen heute schon besitzt, und in einigen Bereichen sogar noch an Schärfe gewinnen.

---

15 Fachhochschulabschluß und die Herkunft aus einem Arbeiterhaushalt gehen in diesem Fall allerdings nicht Hand in Hand. Einer der Fachhochschüler hat einen Unternehmer zum Vater, einer der Universitätsabsolventen einen Facharbeiter.

Weder „Kerntruppe der neuen Klasse" noch „Fließbandprogrammierer" – Die Informatiker zwischen Sachbearbeiter und Führungskraft

Betrachtet man abschließend die Resultate der empirischen Analyse, d. h. vor allem die widersprüchlichen Folgen der Standardisierung beruflichen Wissens im EDV-Bereich und die Rekrutierungsmechanismen für Managementpositionen im Hinblick auf die anfangs skizzierten drei Theorieansätze von der Intelligenz als neuer Klasse, der Professionalisierung und der Proletarisierung von hochqualifizierten Berufen, so zeigen sich eindeutig die Stärken und die Schwächen dieser theoretischen Erklärungsmodelle.

Was die „New-Class"-Theorie betrifft, so können deren Verfechter erst einmal darauf verweisen, daß die zunehmende Akademisierung von wirtschaftlichen Führungspositionen im EDV-Bereich im Unterschied zu klassischen Bereichen wie etwa den Rechtsabteilungen mit einer beachtlichen sozialen Öffnung der diesbezüglich relevanten Studiengänge einhergeht, die Akademisierung deshalb nicht auch zugleich eine scharfe soziale Selektion beinhaltet. So liegt der Anteil der Arbeiterkinder bei den Informatik-Studienanfängern an den Universitäten immerhin um (je nach Jahrgang) bis zu 100 % höher als z. B. bei den Jura-Anfängern, der der Kinder von größeren Selbständigen, Freiberuflern und höheren Beamten dagegen um 50–70 % niedriger (Hartmann 1990b, 222). Nimmt man die Fachhochschulstudiengänge im Informatikbereich hinzu, wird der Prozentsatz der Kinder aus unteren und mittleren sozialen Schichten sogar noch größer. Traditionelle Privilegierungen durch eine gehobene soziale Herkunft und historisch gewachsene Bildungstrukturen sind im Informatikstudium also ganz offensichtlich weit weniger bedeutsam als in klassischen akademischen Fächern. Das Studienfach Informatik weist insgesamt eine wesentlich größere soziale Offenheit auf als die etablierten akademischen Disziplinen wie Medizin und Jura.

Diese Offenheit, die als Beleg für eine Entwicklung hin zu einer „meritokratischen" Gesellschaft dienen könnte, beschränkt sich allerdings auf den Zugang zum Studium. Bei der Besetzung leitender Positionen in der Wirtschaft besteht in der sozialen Rekrutierung kein Unterschied mehr zwischen Informatikern und Juristen. Den Aufstieg ins höhere Management schaffen hier wie da nur die Kinder von mittleren und größeren Selbständigen, akademischen Freiberuflern, leitenden Angestellten und höheren Beamten, wobei letztere bei den Informatikern eine wesentlich geringere Rolle spielen als bei den Juristen, was den engen Zusammenhang von Kapitalbesitz und der Wahrnehmung von Managementfunktionen noch klarer macht. Der Nachwuchs aus Arbeiter- oder normalen Angestellten und Beamtenfamilien hat in dieser Hinsicht ganz offensichtlich keine Chance, obwohl er keine schlechteren Abschlußnoten hat, in fachlicher Hinsicht also gleichwertig ist. Ihm fehlen aber vor allem die vom Management für wesentlich gehaltenen extrafunktionalen Eigenschaften, die sog. „Führungsqualitäten". Sie bilden das soziale Ausschlußkriterium, das in den Führungsetagen großer Konzerne für die Sicherung traditioneller Macht-, Status- und Einkommensunterschiede sorgt. Bildung verdrängt nicht, wie Bell, Gouldner und Perkin annehmen, den Kapitalbesitz als wichtigstes soziales „Schichtungsprinzip", sie stabilisiert seine Bedeutung vielmehr, indem sie ihn mit einer zusätzlichen Legitimation versieht.

Die Anhänger der Professionalisierungsthese können ebenfalls einige Aspekte der Entwicklung für ihre Ansicht verbuchen. So ist es den Informatikern durch die außerordentlich erfolgreiche Etablierung des Studiengangs Informatik an den Universitäten und Fachhochschulen gelungen, nicht nur die Standardisierung des für die Software-Erstellung notwendigen beruflichen Wissens voranzutreiben und sich darauf basierend in der Öffentlichkeit das Image der für Software-Fragen vorrangig zuständigen Berufsgruppe zu verschaffen, sondern diesen Anspruch durch das enorme Wachstum der Absolventenzahlen auch praktisch anmelden zu können. Außerdem haben sie in jenen Abteilungen, die auf methodische Fragen spezialisiert sind, (zumindest ansatzweise) auch so etwas wie professionelle Zuständigkeit erreicht und ihre Position in einer Reihe anderer Bereiche wie vor allem bei der Entwicklung von Systemsoftware für dezentrale, vernetzte Systeme ebenfalls deutlich verbessert.

Dieser positiven Bilanz steht allerdings eine erheblich größere und vor allem gewichtigere Anzahl von Entwicklungselementen gegenüber, die eindeutig gegen den Erfolg von Professionalisierungsstrategien sprechen. Dabei sind vor allem zwei Komplexe wesentlich. Zum einen ist das Interesse der Informatiker an einer Professionalisierung, d. h. der Abschottung von Teilarbeitsmärkten zugunsten der eigenen Berufsgruppe, alles andere als eindeutig. So besteht auf der einen Seite bei vielen Informatikern zwar sicherlich ein Interesse daran, die eigenen methodischen Standards in den Unternehmen zur verbindlichen Arbeitsnorm zu erheben, ihnen den Durchbruch in allen mit Software-Entwicklung und -Wartung befaßten Bereichen zu verschaffen. Dieses Interesse ist z.T. fachlicher Natur, man hält die anderen Verfahren einfach für technisch überholt und der weiteren Entwicklung im Wege stehend, z.T. aber auch dadurch motiviert, daß man sich auf diesem Wege eine Verbesserung der eigenen Konkurrenzposition erhofft. Man glaubt, und das steht durchaus noch in Übereinstimmung mit den Professionalisierungsstrategien anderer Berufsgruppen, durch die Etablierung der eigenen Standards auch an Einfluß zu gewinnen und die Chancen zu vergrößern, leitende Positionen im EDV-Bereich zu besetzen.

Auf der anderen Seite wird diese Strategie aber allenfalls halbherzig verfolgt. Besonders jene Informatiker, die bei den Software-Herstellern tätig sind, achten häufig eher darauf, daß die von ihrer Firma gesetzten De-facto-Standards Erfolg haben, als daß sie sich vehement für die Einhaltung allgemeiner fachlicher Standards einsetzen. Aber auch die bei den Anwendern beschäftigten Informatiker sind in dieser Hinsicht nicht gerade überwältigend engagiert. Das hat vor allem zwei Gründe. Einmal sind sie angesichts der vielen Standardisierungshindernisse zu Recht skeptisch, was den Erfolg einer methodischen Standardisierung betrifft und damit auch ihre Chancen, auf diesem Wege ihre beruflichen Position zu verbessern. Zum anderen ist ihr Interesse vorrangig auf eine Karriere im üblichen Sinne gerichtet, so daß sie alle Maßnahmen in erster Linie unter diesem Blickwinkel betrachten. Standardisierungsmaßnahmen finden daher bei vielen Informatikern nur insoweit deutliche Unterstützung, als sie als geeignet angesehen werden, die eigenen Aufstiegsambitionen zu fördern. Ist das aufgrund mangelnder Durchsetzungsmöglichkeiten oder aus anderen Gründen nicht so (oder wird auch nur so eingeschätzt), läßt das Interesse an Standardisierungen spürbar nach, wird nach anderen Möglichkeiten gesucht, individuell Karriere zu machen.

Wie bei den Ingenieuren auch (Downey 1989; Goldner/Ritti 1967; Laatz 1979; Larson 1977; Zussmann 1985) stehen nicht professionelle Ziele im Vordergrund, sondern die individuelle Karriere im einzelnen Unternehmen[1]. Für die Mehrzahl der Informatiker ist es deshalb auch kein gravierendes Problem, daß sie beim Aufstieg ins Management mehr und mehr den Bezug zu ihrer fachlichen Ausbildung verlieren. Im Extremfall wird eine völlige Loslösung von der eigenen fachlichen Basis sogar bewußt gesucht, wenn nur so eine Führungslaufbahn erfolgreich eingeschlagen werden kann. Die starke Ausrichtung auf eine klassische Managementkarriere und die damit verglichen doch eher schwache professionelle Orientierung der meisten Informatiker (vor allem in großen Unternehmen) zeigt sich auch darin, daß die vorwiegend in der Software-Beratung tätigen Informatiker auf die Frage nach ihrer Berufsbezeichnung eine ganz andere Antwort gaben als die mit Entwicklungs- und Wartungsaufgaben betrauten. Sie, die sich für ihren beruflichen Aufstieg weniger von methodischen Standards als von betriebswirtschaftlichen Zusatzkenntnissen und extrafunktionalen Fähigkeiten wie Verhandlungsgeschick versprechen, bezeichneten sich zu über 50 % als Berater oder Unternehmensberater und nur zu 40 % als Informatiker, während in den anderen Bereichen der Begriff Informatiker von drei Vierteln der Befragten gewählt wurde. Auch in der Begrifflichkeit wird das schwache

---

1 Versuche eines Teils der Ingenieure, ihren Arbeitsmarkt abzuschotten, waren in der Vergangenheit selten und zudem erfolglos. So hat es in Deutschland um die Jahrhundertwende innerhalb des VDI Bestrebungen gegeben, den Ingenieuren ohne Hochschulabschluß den Beitritt zum VDI und auch zu den höheren Positionen in der Wirtschaft und beim Staat zu verwehren. Sie blieben jedoch ohne Erfolg, weil sie nur von Teilen der Ingenieure getragen, von anderen, vor allem denjenigen mit Unternehmerfunktionen, dagegen abgelehnt wurden. (Gispen 1988, 570 f.).

Fundament professioneller Strategien deutlich, zumal wenn man die steigende Bedeutung der Beratungsaufgaben in Rechnung stellt.

Gegen Professionalisierungstheorien spricht aber nicht nur das unzureichende Interesse der meisten Informatiker an diesbezüglichen Strategien, sondern auch die fehlende Basis für durchschlagende Erfolge, die ja zumindest z.T. auch das mangelnde Interesse erklärt. Daß es den Informatikern bisher nicht gelungen ist, sich in größerem Umfang auch nur halbwegs stabile Zuständigkeiten zu erobern, hat in erster Linie zwei Gründe, die grundsätzlicher Natur sind. In der Anwendungsentwicklung (inkl. Beratung) ist die Verbindung mit den jeweiligen Anwendungsgebieten in der Regel derartig eng, daß die fachlichen Anforderungen immer aus einem Gemisch verschiedenster Kenntnisse bestehen. Es existiert keine unumstrittene Dominanz informationstechnischen Wissens, sondern je nach Problemstellung ein Übergewicht betriebswirtschaftlicher, ingenieurwissenschaftlicher etc. und manchmal natürlich auch informationstechnischer Anforderungselemente. Stabile Zuständigkeiten sind daher auch in Zukunft nicht zu erwarten. In der Systemprogrammierung dagegen ist das Gewicht der sog. „De-facto-Standards" wie auch betrieblicher Eigenentwicklungen zu groß, um den Informatikern einen ausschlaggebenden Vorsprung vor anderen einschlägigen Berufsgruppen wie den mathematisch-technischen Assistenten oder den Mathematikern zu verschaffen. Sie können zwar auf neuen Gebieten wie bei den Netzwerken derzeit einen erheblichen Einfluß gewinnen, doch bleibt dies erstens auf solche neuen Aufgabengebiete beschränkt und ist zweitens nicht sehr stabil, weil das Grundproblem einer mangelhaften herstellerunabhängigen Standardisierung über kurz oder lang auch dort auftreten und den fachlichen Kompetenzvorsprung der Informatiker wieder infragestellen wird. Daher gilt hier im Grundsatz dasselbe wie in der Anwendungsentwicklung. Trotz einer insgesamt (noch) stärkeren Position der Informatiker ist in der Systemprogrammierung zukünftig ebenfalls nicht mit der Etablierung fester Zuständigkeiten zu rechnen. Außerdem dürfte die Rolle der Systemprogrammierung durch die Verringerung der Anzahl von Systemsoftware-Arbeitern und die weitere Verlagerung der diesbezüglich tätigen Abteilungen großer Hardware-Hersteller wie IBM oder Hewlett-Packard in die USA auch insgesamt geringer werden.

Die Verfechter jener theoretischen Ansätze, die von der gleichbleibenden Bedeutung des Gegensatzes von Kapital und Arbeit und/oder von der Proletarisierung der Informatiker ausgehen, haben eindeutig die meisten Argumente auf ihrer Seite. Was die Kontinuität gesellschaftlicher Klassenstrukturen betrifft, so macht der enge Zusammenhang von sozialer Herkunft und Managementkarriere bei den Informatikern deutlich, daß der Besitz an Kapital für wirtschaftliche und gesellschaftliche Macht auch weiterhin ausschlaggebend bleibt, er als entscheidender Faktor nur nicht mehr so offen zutage tritt. Seine Wirkung erreicht er heute zu einem großen Teil über die sozialisationsspezifische Vermittlung der sog. „Führungseigenschaften" wie Selbstsicherheit, Verhandlungsgeschick, Kommunikationsfähigkeit, Überblick und

Führungswillen. Es findet also, um mit Bourdieus Worten zu sprechen, eine erfolgreiche Umwandlung von „ökonomischem" in „kulturelles" Kapital statt, die die Reproduktion der „herrschenden Klassen" auf eine der Entwicklung der Gesellschaft und der Wirtschaft adäquatere Basis stellen hilft. Ihre Macht wird „modernisiert", nicht wesentlich geschwächt oder gar, auf Dauer gesehen, gebrochen, wie die Vertreter der „New-Class"-Theorie meinen.

Auch die Vertreter von Proletarisierungsprognosen können eine Reihe von Argumenten zu ihren Gunsten anführen. Sie stehen durchweg im Zusammenhang mit der Standardisierung beruflichen Wissens im EDV-Bereich. Denn die von den Informatikern vorangetriebene Standardisierung der Software-Methoden und -Produkte zeitigt Folgen, die in ihrer Mehrzahl wie vor allem in ihrer Kombination zu einer wachsenden Aufspaltung der Berufsgruppe führen. Einem stetig kleiner werdenden Teil von Informatikern, der auch weiterhin mit anspruchsvollen Aufgaben betraut ist, steht ein immer größer werdender Teil gegenüber, der mehr und mehr nur noch mit Routinearbeiten beschäftigt ist. Die Entwicklung erinnert also durchaus ein Stück weit an die Trennung von geistiger und körperlicher Arbeit, wie sie den Proletarisierungstheoretikern als Zukunftsbild vorschwebt.

In zwei wichtigen Punkten aber entspricht die reale Entwicklung allenfalls ansatzweise dem, was die meisten Anhänger der Proletarisierungsthese diagnostizieren bzw. prognostizieren. Weder kommt es zu einer starken Verringerung des „knowledge gap" zwischen Informatikern und den sog. Laien („lay competitors") noch zu einer an das Schicksal der Fabrikarbeiter erinnernden massiven Dequalifizierung derjenigen Informatiker, die es mit den weniger anspruchsvollen, routinisierten Aufgaben zu tun haben.

Was den ersten Punkt betrifft, so hat der Einsatz von Programmiersprachen der 4. und z.T. auch schon der 5. Generation bislang nicht den erwarteten oder befürchteten Effekt gehabt, auf breiter Front zu einer Übernahme größerer Programmierungsaufgaben durch die Endbenutzer zu führen. Es ist bei Einzelfällen geblieben. In der Regel verwenden die Endbenutzer diese Programmiersprachen nur zur Erstellung einfacher Programme wie kleinerer Statistiken etc., so daß für die Informatiker bislang keine ernsthafte Bedrohung aus dieser Richtung zu erkennen ist. Auch die verbreitete PC-Nutzung im Privatbereich hat nicht zu der von vielen Proletarisierungstheoretikern prognostizierten starken Verringerung des Wissensvorsprungs der Informatiker geführt.

Ebenfalls weniger gravierend, als von vielen Verfechtern der Proletarisierungsthese angenommen, sind die Konsequenzen der Arbeitsaufspaltung in der Software-Entwicklung und -Wartung. Zwar gibt es gerade dadurch, daß sich die hochwertigen Entwicklungstätigkeiten für umfangreiche Standardprogramme und CASE-Tools auf der einen und die einfachen Entwicklungswie vor allem Wartungsarbeiten auf der anderen Seite immer weiter auseinanderentwickeln, deutliche Anklänge an das Prinzip der Trennung von Hand- und Kopfarbeit oder von Planung und Ausführung. Aber es fehlen doch durchweg jene Tätigkeiten, die man in Anlehnung an die Situation in der industriellen Massenfertigung als fachlich völlig anspruchslos oder gar repetitiv bezeichnen könnte. Jene Informatiker, die mit den im Aufgabenspektrum weiter unten angesiedelten Tätigkeiten betraut sind, leisten in der Regel immer noch eine fachlich qualifizierte Arbeit. Selbst in den Fällen, in denen die Dequalifizierung am weitesten fortgeschritten und die Arbeit auf die reine Programmierung ohne Anforderungsanalyse und Designerstellung reduziert ist, wird das Niveau normaler Sachbearbeitung nicht unterschritten. Die Anforderungen bewegen sich dort allerdings eindeutig unterhalb des fachlichen Levels, das Informatiker von ihrer Ausbildung her mitbringen. In abgeschwächter Form trifft diese Feststellung auch auf andere Arbeitsgebiete zu, wo die Arbeitsaufteilung weniger scharf ausfällt. Generell aber gilt, daß es, obwohl gerade bei der Wartung älterer Software ein Trend in Richtung einer verstärkten Qualifikationspolarisierung festzustellen ist, so gut wie nirgends zu einer Abtrennung von Funktionen wie dem reinen Ablauftesten oder Dokumentieren als eigenständige ausschließliche Tätigkeiten kommt, wie beispielsweise Kraft/Dubnoff (1986) annehmen. Selbst die Aufspaltung der Programmierung in die Design-Erstellung und das reine Codieren ist bislang die Ausnahme von der Regel und nur bei der Wartung älterer Routineprogramme zu beobachten.

Von einer Proletarisierung der Informatiker kann man daher auch nur in dem Sinne sprechen, als die große Mehrzahl von ihnen sich im Anforderungsniveau ihrer Arbeit wie in ihren beruflichen Aufstiegsperspektiven Stück für Stück der Masse der Sachbearbeiter in den Büros der deutschen Unternehmen annähert. Ihre Zukunft liegt deshalb auch nicht im an den Fordschen Massenarbeiter erinnernden „Software-Fließbandarbeiter", sie entspricht in der Tendenz vielmehr eher dem Schicksal des durchschnittlichen Versicherungsjuristen, der eine Tätigkeit deutlich unterhalb seines formalen wie inhaltlichen Qualifikationslevels, ohne nennenswerte Karriereaussichten und ohne bedeutsamen Kompetenzvorsprung vor seinen Konkurrenten ausübt (Hartmann 1988, 1989, 1990a). Denn die Aufspaltungstendenzen reduzieren nicht nur die fachlichen Anforderungen für die Masse der Informatiker, sie verschlechtern auch eindeutig die Position der Informatiker gegenüber Berufsgruppen wie mathematisch-technischen Assistenten, Ingenieuren oder Betriebswirten, weil die Verteilung der verschieden anspruchsvollen Aufgaben nicht nach dem Muster erfolgt, daß die Informatiker die qualitativ hochwertigen Arbeitsplätze besetzen und den anderen Berufsgruppen nur den weniger komplizierten und von den fachlichen Anforderungen her niedriger zu bewertenden Rest überlassen, sie im Verhältnis zu den anderen also die Rolle der Professionals übernehmen und jenen die der untergeordneten Paraprofessionals zuweisen. Es findet gerade aufgrund der Standardisierung von Produkten vielmehr eine z.T. heftige Konkurrenz um die interessanten und begehrten Positionen statt, aus der die Informatiker durchaus nicht immer als Sieger hervorgehen.

Vergleicht man die Situation bei den Informatikern zwecks einer Verallgemeinerung der Aussagen mit der der Wirtschaftsjuristen, so zeigt sich eines sehr deutlich: Die Entwicklungen verlaufen bei beiden Berufsgruppen in der gleichen Richtung, gehen allerdings von einem unterschiedlichen Ausgangspunkt aus. Was die Parallelen angeht, so sind sie vor allem in zwei Punkten erkennbar. Zum einen sorgt die Bildungsexpansion dafür, daß bei beiden Berufen sowohl die klassische Stellung des deutschen Akademikers als des „Teilhabers an Macht" (Hartmann 1989, 1990; Krais 1980) als auch eine erfolgreiche Professionalisierung keine gesellschaftliche Basis mehr besitzt. Das große Angebot an formal hoch qualifizierten Arbeitskräften setzt einen Verdrängungswettbewerb in Gang, der für die Masse der Hochschul- und Fachhochschulabsolventen zu einer allmählichen Absenkung des hierarchischen und auch fachlichen Niveaus, zu einer immer stärkeren Konzentration im Bereich der qualifizierten Sachbearbeitung und zu einer harten Konkurrenz mit Angehörigen anderer Berufe führt[2]. Während in den 60er und frühen 70er Jahren die große Mehrzahl der in der Wirtschaft tätigen Juristen und technisch-naturwissenschaftlichen Hochschulabsolventen relativ schnell in Führungspositionen aufstieg, ist das heute nur noch bei einer Minderheit der Fall. So waren 1968 noch 39 % aller im Bankgewerbe beschäftigten Akademiker zumindest als Abteilungsleiter eingestuft und nur ganze 15 % als Tarifangestellte, während dies Verhältnis sich bis Ende der 80er mit 22 % zu 36 % umgekehrt hat (Hartmann 1990, 97 f.). Bei den Absolventen einer TH, die zwischen 1950 und 1964 ihren Abschluß als Ingenieur oder Naturwissenschaftler machten, waren nach 8–9 Jahren Berufstätigkeit bereits 52 % Abteilungs- und 11,3 % Bereichsleiter, nach 13–4 Jahren sogar 70 % Abteilungsleiter und 17,9 % Prokuristen oder Betriebsleiter, obwohl sie zu über 50 % in den weniger karriereträchtigen Bereichen Forschung, Entwicklung und Konstruktion arbeiteten (Hesse 1970, 90 ff.). Bei Ingenieuren im Maschinenbau wurden Ende der 60er Jahre folgende Werte ermittelt: Die Hochschulabsolventen bekleideten zu 33 % Positionen oberhalb des Abteilungsleiterniveaus und zu weiteren 40 % Abteilungsleiterposten, die Fachhochschüler zu 11 % bzw. 33 %, während nur 13 % der Hoch- und 32 % der Fachhochschüler Sachbearbeiter waren (Lutz/Kammerer 1975, 113). Solche Aufstiegsmöglichkeiten existieren heutzutage nicht mehr.

Die Minderheit, die auch weiterhin Karriere macht – und das ist die zweite wesentliche Gemeinsamkeit – rekrutiert sich so gut wie ausschließlich aus den Kindern der oberen Gesellschaftsschichten, also von Unternehmern,

---

2 Die Unternehmen verfolgen durchweg eine Personalpolitik, die zu einer Ersetzung formal geringer qualifizierter durch formal höher qualifizierte Arbeitskräfte führt. Dies gilt in allen entwickelten westlichen Industriestaaten (vgl. z. B. zu Großbritannien Roizen/Jepson 1985, 166 ff.) und selbst dann, wenn den Unternehmen Zweifel an der Richtigkeit ihrer Strategie kommen (Hartmann 1992a). Der einmal geschaffene Trend zur Höherqualifizierung läßt sich nicht mehr stoppen, weil er mehr und mehr die einzige Möglichkeit zum individuellen Aufstieg darstellt (Lutz 1983). Konsequenterweise versuchen inzwischen auch immer mehr DV-Kaufleute, ihre formale Qualifikation zu erhöhen, indem sie auf die Fachhochschulen gehen.

akademischen Freiberuflern, leitenden Angestellten und höheren Beamten. Bei der „elitären" Rekrutierung der Führungskräfte (oberhalb des Gruppenleiters) handelt es sich also nicht einfach nur um die Fortsetzung traditioneller Besetzungsmuster, wie man bei den Juristen noch vermuten könnte, sondern um eine systemimmanente soziale Selektion, die gerade auch für neue, alten akademischen Traditionen nicht verhaftete hochqualifizierte Berufe wie die Informatiker Gültigkeit besitzt. Vor allem spezifische extrafunktionale Eigenschaften wie Führungsqualität oder Kommunikationsfähigkeit sorgen für diese soziale Auslese. Angesichts der Tatsache, daß der allmähliche Zerfall traditioneller autoritärer Lebensstile und die langsame Erosion funktionaler Macht durch EDV-Einsatz und Entscheidungsdezentralisierung die Bedeutung bürokratischer Routine und technischer Qualifikationen für die Wahrnehmung von Führungsaufgaben Stück für Stück weiter reduzieren und das Gewicht der genannten extrafunktionalen Eigenschaften dementsprechend erhöhen (Deutschmann 1991, 5 ff)[3], ist daher auch in Zukunft nicht mit einer Aufweichung oder gar Auflösung dieses höchst effektiven sozialen Selektionsmechanismus zu rechnen. Seine Bedeutung dürfte aufgrund der zunehmenden Reduzierung von Führungspositionen sogar eher noch wachsen[4].

Die trotz der grundlegenden Parallelen ebenfalls deutlich sichtbaren Unterschiede in der Lage der Informatiker und der Wirtschaftsjuristen sind in allen wesentlichen Punkten das Resultat des unterschiedlichen Ausgangspunktes, von dem aus die beiden Berufsgruppen sich den Anforderungen der heutigen Gesellschaft stellen müssen. Während die Juristen auf eine Jahrhunderte alte Tradition als relativ festgefügt akademische Elite zurückblicken können, erfolgt die Herausbildung des Informatikerberufs unter den heutigen gesellschaftlichen Bedingungen. Das hat eine Reihe wichtiger Konsequenzen, die sich in erster Linie in drei Punkten bemerkbar machen.

Zunächst stellt die Standardisierung der Rechtswissenschaft einen Prozeß dar, der schon vor Jahrhunderten begonnen hat und Ende des letzten Jahrhunderts im wesentlichen abgeschlossen war. Die Möglichkeiten der professionellen Abgrenzung waren für die Juristen dementsprechend besser. Sie konnten sich Zuständigkeiten in Zeiten sichern, in denen ein akademischer Abschluß noch äußerst selten und damit sowohl die interne Differenzierung der eigenen Profession als auch die Konkurrenz zu anderen Berufen mit einer vergleichbaren Ausbildung nur schwach ausgeprägt waren. Der Versuch, sich als geschlossene und elitäre Berufsgruppe zu etablieren, war deshalb auch von großem Erfolg gekrönt. Unter dieser Voraussetzung aber stellt sich für die Juristen die heutige Situation anders dar als für die Informatiker. Die zunehmende Anzahl von Hochschulabsolventen, die Tätigkeiten deutlich unterhalb ihres fachlichen Niveaus ausüben, und die damit verbundene Auf-

---

3 Deutschmann spricht von der Verdrängung funktionaler, bürokratischer und traditioneller Autorität durch Charisma und von „leadership and communicative skills" als den entscheidenden Kriterien für eine Managementkarriere.
4 Zu den Plänen, Hierarchien auszudünnen, s. Kap. 2.2.

spaltung innerhalb der betreffenden Berufsgruppen bedeutet für die Juristen, daß sie sich mit einem spürbaren Deprofessionalisierungsprozeß konfrontiert sehen. Für die Informatiker besteht das Problem dagegen darin, daß ihnen eine erfolgreiche Professionalisierung erst gar nicht mehr gelingt.

Die sehr unterschiedlichen Bedingungen, unter denen die Standardisierung des beruflichen Wissens bei Juristen und Informatikern erfolgt ist bzw. erfolgt, weisen aber noch einen weiteren, gerade für die zukünftige Entwicklung wichtigen Aspekt auf. Während das juristische Wissen trotz seiner Bedeutung für fast alle Bereiche unseres Lebens einen mit anderen Wissenschaftsdisziplinen nur relativ wenig verbundenen, seit Jahrhunderten eigenständig entwickelten Komplex von Regeln und Definitionen darstellt, repräsentiert die Informatik einen Typus von Wissenschaft, der in hohem Maße, höher wohl als bei den meisten anderen Wissenschaftszweigen, Querverbindungen zu und wechselseitige Beeinflussungen mit anderen wissenschaftlichen Fächern aufweist, in diesem Fall vor allem zur Betriebswirtschaft, Ingenieurwissenschaft, Physik, Linguistik und natürlich zur Mathematik.

Denn die Informatik ist keine Naturwissenschaft, obwohl sie naturwissenschaftliche Forschungsergebnisse und Theorien umfassend nutzt und diese Wissenschaften umgekehrt auch in erheblichem Maße beeinflußt; sie ist keine Ingenieurwissenschaft, obwohl ingenieurwissenschaftliches Denken und ingenieurwissenschaftliche Resultate sie stark prägen et vice versa; sie ist auch keine Geisteswissenschaft, obwohl sie auch zu diesen Wissenschaften einen starken wechselseitigen Bezug hat. Sie paßt in diese klassische Dreiteilung nicht hinein, sondern läßt sich am ehesten als eine Strukturwissenschaft wie die Mathematik einordnen (Brauer u. a. 1984; v. Weizsäcker 1971). Aufgrund der informationstechnischen Durchdringung so gut wie aller Lebensbereiche sind die Querbezüge zu anderen Wissenschaftsgebieten allerdings noch vielfältiger und intensiver, wie sich u. a. auch oberflächlich an der Einrichtung von speziellen Studiengängen für Wirtschaftsinformatik (mit einem betriebswirtschaftlichen Schwerpunkt) und technische Informatik (mit einem ingenieurwissenschaftlichen Schwerpunkt) ablesen läßt.

Die Informatik stellt insofern so etwas wie einen Prototyp dar für einen Prozeß, der auch in anderen Wissenschaftsbereichen zu einer verstärkten interdisziplinären Zusammenarbeit und Ausrichtung führt bzw. noch führen wird. Mit einer solchen Entwicklung aber sinken generell die Chancen der betroffenen Berufsgruppen, sich deutlich abgegrenzte professionelle Zuständigkeitsbereiche zu schaffen. Die Informatiker bilden auch in dieser Hinsicht eine Art Vorreiter. Ihr Beispiel zeigt, daß Professionalisierungsversuche in Zukunft mehr und mehr nicht nur auf das Problem der internen Aufspaltung in Sachbearbeiter, Spezialisten und Führungskräfte sowie die damit verbundene starke Karriereorientierung der meisten hochqualifizierten Angestellten stoßen werden, sondern auch auf die Schwierigkeit, das jeweils eigene Wissens- und Zuständigkeitsgebiet halbwegs exakt abgrenzen zu müssen, dies aber immer weniger zu können.

Die lange Tradition der Juristen als elitärer Kern der deutschen Akademiker – der zweite wichtige Unterschied in den Ausgangsbedingungen – zeitigt auch hinsichtlich der sozialen Rekrutierung von Führungskräften in der Wirtschaft spürbare Konsequenzen. Die wesentlich schmalere soziale Rekrutierung der Jurastudenten sorgt nämlich dafür, daß die Chancen von Kindern höherer sozialer Schichten, eine Führungstellung in der Wirtschaft zu erreichen, hier erheblich schlechter sind als bei den Informatikern. Während der mit über 50 % ausgesprochen hohe Anteil von Kindern größerer Selbständiger, akademischer Freiberufler, leitender Angestellter und höherer Beamter (Hartmann 1990 b, 222) unter den Jurastudenten dazu führt, daß eine Herkunft aus diesen Gesellschaftskreisen zwar eine unerläßliche Voraussetzung für die Besetzung von Leitungspositionen darstellt, sie aber noch lange nicht garantiert und es vielmehr auch unter den in der Versicherungswirtschaft tätigen Sachbearbeitern mit Jura-Examen eine 70–80 %ige Rekrutierung aus diesem sozialen Milieu gibt (Hartmann 1990 a, b), ist die Situation bei den Informatikern doch grundsätzlich anders, zumindest bislang.

Auf der Ebene der Sachbearbeitung dominieren bei ihnen mit fast 40 % die Arbeiterkinder, gefolgt von normalen Angestellten und Beamten mit 22 % und kleinen Selbständigen mit gut 17 %. Der Nachwuchs größerer Unternehmer, akademischer Freiberufler und leitender Angestellter bringt es dagegen nicht einmal auf 10 %. Bei den Informatikern funktioniert der oben geschilderte soziale Selektionsmechanismus nicht nur im negativen Sinne als Conditio sine qua non, sondern in der Regel auch noch im positiven Sinne als hinreichende Voraussetzung (zusammen mit dem Universitätsabschluß). Ob das auf Dauer so bleiben wird, erscheint angesichts der stark steigenden Absolventenzahlen allerdings fraglich. Die Anzahl der aus höheren Gesellschaftsschichten stammenden Informatiker steigt derzeit trotz einer weiterhin ziemlich breiten sozialen Zusammensetzung der Informatikstudenten weitaus schneller als die der zur Verfügung stehenden Führungspositionen[5].

In der Tendenz wird es den Informatikern daher ähnlich gehen wie den Juristen. Akademischer Titel und gehobene soziale Herkunft werden auch bei ihnen keine hinreichenden, sondern nur noch notwendige Bedingungen für die Besetzung leitender Stellungen in der Wirtschaft darstellen. Diese Entwicklung wird aufgrund der andersartigen sozialen Rekrutierung der Studenten allerdings weniger scharf ausfallen als bei den Juristen.

Drittens schließlich unterscheidet Juristen und Informatiker, daß letztere seit der Herausbildung ihres Berufs stets zu über 90 % abhängig beschäftigt waren. Berufliche Selbständigkeit, die bei klassischen Professions wie Ärzten und Juristen immer eine sehr große Rolle gespielt hat und noch spielt, war bei ihnen von Anfang an ohne größere Bedeutung. Zwar gibt es auch Informatiker, die sich selbständig machen, indem sie entweder kleine Software-

---

5 In der Großbank weist der gesamte EDV-Bereich z.B. 16 % weniger Direktorenposten auf als die personell um über 90 % kleinere Rechtsabteilung. Die Chancen der Informatiker, eine Managementposition zu erreichen, lassen sich daran deutlich ablesen.

Häuser und Beratungsfirmen gründen oder aber als Freiberufler tätig sind, ihr Anteil liegt aber unter 10 % und sinkt kontinuierlich weiter. Als Alternative zur Beschäftigung in normalen Unternehmen gilt die Selbständigkeit daher nur bei wenigen Informatikern (unter den Befragten war es kein einziger).

Die Orientierung auf eine Tätigkeit als Angestellter hat nun aber zwei Konsequenzen. Zum einen verstärkt sie den Wunsch, eine Managementkarriere zu machen, erheblich, weil persönliche Ziele wie mehr Einfluß, ein höheres Einkommen oder ein höherer Status zumeist nur auf diesem Wege realisierbar sind. Zum anderen erhöht sie aber auch die Bereitschaft deutlich, sich als normaler Lohnabhängiger zu begreifen und gegebenenfalls auch gewerkschaftlich zu organisieren. Dies zeigt ein Vergleich mit den Wirtschaftsjuristen sehr klar. Während es unter den gut 40 (im Rahmen des diesbezüglichen Forschungsprojekts) befragten Juristen, die keine Führungspositionen bekleideten, sondern nur eine Sachbearbeitertätigkeit ausübten, trotz z.T. großer Unzufriedenheit (Hartmann 1991) gerade ein Gewerkschaftsmitglied gab und eine knappe Handvoll, die den Gewerkschaften nicht ablehnend oder gleichgültig gegenüberstanden, liegt der Anteil der Gewerkschaftsmitglieder unter den interviewten Informatikern ohne Führungsfunktionen immerhin bei fast 25 %[6].

Für den Gewerkschaftseintritt sind dabei offensichtlich vor allem zwei Gründe ausschlaggebend. Zu diesem Schritt sind in erster Linie jene Informatiker bereit, die sowohl von ihrer familiären Sozialisation als von der eigenen beruflichen Erfahrung her eine Tätigkeit als lohnabhängig beschäftigter Angestellter ohne Führungsaufgaben für die wahrscheinliche Lebensperspektive halten, und jene, die in Unternehmen mit einem traditionell großen gewerkschaftlichen Einfluß arbeiten. Arbeiterkinder und solche aus normalen Angestelltenhaushalten stehen einer Mitgliedschaft in der Gewerkschaft deshalb positiver gegenüber als Kinder aus höheren sozialen Schichten, ältere Informatiker, die keine realistischen Karriereaussichten mehr besitzen, positiver als jüngere, die noch (zu Recht oder zu Unrecht) von einer Karriere ausgehen oder träumen, Fachhochschulabsolventen positiver als Hochschulabsolventen und in der Automobil- oder Stahlindustrie beschäftigte Informatiker positiver als solche in Software-Häusern oder Banken. Alle Gewerkschaftsmitglieder unter den befragten Informatikern passen in dieses Bild. Die meisten weisen sogar alle vier genannten Merkmale auf. Sie stammen nicht nur aus Arbeiter- oder normalen Angestelltenfamilien, sondern sind in der Regel auch über 35 Jahre alt, haben ein Fachhochschulexamen und arbeiten zudem überwiegend bei großen Anwendern aus der Metallindustrie.

Bei der Mitgliedschaft in der einzigen professionellen Organisation für Informatiker in Deutschland, der mit dem VDI vergleichbaren Gesellschaft für Informatik (GI), verhält es sich fast genau umgekehrt. Jenes knappe

---

6 Gruppenleiter werden hier nicht als Angestellte mit Führungsfunktionen gezählt.

Drittel der befragten Informatiker, das der GI angehört, stammt überwiegend aus dem Familien von Selbständigen, leitenden Angestellten und höheren Beamten, ist relativ jung oder, wenn schon älter, oft in Führungspositionen und zum größten Teil bei Software-Häusern oder in den Forschungsabteilungen der Hardware-Hersteller beschäftigt. Außerdem weisen sie ausnahmslos einen Hochschulabschluß auf. Eine gleichzeitige Mitgliedschaft in der GI und einer Gewerkschaft war in keinem einzigen Fall zu beobachten. Da professionelle Orientierung sich bei der GI ebenso wie beim VDI ganz überwiegend auf die interne wissenschaftliche Diskussion beschränkt und keine wirklich professionelle Organisierung zwecks Marktabschottung zum Ziel hat, ist sie ganz offensichtlich mit einer unternehmensinternen Aufstiegsperspektive gut zu verbinden, sehr viel besser jedenfalls als mit einer fehlenden Karriereorientierung. Denn nur 14 % der interviewten GI-Mitglieder waren an einem Aufstieg ins Management nicht interessiert. Wer keine Managementkarriere machen will oder kann, geht (zumindest in Großunternehmen) eher in die Gewerkschaft als in die Gesellschaft für Informatik. Immerhin beantworteten über die Hälfte der einer Gewerkschaft angehörenden Informatiker die Frage, ob sie einen Aufstieg in Führungspositionen anstrebten, mit Nein. Die in Zukunft schlechter werdenden Karriereaussichten werden daher wohl zu keiner nennenswerten Verstärkung professioneller Organisierung im Sinne versuchter Marktabschottung führen, sondern entweder zur Steigerung der individuellen Anstrengungen, zur resignativen Akzeptierung der gegebenen Position als Sachbearbeiter oder, wahrscheinlich deutlich seltener, zur Überlegung, einer Gewerkschaft beizutreten[7].

---

7 Der Streik bei Digital Equipment Deutschland, der von einer Belegschaft mit einem durchschnittlichen Jahreseinkommen von gut 90.000,–DM getragen und erfolgreich zu Ende geführt wurde, zeigt allerdings, daß es auch unter hoch bezahlten EDV-Spezialisten zu einer Veränderung traditioneller Verhaltensmuster kommen kann, wenn die gewohnten Arbeits- und Einkommensverhältnisse umfassend in Frage gestellt werden.

Literatur

Abbott, A. (1986): Jurisdictional Conflicts: A New Approach to the Development of the Legal Professions. 1986 American Bar Foundation Research Journal, 187–224

Abbott, A. (1988). The System of Professions, Chicago

Abbott, A. (1989): The New Occupational Structure. Work and Occupations, 16, 273–291

Abel, R. L. (1985): Comparative Soziology of Legal Professions: An Exploratory Essay. 1985 American Bar Foundation Research Journal, 5–79

Abel, R. L. (1988a): The Legal Profession in England and Wales. Oxford

Abel, R. L. (1988b): England and Wales: A Comparison of the Professional Projects of Barristers and Solicitors. In: Abel, R. L./Lewis, S.S.C. (1988a)

Abel, R. L./Lewis, S.S.C. (Eds.) (1988a): Lawyers in Society: A Comparative Perspective, Vol. I: The Common Law World. Berkeley

Abel, R. L./Lewis, S.S.C. (Eds.) (1988b): Lawyers in Society Vol. II: The Civil Law World. Berkeley

Abel, R. L./Lewis, S.S.C. (Eds.) (1989): Lawyers in Society Vol. III: Comparative Theories. Berkeley

Atteslander, P. (1975): Methoden der empirischen Sozialforschung. Berlin

Barsoux, J.-L. (1990): Management in France. London

Baer, W. C. (1986): Expertise and Professional Standards. Work and Occupations, 13, 532–552

Baethge, M./Oberbeck, H. (1986): Zukunft der Angestellten. Frankfurt/M.

Bäßler, R./Dostal, W./Hackl, C./Rohlfing, D. (1986): Umfrage zur beruflichen Situation 1985. Informatik- Spektrum, 9, 189–202

Bell, D. (1973): The Coming of Post-Industrial Society. New York

Bell, D. (1975): Die nachindustrielle Gesellschaft. Frankfurt/M.

Boltanski, L. (1990): Die Führungskräfte, Frankfurt/M.

Bosch, R. (1992): Deutsche Software- und Systemhäuser im Wandel, in: Unixwelt

Bourdieu, B. (1983): Ökonomisches Kapital, kulturelles Kapital, soziales Kapital. In: Kreckel, R. (Hrsg.): Soziale Ungleichheiten, Göttingen

Bourdieu, B./de Saint Martin, M. (1978): Le patronat. Actes de la recherche en sciences sociales, 20/21, 2–82

Bourdieu, B. /Boltanski, L./de Saint Martin, M./Maldidier, P. (1981): Titel und Stelle. Über die Reproduktion sozialer Macht. Frankfurt/M.

Bourdieu, B. /Boltanski, L./de Saint Martin, M. (1981): Kapital und Bildungskapital. In: Bourdieu et.al. (1981)

Bourdieu, B. /Boltanski, L. (1981): Titel und Stelle. Zum Verhältnis von Bildung und Beschäftigung. In: Bourdieu et.al. (1981)

Bourdieu, B./Boltanski, L./Maldidier, P.: Die Verteidigung der Zunft. In: Bourdieu et.al. (1981)

Brauer, W./Haacke, W./Münch, S.: Studien- und Forschungsführer Informatik. Berlin

Bundesminister für Bildung und Wissenschaft (Hrsg.) (1991): Prüfungen an Hochschulen 1973–1990. Bad Honnef

Buschmann, E./Frerk, G./Neugebauer, U./Otremba, G./Schwuchow, W./Sippel, F. (1989): Der Software-Markt in der Bundesrepublik Deutschland. Sankt Augustin

Cawkell, A. E. (Ed.) (1987): Evolution of an Information Society. London

Child, J./Faulk, J. (1982): Maintenance of Occupational Control. Work and Occupations, 9, 155–192

Chroust, A.-H. (1965): The Rise of the Legal Profession in America (2 Bde.). Norman

Curran, B. A. (1986): American Lawyers in the 1980s: A Profession in Transition. Law and Society Review, 20, 19–52

Derber, C. (Ed.) (1982): Professionals as Workers: Mental Labor in Advanced Capitalism. Boston

Deutschmann, C. (1991): Socio-Political Implications of Personal Development Programs. Paper presented to the ISECS International Conference on Personal Development Programs and Changing Economic Cultures, Boston, May 16/17. 1991

Downey, G. L./Donovan, A./Elliott, T. J. (1989): The Invisible Engineer. Knowledge and Society, 8, 189–216

Evers, H./v. Landsberg, G. (1982): Qualifikation und Karriere. Köln

Fidel, K./Garner, R. (1987): Computer Workers: Career Lines and Occupational Indentity. Computers & Society, 20, 118–123

Freidson, E. (1970): Professional Dominance. Chicago

Freidson, E. (Ed.) (1973): The Professions and Their Prospects. Beverly Hills

Freidson, E. (1983): The Theory of Professions: State of the Art. In : Dingwall, R./Lewis, P. S. C. (Eds.): The Sociology of the Professions. New York

Freidson, E. (1984): The Changing Natur of Professional Control. Annual Review of Sociology, 10, 1–20

Freidson, E. (1985): The Reorganisation of the Medical Profession. Medical Care Review, 42, 11–35

Freidson, E. (1986): Professional Powers. Chicago

Friedrich, J. (1988): Entwicklungslinien in der Informatik und die Rolle der Informatiker. WSI-Mitteilungen, 41, 678–686

Friedrichs, J. (1973): Methoden empirischer Sozialforschung. Reinbek

Gispen, C. W. R. (1988): German Engineers and American Social Theory: Historical Perspectives on Professionalization. Comparative Studies in Society and History, 30, 550–574

Goldner, F. H./ Ritti, P. R. (1967): Professionalization as Career Immobility. The American Journal of Sociology, 72, 489–502

Gordon, R. L. (1972): Interviewing: Strategy, Techniques and Tactics. Homewood

Gouldner, A. (1979): The Future of Intellectuals and the Rise of the New Class. New York

Greenbaum, J. (1976): Division of Labor in the Computer Field. Monthly Review, 28, 40–55

Greenbaum, J. (1979): In the Name of Efficiency. Philadelphia

Groux, G. (1983): Les Cadres. Paris

Hartmann, H./Hartmann, M. (1982): Vom Elend der Experten: Zwischen Akademisierung und Deprofessionalisierung. Kölner Zeitschrift für Soziologie und Sozialpsychologie, 34, 193–223

Hartmann, M. (1981): Rationalisierung der Verwaltungsarbeit im privatwirtschaftlichen Bereich. Frankfurt/M.

Hartmann, M. (1984): Rationalisierung im Widerspruch. Frankfurt/M.

Hartmann, M. (1988): Juristen in der Versicherung. Kölner Zeitschrift für Soziologie und Sozialpsychologie, 40, 706–727

Hartmann, M. (1989): Zwischen Stabilität und Abstieg – Juristen als akademische Elite in der Wirtschaft. Soziale Welt, 40, 437–454

Hartmann, M. (1990a): Juristen in der Wirtschaft – Eine Elite im Wandel. München

Hartmann, M. (1990b): Notwendig, aber nicht hinreichend – Soziale Herkunft als berufliches Selektionskriterium. Zeitschrift für Sozialisationsforschung und Erziehungssoziologie, 10, 218–234

Hartmann, M. (1991): Akademiker in der Sachbearbeitung: Unsicherheitselement in den innerbetrieblichen Sozialbeziehungen, in: Littek, W./Heisig, U./Gondek; H.-D. (Hrsg.): Dienstleistungsarbeit: Strukturveränderungen, Beschäftigungsbedingungen und Interessenlagen. Berlin

Hartmann, M. (1992): Entwertung von Expertenwissen und Bildungsexpansion. Zeitschrift für Sozialisationsforschung und Erziehungssoziologie, 12, 80–96

Hartmann, M. (1993): Legal Data Banks, the Glut of Lawyers, and the Legal Profession. Law & Society Review 27, 421–441

Hartmann, M. /Wegge, M. (1993): Rechtsprechungsdatenbank und professionelle Zuständigkeit. Bochum

Haug, M. R. (1973): Deprofessionalization; An Alternative Hypothesis for the Future. In: Halmos, P. C. (Ed.): Professionalization and Social Change. Keele

Haug, M. R. (1975): The Deprofessionalization of Everyone? Sociological Focus, 8, 197–213

Haug, M. R. (1977): Computer Technology and the Obsolescence of the Concept of Profession. In: Haug, M. R./Dofny, J (Eds.): Work and Technology. Beverly Hills

Haug, M. R. (1988): A Re-examination of the Hypothesis of Physician Deprofessionalization. The Milbank Quarterly, 66, Suppl. 2, 48–56

Hesse, H. A. (1970): Diplom-Ingenieure und Naturwissenschaftler. Düsseldorf

Hopf, C. (1978): Die Pseudo-Exploration – Überlegungen zur Technik qualitativer Interviews in der Sozialforschung. Zeitschrift für Soziologie, 7, 37–115

Hurst, J. W. (1950): The Growth of American Law: The Law Makers. Boston

Jamous, H./Peloille, B. (1970): Changes in the French University-Hospital System. In: Jackson, J. A. (Ed.): Professions and Professionalization. Cambridge

Johnson, T. (1972): Professions and Power. London

Johnson, T. (1977): The Professions in the Class Structure. in: Scase, R. (Ed.): Industrial Society: Class, Cleavage and Control. London

Konrad, G./Szelenyi, I. (1978): Die Intelligenz auf dem Weg zur Klassenmacht. Frankfurt/M.

Kornhauser, W. (1965): Scientists in Industry. Berkeley

Kraft, P. (1977): Programmers and Managers: The Routinization of Computer Programming in the United States. New York

Kraft, P. (1979): The Routinizing of Computer Programming. Sociology of Work and Occupations, 6, 139–155

Kraft, P. /Dubnoff, S. (1982): The Politics of „High Tech" Skill: The Case of Computer Programming. Paper presented to the meeting of the Society for the Study of Social Problems, Detroit 1982

Kraft, P. /Dubnoff, S. (1986): Job Content, Fragmentation, and Control in Computer Software Work. Industrial Relations, 25, 184–196

Krais, B. (1980): Der deutsche Akademiker und die Bildungsexpansion oder: die Auflösung einer Kaste. Soziale Welt, 31, 68–87

Krais, B. (1983): Bildung als Kapital – Neue Perspektiven für die Analyse der Sozialstruktur. In: Kreckel, R. (Hrsg.): Soziale Ungleichheiten. Göttingen

Krais, B. (1989); Soziales Feld, Macht und kulturelle Praxis. In: Eder, K. (Hg.) : Klassenlage, Lebensstil und kulturelle Praxis. Frankfurt/M.

Krais, B. (1992): Sonderauswertung der Volkszählung von 1987, Ms. Berlin 1992

Krüger, G. (1988): Gesucht: der Hauptfachinformatiker. Der Arbeitgeber, 40, 253–255

Kuhn, S. (1989): The Limits to Industrialization: Computer Software Development in a Large Commercial Bank. In: Wood, S. (Ed.): The Transformation of Work? London

Laatz, W. (1979): Ingenieure in der Bundesrepublik Deutschland, Franfurt/M.

Larson, M. S. (1977): The Rise of Professionalism. Berkeley

Larson, M. S. (1980): Proletarianization and Educated Labor. Theory and Society, 9, 131–175

Loseke, D. R./Sonquist, J. A. (1979): The Computer Worker in the Labor Force. Sociology of Work and Occupations, 6, 156–256

Lutz, B. (1983): Bildungsexpansion und soziale Ungleichheit. In: Kreckel, R. (Hrsg.): Soziale Ungleichheiten. Göttingen

Lutz, B./Kammerer, G. (1975): Das Ende des graduierten Ingenieurs? Frankfurt/M.

Manager-Magazin (1986): Die Manager von morgen. Hamburg

Marceau, J. (1977) : Class und Status in France. Oxford

Marceau, J. (1981): 'Plus ça change plus ç'est la même chose': Access to Elite Careers in French Business. in: Howorth, J. /Cerny, P. G. Eds.): Elites in France. London

Marceau, J. (1989): A Family Business? The Making of an International Business Elite. Cambridge

Mc Kinley, J. B. (1973): On the Professional Regulation of Change. In: Halmos, P. (Ed.): Professionalization and Social Change. Keele

Mc Kinley, J. B. (1982): Toward the Proletarianization of Physicians. In: Derber, C. (Ed.) (1982)

Mc Kinley, J. B. (1986): Proletarianization and the Social Transformation of Doctoring. Paper presented at the annual meeting of the American Sociological Association, August 1986, New York

Mc Kinley, J. B./Arches, J. (1985): Towards the Proletarianization of Physicians. International Journal of Health Services, 15, 161–195

Mc Kinley, J. B./Stoeckle, J. D. (1988): Corporatization on the Social Transformation of Doctoring. International Journal of Health Services, 18, 191–206

Morris-Suzuki, T. (1988): Beyond Computopia. London

Meister, J.-J. (1988): Zwischen Studium und Vorstandsetage. München

Neugebauer, U. (1986): Das Software-Unternehmen. München

Oppenheimer, M. (1973): The Proletarianization of the Professional. In: Halmos, P. (Ed.): Professionalization and Social Change. Keele

Oppenheimer, M. (1985): White Collar Politics. New York

Orlikowski, W. J. (1988): The Data Processing Occupation: Professionalization or Proletarianization. Research in the Sociology of Work, 4, 95–124

Orlikowski, W. J./Baroudi, J. J. (1989): The Information System Profession: Myth or Reality? Office: Technology & People, 4, 13–30

Otto, P./Sonntag, P. (1985): Wege in die Informationsgesellschaft. München

Parker, E. B./Porat, M. (1975): 2. Background Report, in: OECD Informatics Studies. Paris

Parkin, F. (1979): The Marxist Theory of Class: A Bourgeois Critique. London

Perkin, H. (1989): The Rise of Professional Society. London

Pippke, W./Wolfmeyer, P. (1976): Die berufliche Mobilität von Führungskräften in Wirtschaft und Verwaltung. Baden-Baden

Ramme, I. (1990): Die Arbeit von Führungskräften. Bergisch-Gladbach/Köln

Reed, M. (1989): The Sociology of Management. Hemel Hempstead

Ritzer, G. (1977): Working: Conflict and Change. Englewood Cliffs

Roizen, J./Jepson, M. (1985): Degrees for Jobs. Guildford

Roth, E. (1984): Sozialwissenschaftliche Methoden. München

Roth,V./Boß,C. (1990): Wandel und Zukunft der Datenverarbeitung und ihres Berufsfeldes. Mitteilungen aus der Arbeitsmarkt- und Berufsforschung, 23, 300–312

Rothman (1984): Deprofessionalization: The Case of Law in America. Work and Occupations, 11, 183–206

Rüschemeyer (1986): Power and the Division of Labour. Cambridge

Sander, R. H./Williams, E. D. (1989): Why Are There So Many Lawyers. Law and Social Inquiry, 14, 431–479

Schuman, H./Converse, J. (1979): The Open and Closed Question. American Sociological Review, 44, 692–712

Siegel, G.(1992): Im Softwareland wird Sonne sein. Uni, 16, Heft 6, 38–40

Spangler, E. (1986): Lawyers for Hire. New Haven

Statistisches Bundesamt (1973): Studenten an Hochschulen, WS 1972/73. Stuttgart

Statistisches Bundesamt (1991): Studenten an Hochschulen, WS 1990/91. Stuttgart

Stelzer, J. (1991): Tüftler sind im Kommen. Management Wissen, 86–89

Stinchcombe, A. L./Heimer, C. A. (1988): Interorganisational Relations and Careers in Computer Software Firms. Research in the Sociology of Work, 4, 179–204

Stone, R. C. (1959): The Sociology of the Bureaucracy and the Professions. In: Roucek, J. (Ed.): Contemporary Sociology. London

Sullivan, T. A./Cornfield, D. B. (1979): Downgrading Computer Workers: Evidence from Occupational and Industrial Redistribution. Sociology of Work and Occupations, 6, 184–203

Szelenyi, I./Martin, B. (1989): The Legal Profession and the Rise and Fall of the New Class, in: Abel, R. L./Lewis, S. S. C. (Eds.) (1989)

Trautwein-Kalms, G. (1988): High-Tech-Beschäftigte als Zukunftsträger? WSI-Mitteilungen, 41, 686–697

Trautwein-Kalms, G. (1991): Arbeits- und Berufssituation qualifizierter Angestellter im Software-Bereich. In: Littek, W./Heisig, U./Gondek, H.-D. (Hrsg.): Dienstleistungsarbeit: Strukturveränderungen, Beschäftigungsbedingungen und Interessenlagen. Berlin

VDMA (Hg.) (1985 ff.): Statistisches Handbuch für den Maschinenbau. Frankfurt/M.

Warren, C. (1911): A History of the American Bar. Boston

v. Weizsäcker, C. F. (1971): Die Einheit der Natur. München

Wieken, J.-H. (1990): Software-Produktion. Hamburg

Wirzbach, H. (1985): Quantitative Perspektive der Ärzteschwemme. In: Herder-Dorneich, P. /Schuller, A. (Hrsg.): Die Ärzteschwemme. Baden-Baden

Witte, E./Kallmann, A./Sachs, G. (1981): Führungskräfte der Wirtschaft, Stuttgart

Womack, J. P./Jones, D. T./Roos, D. (1992): Die zweite Revolution in der Autoindustrie, Frankfurt/M.

Zussman, R. (1985): Mechanics of the Middle Class. Berkeley

Sachverzeichnis